国家社会科学基金教育学一般课题
"中国基础教育质量评价的异质性研究"
（BHA170119）资助项目

拥抱异质性

教育评价改革的新视野

伍远岳　著

厦门大学出版社
XIAMEN UNIVERSITY PRESS
国家一级出版社
全国百佳图书出版单位

图书在版编目（CIP）数据

拥抱异质性：教育评价改革的新视野 / 伍远岳著
. -- 厦门：厦门大学出版社，2023.5
ISBN 978-7-5615-8812-3

Ⅰ. ①拥… Ⅱ. ①伍… Ⅲ. ①教育评估-教育改革-
研究-中国 Ⅳ. ①G521

中国版本图书馆CIP数据核字(2022)第189892号

出 版 人　郑文礼
责任编辑　高　健
美术编辑　李夏凌
技术编辑　朱　楷

出版发行　*厦门大学出版社*
社　　址　厦门市软件园二期望海路 39 号
邮政编码　361008
总　　机　0592-2181111　　0592-2181406(传真)
营销中心　0592-2184458　　0592-2181365
网　　址　http://www.xmupress.com
邮　　箱　xmup@xmupress.com
印　　刷　厦门市金凯龙包装科技有限公司

开本　720 mm×1 000 mm　1/16
印张　14.75
插页　1
字数　262 千字
版次　2023 年 5 月第 1 版
印次　2023 年 5 月第 1 次印刷
定价　69.00 元

本书如有印装质量问题请直接寄承印厂调换

厦门大学出版社
微信二维码

厦门大学出版社
微博二维码

序言　构建促进发展的教育评价体系

完善教育评价制度,形成中国特色教育评价机制,是深化新时代教育评价体系改革的重要任务。2020年,中共中央、国务院印发《深化新时代教育评价改革总体方案》,明确"教育评价事关教育发展方向,有什么样的评价指挥棒,就有什么样的办学导向","落实立德树人根本任务,遵循教育规律,系统推进教育评价改革,发展素质教育"。2021年,教育部等六部门印发《义务教育质量评价指南》,提出"遵循学生成长规律和教育规律,加快建立以发展素质教育为导向的义务教育质量评价体系,强化评价结果运用,健全立德树人落实机制,构建德智体美劳全面培养教育体系","坚持实事求是、客观公正,强化过程性评价和发展性评价,有效发挥引导、诊断、改进、激励功能,促进义务教育优质均衡发展"。促进发展是教育质量评价的本体价值,对发展性的漠视会导致教育质量评价陷入工具主义的误区,教育质量评价要回归教育本真,需要从教育的立场出发,体现发展性的本质规定,以教育性价值和受教育者的需求作为评判标准,只有这样才能真正构建促进发展的教育评价的理论和实践体系。

一、发展性是教育评价的重要价值体现

教育评价是对"我们要培养什么样的人"和"我们是否培养了我们所需要的人"两个问题的追问与审视,反映的是国家、社会以及学校的人才观和教育质量观。"以学生为中心"是以人的发展作为教育评价的主要宗旨,体现了以人为本的教育观和教育质量观。"以学生为中心"的教育质量评价是教育促进学生发展的必然逻辑,也是教育质量评价的出发点和归宿点的统一。促进发展是教育质量评价的基本价值定位。一方面,发展性是教育质量评价合目的性和合规律性的统一,合目的性体现了教育质量与教育目的之间的一致性与相符性,合规律性则体现了教育质量评价的恰当性和公正性。事实上,合目的

性与合规律性的统一也是人类活动的本质之所在，"作为人类活动的教育评估。也只有做到合规律与合目的的统一才是有意义的、合理的、科学的"①。另一方面，发展性是教育质量评价科学性与价值性的统一，反映了质量评价的辩证属性，科学性是质量评价有效性和客观性的体现，价值性则是将教育质量评价真正和教育价值观以及每一个学生个体建立关联。另外，发展性是学生作为质量评价对象的客体性与作为发展中的人的主体性的统一，学生既是评价的对象，作为客体而存在，同时又是独立的个体，作为主体而存在。综上所述，发展性体现了教育质量评价是一种具有价值意义的手段性行为，无论是其工具的设计、评价的实施还是在数据的统计和结果的运用上，都需要充分回应其发展性价值，忽视了这一点，教育质量评价就会陷入工具主义的泥淖。

教育质量评价的工具性与工具性教育密切相关，工具性教育"看到的只是教育的外在价值，看到教育如何适应社会的要求……而惟独看不到教育本身的价值，教育的发展人自身的价值，看不到教育在提升人性方面的价值"②，这样的教育观体现在教育质量评价活动中，就表现为教育质量评价的工具性，体现的是工具思维和主客二分的对象性思维。事实上，教育质量评价的工具性与发展性应该是统一的，即工具性与发展性本应该是相互依存、和谐统一的关系，工具性只有在发展性教育价值的导向下，才能真正发挥其作用，而不能被无限放大和极端化发展。教育质量评价的工具性指缺乏发展性教育价值导向的工具思维的滥用和对象性思维的偏执，指的是在教育质量评价的设计、实施、结果运用上的功利取向、效率导向和被动适应。教育质量评价如果任由工具性泛滥，就会遮蔽其发展性价值，影响质量评价发展性功能的实现。

教育以促进人的自由全面发展为终极目的和追求，这是教育的基本逻辑。学生是发展中的个体，具有主体独特的生命特征，人的发展应该是自由主动的，而非被动的和压抑的，发展的过程即学生主观能动性实现的过程，也是学生生命自由表达的过程。同时，人的发展是全面的发展、和谐的发展、个性化的发展以及可持续的发展。因此，"人的自由全面发展"涵盖了学生的物质世界与精神世界、生命世界与意义世界，表达的是对教育过程和教育目的相统一的追求，也是对真善美的追求，是人类的终极目的所在，"人类全部力量的全面

---

① 杨晓江.教育评估的科学性与科学的教育评估[J].教育研究，2000(8):33-37.
② 冯建军.工具性教育及其反思[J].江苏高教，1999(2):67-70.

发展成为目的本身"①。实际上,"人的自由全面发展"的教育终极价值也就是本真的教育追求,这样的教育是"既授人以生存的手段与技能,使人把握物质世界的教育,又导人以生存的意义与价值,使人建构自己意义世界的教育,是这两种教育的协调与统一"②。

教育质量评价观照发展性价值的实现,即遵循教育的基本逻辑建构教育质量观、评价目的观、评价过程观和评价结果观,以发展的视角来设计、实施和利用教育质量评价,体现对"人的自由全面发展"的观照。一方面,教育质量评价需要处理好教育质量的客观属性与发展主体之间的价值关系。教育质量本身是一种关系的存在,是对教育属性及其价值关系的描述。"作为对教育的性质及其价值关系的体现,教育质量所强调的不仅仅是主体需要的满足,还特别强调满足价值的恰当性"③,对教育质量的追求应真正反映学生发展的正当性与合理性。另一方面,教育质量评价需要处理好外在目的和内在目的之间的关系。诚然,教育质量评价需要满足社会、经济等方面的需求,但是教育质量评价的内在目的应该是通过评价来促进发展。另外,教育质量评价需要处理好目的与手段之间的关系,教育质量评价不仅是评价对象获取数据的过程,更应该成为促进学生发展的过程,是为了发展的评价而不是仅仅对发展进行评价,促进发展是目的,而评价是促进发展的手段。

二、促进发展的教育质量评价之本质规定

教育质量评价应在现代教育价值观的引导下开展,理解并尊重学生发展的过程属性,充分考虑评价对象的差异性和对特殊需要个体的包容性,这是教育质量评价发展性价值的本质规定。

(一)对现代教育价值观的回应与体现

在中国教育发展史上,教育价值观曾发生过多次转型,而每一次教育价值观的转型,都是对教育属性与功能的新认识,都是对教育活动中多主体及其关

---

① 马克思,恩格斯.马克思恩格斯文集:第8卷[M].中共中央马克思恩格斯列宁斯大林著作编译局,译.北京:人民出版社,2009:137.
② 鲁洁.教育的返本归真:德育之根基所在[J].华东师范大学学报(教育科学版),2001(4):1-7.
③ 王海涛,董玉雪,于晓丹,等.教育质量评价标准的价值建构[J].湖南师范大学教育科学学报,2017(1):103-108.

系的新论断,也是不同时代发展对教育需求的新反映。教育质量评价是在一定的教育价值观指导下的教育活动,无论教育价值如何变化,其核心都是以人为中心,以人的价值实现为目的。建构促进发展的教育评价体系,需要回应和体现如下几方面的现代教育价值观。第一,人是目的而非手段。自20世纪80年代我国教育学者探讨主体性教育开始,"人是目的而非手段"就已经成为教育的重要价值取向,教育是"使其成为人"的活动。真正的教育应该把人当作人来对待和培养,实现人作为目的与手段的辩证统一,教育质量评价亦应确立起人是目的而非手段的主体性原则,回归人是目的的价值取向。第二,基于均衡的高质量。对高质量教育的追求不能忽视教育均衡的基本前提,基于均衡的高质量是"优质均衡、底线均衡、差异均衡、特色均衡、多元均衡的统一"①,教育质量评价应该体现对教育发展整体的关注,也应体现对教育发展差异的尊重。第三,尊重差异的公平性。"国家义务教育质量监测是实现有质量的教育公平的有效途径"②,教育公平应该是在尊重差异前提下的公平,漠视差异的存在而讨论教育公平或对教育公平进行评价,反而会带来新的不公平。

(二)对学生发展过程的关注与重视

从发展性和学生发展的视角来看,教育质量评价不仅需要关注结果,更应该体现对学生发展过程的重视。关注学生发展的过程和结果,需要实现教育质量评价的思维转化,即从实体思维走向过程思维,这也是近年来我国教育发展的重要话语变革。"教育作为一种培养人的活动,是以过程的形式存在,并以过程的方式展开的,离开了过程就无法理解教育活动,更无法实现教育目标,过程属性是教育的基本属性"③,教育的价值蕴含于教育的过程之中。教育质量评价亦需要从实体思维走向过程思维,关注教育发展的过程和学生的发展过程。基于过程思维来实施教育质量评价,需要关注如下几个方面:第一,关系性。"没有任何东西能超越过程之外,过程的动因在过程本身,我们不能在过程背后寻求过程的原因,一切都是相互关联的。"④在教育中,教育主体

---

① 冯建军.论教育质量及教育质量均衡[J].教育研究与实验,2011(6):1-6.

② 檀慧玲,刘艳.国家义务教育质量监测:实现有质量的教育公平的有效途径[J].中国教育学刊,2016(1):50-53.

③ 郭元祥.论教育的过程属性和过程价值:生成性思维视域中的教育过程观[J].教育研究,2005(9):3-8.

④ 闫顺利,赵雅婧.过程思维与本体论递嬗[J].河北师范大学学报(哲学社会科学版),2009(4):39-44.

之间、教育与环境之间、教育过程和结果之间都存在着真正的内在关系,这样的关系统一于学生的发展过程之中,教育质量评价需要充分考虑学生发展过程中的各种关系,避免实体思维的桎梏。第二,生成性。生成性是过程哲学的重要思想,"教育也是一个有机系统,其有机性表现在教育是自然地、有机地、和谐地生长或生成的"①。教育过程的有机关联和内在生成性,体现为教育目标内在于过程,并实现相互转化,不断生成新的目标,即教育目标与过程、过程与结果之间在"彼此'摄入'与'关联'的过程中不断转化与生成"②。第三,复杂性。复杂性具有非线性、不确定性、多样性和差异性的特征,就学生发展而言,手段与目的、过程和结果之间不再是单一线性的关系,学生发展的过程既是不断面向不确定性的过程,也是不断生成不确定性的过程。教育质量评价要充分认识到学生发展过程的复杂性,用复杂思维去看待学生的知识学习、看待学生的发展结果,避免单一线性理解和解释。

(三)对评价对象差异的理解与尊重

"有质量的教育公平是一种可选择的教育公平,追求的不仅仅是教育'同质',更强调'多元',因为对学生个体来说只有符合其个性特征的、适切的教育才是高质量的、有效的教育。"③如果教育质量评价忽视差异的存在,用同样的标准、同样的工具、同样的评价过程作用于所有的对象,那必将导致评价的不公平,教育质量评价不仅不能促进"公平而有质量"的教育,反而会带来新的不公平。"多样性是教育系统的一个普遍特征……对于这些教育系统不可忽视的多样性特征,教育评价从理念到标准的制定到数据的收集和评价结果的分析等,都应该予以认真回应。"④一方面,教育质量评价不能撇开各地的社会经济发展水平单一地评估教育质量,而应该基于差异进行评价的设计和实施。另一方面,我国是一个多民族国家,部分少数民族地区的教育发展、学校管理、课程教学、教材资源等有着较大的差异。在语言上,我国新疆、西藏地区的部分学校使用双语教学,双语学生在汉语能力上较之其他汉语地区学生就有着较大的差距;在文化上,不同地域文化具有多样性与差异性。因为语言和文化

①　曾茂林.机体哲学视野中合力生成的教育过程本质[J].东北师大学报(哲学社会科学版),2020(1):147-151.

②　张曙光.过程性评价的哲学诠释[J].齐鲁学刊,2012(4):69-73.

③　檀慧玲,刘艳.国家义务教育质量监测:实现有质量的教育公平的有效途径[J].中国教育学刊,2016(1):50-53.

④　石中英.回归教育本体:当前我国教育评价体系改革刍议[J].教育研究,2020(9):4-15.

差异,学生在评价中的表现差异并非源于其学业能力,而是源于其语言运用和文化理解能力。另外,教育质量评价中的个体差异,包括性别的差异、特殊教育需要学生和普通学生的差异。对于特殊教育需要儿童来说,他们与普通学生之间在学习方式、学习过程、学习投入等方面都有着极大的差异。对评价对象差异的理解与尊重,既需要体现在教育质量评价的价值观上,也需要体现在评价的标准、评价的工具以及评价结果的处理与解释上,这是对教育发展基本规律的尊重。只有建立尊重差异的教育质量评价体系,才能真正推动教育的高质量科学发展,有效引导社会正确地理解教育和教育质量。

(四)对特殊需要个体的关怀与干预

教育质量评价体现对特殊需要个体的关怀和干预一直是大规模教育评价的基本理念,PISA、TIMSS、NAEP 就明确规定了因特殊需要而不能参加测试学生的排除率要求,同时还通过制定相应的政策、具体的实施要求和决策过程来保障特殊需要个体参与评价的权利以 2019 NAEP 为例,在四年级和八年级的残障学生中,90％的残障儿童都参加了数学和阅读测试[①]。在我国,截至 2019 年,特殊教育学生中随班就读在校生 39.05 万人,占特殊教育在校生 49.15％[②]。关注特殊需要个体,保障其有效参与教育质量评价具有重要的价值。从教育质量评价的科学性来看,对特殊需要儿童的漠视和排斥会造成学生样本的缺失,进而从总体上降低评价样本对总体的代表性,导致教育质量评价的相关推断出现偏差,影响评价结果的准确性和可比较性。从教育质量评价的公正性来看,把特殊需要个体排除在教育质量评价体系之外,"对于弱势群体来说是不公平的……也说明了教育质量评价体系的不完善和片面性"[③]。一般而言,特殊需要个体主要包括残障学生和有语言学习障碍的学生,这部分学生有一定的肢体残障、行为障碍或者语言障碍,但他们同样有参与质量评价的权利,而且,通过一定工具、语言支持或措施他们照样可以表现出其自身真实的发展水平,这也是融合教育和教育公平理念在教育质量评价中的重要体现。从教育质量评价的主体性来看,教育质量评价的过程也应该成为学生主

---

①　National Center for Education Statistics. Inclusion of Students with Disabilities and English Learners[EB/OL].[2022-01-31].http://nces.ed.gov/nationsreportcard/about/inclusion.asp.

②　中华人民共和国教育部.2019 年全国教育事业发展统计公报[EB/OL].[2022-05-20]. http://www.moe.gov.cn/jyb_sjzl/sjzl_fztjgb/202005/t20200520_456751.html.

③　王彦明.基础教育质量之惑[J].教育理论与实践,2013(16):53-56.

体性彰显的过程,而被排除在评价体系之外的有着特殊需要的个体,其主体性是被漠视的,这又会进一步影响其学习动机、心理健康和自我认知,这不仅与教育质量评价的发展价值相冲突,也与主体性教育的理念相冲突。关注特殊需要儿童,将其纳入评价对象并采取措施帮助他们真实地证明其知识和技能不受其机能缺陷的影响,是对他们主体性的尊重,能够真正彰显和提高他们的主体地位。

三、促进发展的教育质量评价体系的实现路径

建构促进发展的教育质量评价体系,需要确立起以人的发展为本的评价价值观,形成"作为过程量"的教育质量观,进而通过教育质量评价构建促进发展的教育行为规范,同时,还需要关注评价对象的异质性,破解质量评价的同质性困境。

(一)确立发展为本的评价价值观,彰显质量评价的教育性意义

教育质量评价不仅具有结果性的功能,也具有重要的形成性价值。从质量评价的改进功能来看,既要有助于国家、地方各级政府改进教育决策,为教育资源分配提供支撑,也应该有助于学校层面改善学校管理,有助于教师改善教学,而且有助于学生提升自己的学习。建构促进发展的教育质量评价体系,需要确立以发展为本的评价价值观,并以此指引教育质量评价的设计和实施。以发展为本,并非忽视社会需求,而是要实现社会发展与个人发展的辩证统一和整合。教育质量评价需要回应社会的发展,更需要充分考虑学生的个体发展。从生存论的角度来看,学生是具体的人,是关系中的人,是生成中的人[1],教育质量评价需要在过程中呈现出学生个体成长的轨迹,体现评价反馈性特征,这是当前教育质量评价所缺乏的。以发展为本,既需要明确学生当下的发展现实和影响学生发展的因素,更需要着眼未来,通过可持续发展的评价目标引领学生的未来发展,实现当下发展和未来发展的统一。以发展为本,还需要体现基础性和差异性,教育质量评价既需要反映整体的普遍发展,也需要体现对差异化表现的包容和开放。确立以发展为本的教育质量评价价值观,能够使教育质量评价的发展功能下移到学校、教师和学生身上,改变教育质量评价"自下而上"的单向度,而实现"自下而上"和"自上而下"相结合,完整实现教育

---

① 田莉,吴刚平.生存论视野下的学生发展性评价[J].中国教育学刊,2008(9):28-30.

质量评价的发展性价值。

(二)形成"过程量"的质量观,兼顾过程性评价和对过程的评价

教育质量是作为过程量而存在的,即"教育质量是教育过程的过程质量的表现"[①],这就要求在进行教育质量评价时,坚持结果与过程并重的理念,不仅关注学生在一定阶段后的变化,也要关注学生在发展过程中的表现;不仅要对学习结果进行评价,也需要对学习过程进行评价。形成作为"过程量"的教育质量观,坚持过程本位的教育质量评价,既是对教育过程属性和过程价值的回应,也是对教育质量评价中不断变化的"人"的尊重。形成"过程量"的质量观,还体现为对学习过程的评价,即明确学生发展过程和发展结果之间的密切关系,学习过程质量是学生学业质量的重要组成部分。学生在学习过程中的学习动力、学习方式、学习策略、主体性即过程体验等,既是学习过程的重要体现,又极大地影响着学生的学习过程及学习结果,忽视对学生发展过程的评价,也就是对学习过程属性的遮蔽。离开学习者在学习过程中的活动方式和存在状态来对学生、对学习结果进行事实判断和价值判断,这显然是失之偏颇的。[②] 对学生的学习过程进行评价,能够突破单一结果评价,提升教育质量评价的科学性,能够科学解释学生的发展过程,了解学生的个性需要,提升基于评价结果的课程教学的适应性。要实施对学生发展过程的评价,需要系统规划,研制学生发展过程质量标准,对学生的发展过程予以清晰、明确的描述,同时基于标准研制相关评价工具,最后要充分利用大数据、信息技术探索多样化的评价方法,建设教育过程质量数据库。总之,教育质量评价不仅应该重视提供充足的输入条件,也应该重视过程性的内容,兼顾过程性评价和对过程的评价,这是"过程本位"教育质量观的重要体现。

(三)确保质量评价的系统性,建构促进发展的教育行为规范

教育系统具备整体性、多样性和复杂性,这就要求教育质量评价具备系统性,回应教育系统的多元属性,进而建构促进发展的教育行为规范。第一,整体性的评价设计。充分考虑教育系统内部系统与要素之间的关系以及各要素之间的关系,用系统思维指导评价的设计,包括对评价标准弹性与灵活性的考

---

① 刘凡丰.简论作为过程量的教育质量[J].教育评论,2001(6):32-34.
② 伍远岳,周妍.必要与可能:中小学生学习过程质量监测:来自国际大规模教育评价的启示[J].教育科学研究,2018(11):62-67.

虑,对评价对象差异化的理解,以及对评价过程动态变化的处理。第二,动态化的评价实施。教育质量评价不能将教育质量视为静态不变的,而应考虑其变化性与发展性,坚持动态化的实施。第三,开放性的结果运用。教育质量评价的结果既应该为相关部门提供反映教育现实的质量报告,也应该为地方教育行政部门、学校提供政策依据,同时,还应该为教师改进教学、学生个体提升学习提供支撑,这就要求打破当前教育质量评价数据封闭性的现实,将结果数据向地方尤其是学校、教师、家长和学生开放。长期以来,我国的基础教育缺乏对教育行为的过程规范,缺乏对教师教学的过程规约,以及对学生学习的过程与方法规约,甚至存在一定行为失范的现象,严重影响了我国教育质量的提升。"尽管我们已有正确的教育和评价理念,但缺乏在这种正确的教育和评价理念指导下关于所期望的教育质量的准确、清晰的描述,因此难以保证对教育教学的正确导向,无法激励正确的教育教学行为,也无法制约违背素质教育理念的教育行为,最终难以保证学生全面、协调、可持续的发展。"[1]系统化的教育质量评价,能够帮助建构促进发展的教育行为规范,进而建构促进教育质量提升的行为规范,主要包括学生发展标准规范、教学行为规范、学习过程规范。建构促进发展的教育行为规约,体现了过程与结果、手段与效果之间的统一,内在地表达和传递着人们对发展的追求。确保质量评价的系统性,建构促进质量提升的教育行为规范,能够使教育质量评价真正成为深化教育改革、推动素质教育发展的重要力量,进而为教育教学改革发挥导向作用,成为提高教育教学质量的突破口。

(四)观照质量评价对象的异质性,破解质量评价的同质性困境

同质性是当前国际大规模教育评价面临的重要问题,有研究者认为,"由于不同国家教育制度、文化、语言存在差异,其评价数据实质上是不具有可比性的"[2]。同质性在我国基础教育质量评价的各个要素和环节中也客观存在着,成为影响教育质量评价科学性、精确性的重要因素,降低了不同地域教育质量的可比较性,也在一定程度上影响着国家的教育决策、教育发展规划的确定以及教育资源的分配,进而导致教育质量评价的发展性功能难以实现。差

---

① 崔允漷.试论建立国家义务教育质量监测体系的价值[J].教育发展研究,2006(3):1-4.

② RUTKOWSKI D,RUTKOWSKI L. Measuring socioeconomic background in PISA:one size might not fit all[J].Research in comparative and international education,2013(3):259-278.

异的存在是我国教育质量评价异质性产生的根源，评价对象的地域差异、文化差异以及评价群体之间的差异，是我国教育质量评价不可回避的现实问题。审慎对待教育质量评价的异质性，关注差异、正视差异，关注全体学生的表现、关注学生的全面素质、关注学生的差异表现，应该成为我国基础教育质量评价的价值取向[①]。正视教育质量评价中异质性的存在，需要在评价取样、评价实施和结果解释等方面寻求有效的应对办法。一方面，科学抽取样本，提高评价样本的代表性，这样才能减少抽样误差，最大程度包容所有具有差异性的对象。另一方面，关注特殊需要，彰显评价过程的适应性，针对评价对象中的特殊需要群体，采取适当的调适措施为其提供合理的评价便利，进而帮助其在评价中真实地表现学业水平而不受其机能缺陷或者语言、文化的影响。另外，科学赋予权重，增强数据处理和结果解释的合理性，针对不同类型的样本科学地赋予权重。

---

① 陈旭远,胡洪强.审视当前初中教育质量评价的价值取向[J].华南师范大学学报(社会科学版),2015(1):89-93.

目 录

第一章 异质性是教育系统的普遍特征

教育是培养人的社会实践活动,教育与社会、经济、文化等方面存在着密切的关系,教育在保持自身相对独立性的同时又受到各方面的影响与制约。由于社会具有多样性与复杂性,教育系统也存在着多样性与不均衡性,即异质性,异质性是教育系统的普遍特征。多样性是教育异质性产生的前提,这既表现为教育与人的发展之间的关系上,也表现在教育与社会、文化发展的关系上。而差异性则是教育异质性产生的根源,具体表现为教育的复杂性、动态性与不平衡性。明确教育系统中异质性的存在,并在教育活动的各个要素、各个环节中观照异质性的存在,才能充分彰显教育的育人属性。

第一节 同质性与异质性概述

同质性与异质性是客观存在的一对矛盾,在不同的领域中都有所体现,在教育系统中也同样存在着。

一、同质的基本内涵与表现

(一)同质的概念

"质",是一事物区别于他事物的内部所固有的规定性,某一事物的质决定了该事物之所以是此事物。质相同,则事物唯一。如果某一种材料或者事物具有相同的质,那么这一材料或事物就是由相同的单元堆砌而成的,其各个部分(颜色、形状、大小、质地、分布等)的属性与特质都是相同的。同质意为相同或相似、本质相同。

在生物学中，同质通常被用于对一种生物组织或者物质均匀性进行描述，指的是组织由相同的材料组成，同质体由同一种原料在冷和热的作用下形成，有机物和无机物均是如此。在统计学中，同质被用来描述总体的特征，同质性、变异性、大量性、相对性构成了统计总体的四大特征。同质指的是总体中各单位至少在某一个方面性质相同，使它们可以结合起来构成总体。同质是构成统计总体的前提条件，只有总体单位在某一标志的表现上都相同，即总体具有同质性，统计才具有意义。

在社会科学中，同质似乎并不像生物学中那样有明确的质的差异，而更多体现的是普遍一致性或者相似性，这样的一致性或相似性体现在社会生活的方方面面。从宏观上说，社会的政治、经济、文化都体现出一定程度的同质，即政治同质性、经济同质性和文化同质性；从微观上说，社会生成的产品或者不同的群体也体现出同质，如产品同质性、群体同质性、市场同质性等。社会科学中同质的产生，一方面由于本质上的相同或相似，另一方面源于外部环境对某部分人或者群体产生的相同影响，如生活于同样社会环境中的人，可能表现出行为同质性；生活在相同文化环境中的群体，则会表现出同质的文化思维方式和文化行为模式。

（二）同质与同质化

"化"一般指"事物的性质或状态发生改变"，当事物之间用以相互区别的质发生趋同的情况，产生质的同化，即"同质化"。同质化最先运用于生物科学领域中，生物同质化指特定时间段内两个或多个生物在生物组成和功能上的趋同化过程，生物同质化包括遗传同质化、种类组成同质化和功能同质化三个方面。

同质化体现的是变化，即从不同质、不相似逐渐变得相同或者相似。一方面，同质化体现的是变化发展的过程，是一种差异性逐渐减少甚至消失的过程，即趋同的变化发展过程。在同质化的过程中，事物逐渐表现出相似的性质、属性与特征，如处于类似社会环境中的人类群体，会逐渐表现出相同或相似的价值观念、思维方式和行为模式。另一方面，同质化体现的是变化的结果，这样的结果又包括两个方面：一是完全取代，即差异性完全消失，新的属性或者特征完全取代之前的属性或者特征，称为完全同质化；二是相似性增加，在经历同质化过程之后，事物或者群体内部的差异性减少，相似性提高，称为部分同质化。

无论是事物的同质化，还是人类群体的同质化，其原因都具有主动性和被动性两个方面。主动同质化是一种主动选择和主动追求的变化，指人或者事物以主动的态度积极地寻求和他者的一致性，如企业以行业普遍化的标准来衡量自己的产品并以行业标准作为产品升级和发展的方向，该企业和其他同行业的企业所生产的产品则会表现出同质化的特点，即表现出行业普遍化的标准和要求。被动同质化则是一种因受到相关因素（如环境、氛围等）的影响而产生的趋同过程，当然，被动同质化并不能被片面理解为过程和方式的被动性，而应该被理解为无意识的、潜移默化的趋同，如在特定的群体文化中，群体中的个体会有意或无意地借助各种方式习得相同或相似的思想观念、文化知识、生活习惯，最终形成高度同质性的思维方式，并最终以符号化、标准化的特点呈现出来。同质化带来了相似性与一致性的增强，这对于彰显事物或者群体的整体特性具有特定的价值，但同时，同质化也会带来差异性和特色性的减缩，这对于特色发展和个性表现具有一定的消极影响。

（三）同质化的表现

同质化在多个领域具有共同的表现，无论是作为过程的同质化，还是作为结果的同质化，都会具有如下一些表现。第一，差异减小。无论是事物还是人类群体，当呈现出同质化的状态时，事物之间、群体之间的差异会减少，甚至会消失，事物表现出共同的特征，而人类群体则会有着类似或者相同的思想观念、思维方式和行为方式。差异减小是同质化最根本的表现，这也是由同质化的本质内涵决定的。第二，特性减弱。当差异逐渐减少甚至消失的时候，单个事物、群体或者群体中的个人都会表现出共同的特性，而难以或无法表现出具有个性的特性，因为同质追求的是一致性，否定或拒绝差异性的存在。第三，替代性强。同质化会带来功能和价值的一致性，即同质化事物或群体内部的各个组成部分、各个要素或者各个成员都具有相关的功能或者价值，具有同样功能或者价值的事物的各部分或者群体内部的成员之间是可以相互替代的，同样，某个事物或群体一旦与其他事物或群体同质化，也能够替代其他的事物或者群体。第四，冲突减少。同质化的群体因各个方面的一致性或相似性，有着相同或相似的价值观念和看待问题的方式，也会有一致的问题处理方法，较之差异化的群体，同质化群体之间或内部成员之间产生冲突的可能性更小。

在教育领域中，同质化在课程、教学、评价多个方面都存在。首先，教育领域的同质化表现为课程的同质化，即针对不同学生群体缺乏对课程的差异化处理，而对所有学生呈现一致性的课程内容。例如，在当前融合教育发展的背景下,特殊需要儿童随班就读的比例越来越高,但是在课程内容的处理上并没有针对特殊需要儿童的差异化处理,随班就读的特殊需要儿童学习的是与其他学生一样的内容。其次,教育领域的同质化表现为教师无差别的"同质化教学"①,即教师针对所有学生采取同样的教学内容、教学方法和教育组织形式,未实现差异化教学与个性化教学。最后,教育领域的同质化表现为评价的同质化,即将具有不同兴趣爱好、能力倾向、学业能力、个性特长的学生视为没有差别的群体,而采取统一的、无差别的评价。总之,同质化的教育往往表现为教育的标准化、数量化、程式化,按照统一的标准与程式进行教育实践,并按统一的标准进行评估。在同质化的教育下,容易造成学生的主体性没落,受教育者成为没有自我个性与创造力的人,即同质化的人,而受教育者群体随之失去多样性与丰富性,即同质化的教育将学生看作无差别的同质化群体,进而又造就了同质化的学生。教育的同质化在一定程度上有利于教育机会的普及与教育质量的均衡,但也在一定程度上导致了教育的工具性异化②。

二、异质的基本内涵与表现

(一)异质的概念

一种属性之所以是它自己而不是另一种属性,就在于它是一种有特殊规定的"质",如果一种物质至少有一种特征的分布明显不均匀,那么就说明这种事物是异质的。属性不同,也就是它们的"质"不同,即"异质"。

在中文里,异质有如下几个方面的意思:第一,特异的资质、禀赋。如《三国志·魏书·武帝纪》记载"以军师华歆为御史大夫",《魏书》注引:"文俗之吏,高才异质,或堪为将守。"第二,指某种材料的特异质地,或比喻才能出众的人。出自清代戴名世的《绿荫斋古桂记》:"物理之盛衰,何常之有? 良材异质辱于匹夫之手者多矣。"第三,指形体不同。如《文选》记载"瑕石诡晖,鳞甲异质",李善为其作注:"异质,殊形也。"以上对于异质的解释,主要用于描述人的特殊性,也包括对事物特殊性的描述。当用于对人的描述时,"异质"常用于指人特异的资质、禀赋,即人所具有的不同资质;当用于对事物特性进行描述时,指某种材料的特异质地,因质地特异而造成材料的性质差异。

① 李怡明.基础教育均衡视域下异质化教学建构[D].上海:华东师范大学,2012:1.
② 奚丽萍.教育同质化现象论[J].教育研究与实验,2009(5):20-23.

异质作为对事物、人、群体的特性的描述,被广泛运用于多个不同的领域,如生物学领域、数理统计学领域、社会科学领域。在不同的领域里,"异质"的含义会随具体语境的变化而被赋予更具体、更丰富的内涵。在教育领域中,"异质"可被用于指性格、能力、特长等特质不同的学生在组内的合理搭配,也可用于指有不同学习需求、生活需求的学生在班级中的组合等。综上所述,异质一般指差异、差别,或是与众不同的地方,差异的存在,导致事物呈现出与其他事物不一致的特性或属性;异质也用于描述对人或者群体与他人或其他群体的差异。

(二)异质性的界定

"异质"的概念被广泛运用于多个不同的领域,异质作为一种现象,广泛存在于一切事物和人群之中,进而成为事物和人群的一种性质,即"异质性"。同样,异质性的概念在不同的领域中有着不同的内涵。作为遗传学概念,异质性指一种遗传性状可以由多个不同的遗传物质改变所引起的情况,又被称为遗传异质性。作为生态学概念,异质性常用于对空间分布的描述,即空间异质性,指生态学过程和格局在空间分布上的不均匀性及其复杂性。作为统计学概念,异质性指的是研究样本中某些重要属性上存在差异,比如人与人之间、群体与群体之间的消费行为可能会存在较大的差别,即使通过统计得出不同群体的消费金额相同,但其消费流也可能会截然不同。因此,在数理统计模型上,横截面数据和面板数据经常出现也可以说总会存在异质性问题。

异质性本然存在于事物和人类群体之间,是事物或者人类群体的一种特性,异质性不是对同质的否定,而是对事物或人类群体同一个维度两个方面的性质描述,同质性与异质性是共存的。如果说同质性彰显了事物或者人类群体的统一性或整体性,异质性则体现了事物或人类群体的多样性与差异性。也正是因为同质性与异质性并存,事物与人类群体才会表现出既稳定又变化、既统一又分散、既一致又不一致的丰富状态。同质的存在会提供事物或群体的整体性,而允许个体差异的存在和支持个体的异质性发展往往会提高群体内部的多样性,正是这种多样性中的统一性和这种统一性中的多样性构成了人类精神的财富①。

整体而言,异质性是对事物或者人类群体的一种属性的描述。美国社会

---

① 埃德加·莫兰.迷失的范式:人性研究[M].陈一壮,译.北京:北京大学出版社,1999:总序 3.

学家彼特·布劳认为,异质性指人们在不同群体之间的分布,由某个特定类别参数表示。我国学者徐长福认为,异质性指属性之间各不相同的特点。任何个别事物身上都杂有各种属性,如果此一事物具有某一属性而彼事物没有,那这两个事物就具有"异质性"[①]。因此,本书所讨论的异质性指的是人类群体的差异性或区别性,尤其指作为教育对象的学生群体之间的差异性。从导致人群差异的因素来看,学生群体的异质性可以从多个方面来分析,既包括来自地域差异的异质性,如城乡异质性,也包括来自不同文化的异质性,如汉文化与少数民族文化的异质性,也包括来自个性特长上的差异,如学习风格、兴趣爱好的异质性……

(三)异质性的表现

异质性和同质性相对,同质性彰显的是一致性,而异质性彰显的则是不一致性,这种不一致性又具体表现为如下几个方面:多样性、差异性、不均衡性、复杂性。

第一,多样性。多样性指事物群体之间或事物内部与群体内部的各要素(个体)呈现出多样的形态和种类。多样性对应的是单一性,只有事物或群体表现出多样的形态和种类,其丰富性才得以表现出来,这是事物或群体最基本的特性。

第二,差异性。差异性源于多样性,因为多样,差异性才有可能存在,多样性是差异性的前提,事物或群体呈现出多样的形态和种类,而多样的形态和种类之间又有着明显的差别,由此事物表现出各具特性的质。当然,多样性与差异性也是互补的,多样性是差异性的前提,同时,差异性也是多样性的重要支撑。

第三,不均衡性。在事物或者群体之间或其内部的各个要素之间,其发展变化是不同步的,由此就会导致矛盾的存在,事物之间或内部各要素之间的矛盾存在此消彼长的状态,而人类群体之间或内部也是如此,群体之间会有矛盾和冲突,群体内部各个个体的发展变化也不同步。因此,不平衡性的基本原理是矛盾发展,事物矛盾群中的多个矛盾以及矛盾的各个方面在事物发展中的地位和作用是不同的。例如,学生群体身心发展具有不平衡性,指群体内部的个体自身不同阶段的变化或者是发展速度不均衡。学生身心发展的不平衡性表现为发展速度的不平衡性和不同发展方面的不平衡性,因为身心发展的不

---

① 徐长福.论人性的逻辑异质性[J].吉林大学社会科学学报,2001(5):80-87.

平衡性,群体内部的个体之间就产生了量和质的异质。

第四,复杂性。复杂性描述的是复杂的性质或状态,指事物的构成杂而多,也包括事物内部的各种关系复杂,难以理解。复杂性具体表现为非线性、不确定性和难预测性,因为复杂性的存在,事物或群体的发展变化并非简单的线性关系,而是具有复杂的过程和机制,并非单向度的而是多向度的。同时,对于事物或者群体的发展方向具有不确定性,难以用机械的确定论来简单预测其发展方向,而需要经过复杂的论证过程。无论是学生个体的发展还是学生群体的发展,都具有无限的可能性,而非简单的线性关系可以预测的。

在具体的表现形式上,异质性则又表现为性质的差异、思想观念的差异、行为的差异等多个方面,这是由事物或群体的异质性本质决定的。在教育领域中,知识、教师、学生等均具有异质性。作为课程内容核心的知识,经由课程专家和学科专家的选择和筛选进入课程,体现了作为公共知识的科学性、普适性和公共性的特质,但当知识与学生个体的生活背景、社会经历及学习履历联系起来,知识所具有的公共性和普适性被消解打破,进而具有了个人性和适应性,这是知识异质性的体现。对于教师而言,教师主体异质性则表现在知识水平、专业能力、教学艺术、教学经验、综合素质、科研水平等方面,不同风格和特性的教师会选择和采用不同的知识处理办法以及教学手段,进而带来不同的教学效果。而就学生而言,学生群体和个体的异质性则表现得更为明显,学生的异质性主要表现为学生学习兴趣、方法、态度、风格、动机、目的、努力程度等学习行为属性方面的差异,以及学习成绩、学习能力、专业知识、综合能力、职业素质等学习结果方面的异质性。针对教师与学生的主体异质性,教师需要摆脱"自我同一性"的学生观,关注作为"异质性他者"的学生[①]。由于各教育主体的异质性、教育服务过程的异质性、学习过程的异质性,最终呈现具有异质性的人力资本。异质性人力资本具有专业化的知识技能与独特的经验,成为创新的重要动力。

---

① 余以恒.从"同一性自我"到"异质性他者":谈教师学生观的跃迁[J].教育学术月刊,2011(4):72-74.

第二节　多样性是教育异质性产生的前提

多样性是教育系统的普遍特征,多样性的存在带来了教育的丰富性,是教育异质性产生的前提,也是教育工作者开展教育工作不可忽视的重要属性。

一、从教育与人的发展看教育的多样性

促进个体的全面发展与个性发展是教育的目标,然而个体的发展有着不同的需要,需遵循不同的发展规律,进而产生不同的发展过程和发展结果。教育作为培养人的社会实践活动,在促进个人社会化和个性化发展的过程中,其多样性是客观存在的。

(一)人的发展的多样需要

人的需要是丰富多样的,这构成了人的全面发展的逻辑起点,教育需要通过促进学生的德智体美劳全面发展来满足人发展需要的多样性。人的发展的需求具有无限多样、无限增多的性质,各种需要的提出、实施和满足,也就意味着人们趋向于自身自由而全面的发展。需要是有机体在内外条件的刺激下,对某种或某些事物感到缺乏而力求获得满足的一种心理紧张状态或心理倾向。马斯洛将人的需要分为生理需要、安全需要、归属和爱的需要、尊重需要和自我实现需要,人的需要总是不断由低级向高级、由生存性需要向发展性需要和享受性需要变化的,是已有需要不断满足和新的需要不断产生且日渐丰富的过程,同时也是人自身发展过程中需要的量的积累与质的飞跃的辩证统一过程。也就是说,人类总是在满足现实需要的同时又产生新的需要,从而使得人类社会发展和人的自由全面发展呈现出螺旋式上升的历史轨迹。"人的需要的丰富多样只是构成了人的全面发展的逻辑起点,构成人的全面发展的现实起点的则只能是满足需要的社会实践活动"[①],而教育被视为促进人的全面发展最为基础的实践活动,教育的价值就体现在它与人的全部需要满足的

---

① 于文湖,牟文谦.人的需要和人的全面发展的互动关系探微[J].改革与战略,2012(1):11-14.

关系上。[①] 人的发展具有各方面的需求,包括物质的和精神的、现实的和未来的、生存的和发展的等,人的发展多样需求影响着教育目的的选择与确立,影响着课程的变革,也影响着教育者作用于学习者的全部方式,制约着教学的内容、方法、手段、组织形式等。

(二)人的发展的多样规律

人的发展过程是复杂的,人在发展的不同年龄阶段,其身心发展特点和水平有所不同,人的身心发展规律成为教育目的确立的基本依据。人的身心发展规律主要表现为人的发展的顺序性、不平衡性、阶段性、个别差异性和整体性。这些规律对教育教学有很强的指导作用,是开展教育工作必须遵循的规律。[②]

第一,人的发展具有一定的方向性和顺序性,既不能逾越也不能逆向。就学生生理发展而言,个体的动作发展和体内各大系统成熟都会按照一定的顺序;就心理发展而言,儿童的意识、记忆、思维和情绪等都具有一定的顺序性。因此,教育要根据儿童的身心发展规律循序渐进地开展工作。

第二,人的发展并不是匀速直线前进的,个体发展不同系统之间以及相同系统不同阶段的发展速度都是不同的。总体而言,幼儿期和青春发育期是人的发展的两个关键时期,教育要抓住人的发展的关键期,及时采取有效措施促进学生健康发展。

第三,人的发展呈现出明显的阶段性,心理学家根据不同的标准将人的发展过程分为不同的阶段,例如弗洛伊德的性心理发展阶段理论、皮亚杰的认知发展阶段理论和埃里克森的社会性发展阶段理论等。在不同的阶段,学生发展有着不同的重点任务,教育者要根据学生当前发展阶段的重点任务,安排不同的教学内容,采用不同的教学方法,促进学生个性发展。

第四,人的发展具有明显的个体差异性。学生的人格特征、兴趣爱好、学习能力、思维能力等都有着极大的个体差异,教育工作者要根据不同学生的个性特点和兴趣爱好采取不同的教育手段,进行有针对性的教育。

第五,人的发展具有整体性,人的生理、心理以及社会性之间是相互联系、相互影响的。因此,教育要将学生看作复杂的整体,促进学生德智体美劳全面发展,将学生培养为完整的人。

---

① 田殿山.人的需要和教育价值的考察[J].烟台师院学报(社科版),1987(2):72-77,34.
② 王道俊,郭文安.教育学[M].7版.北京:人民教育出版社,2016:31.

（三）人的发展的多样过程及多样结果

"过程"就是事物变化发展的经过，过程哲学认为过程是构成有机体的各元素之间具有内在联系的、持续的创造过程，由于每个人的生活环境不同，人的发展过程具有多样性。人的发展包括生理和心理两方面，教育主要通过影响学生心理品质的发展过程，最终产生多样的结果。人的发展过程可以从两个角度来考察：一是从人类起源、进化及发展的历史进程来考察；一是从个体发展的不同阶段来考察。学生是一个独立的活动着的生命体，从一出生就要接受环境所给的各种刺激，就要靠同化调节同客观的关系来建构自己的图式，而不同学生所处的环境不同，其发展的过程也是多样的。[①]

遗传素质、环境、学校教育、个体的主观能动性都是影响个体身心发展的因素，教育在其中起主导作用。在多种因素的影响下，学生的发展也会产生不同的发展结果。一方面，教育根据社会要求把受教育者培养成为对社会发展有用的人，使人的发展结果具有无限可能，为社会培养各行各业的精英和人才。另一方面，教育促进人的个性充分发展，形成人的独特性，促进个体价值的实现。教育作为有意识、有目的的实践活动，在课程内容选择和活动设计等方面都为个体个性发展创造着条件，有目的地促进个体的个性化。教育功能的有效发挥是有条件的，在教育活动中，教育者不仅要处理好教育活动内部、教育基本要素间的关系，还要把握好教育与社会之间的张力，在促进个体社会化的同时又实现个体发展结果的多样性。

二、从教育与社会的关系看教育的多样性

教育具有社会制约性，社会的政治、经济、文化、科技等都会影响教育发展的方向与规模，也会对教育培养人才提出新的需求，同时，不同的社会群体及其之间的相互关系也会导致教育发展的多样性。

（一）社会发展对教育的影响因素的多样性

在社会发展进程中，社会政治、经济、文化都会对教育产生不同程度的影响。在政治上，不同的政治制度决定着不同的教育方针和政策，决定着教育要培养什么样的人，教育的发展方向应与政治保持一致。在经济上，经济水平决

---

① 孙喜亭.人的发展 教育过程 德育过程：上[J].高等师范教育研究,1989(6):3-9.

定了对教育事业的投入,当教育有了较为坚实的经济基础,农村贫困地区学校环境才能得以改善,偏远地区教师的薪资待遇才能得以提升,教育公平才有可能实现。在文化上,社会的主流文化价值观念会影响到教育观念、育人目的、教育发展方向,在习近平新时代中国特色社会主义的发展背景下,社会主义核心价值观教育、中华优秀传统文化教育、文化自信教育等观念已成为新时代教育发展的核心价值理念。学校教育的发展受到来自社会的多元因素的影响,教育既需要充分回应社会发展需要需求,体现国家政治、经济、文化的发展趋势,也需要通过自身的发展引领社会各方面的发展。

(二)社会发展对教育的发展要求的多样性

教育是一个伴随人类生产劳动而产生的古老而又崭新的社会现象,随着时代的发展,社会无时无刻不在发生着变化,教育作为社会发展的动力和基础,亦需要做出调整和改变,以与当下多样化的社会保持一致。多样化的社会需求要求教育培养多样化的人才。在过去很长一段时间里,我国教育过于注重追求培养精英人才、学术人才,重理论而轻实践,造成人才的同质化和模式化,这与多样化的社会需求明显脱节,反过来又严重影响了人才的核心竞争力。随着社会信息化程度和知识经济水平的提高,经济社会发展对知识创新、技术创新、制度创新的依赖程度越来越大,知识创新是技术创新、制度创新的基础,实现知识创新的多样性才能不断发现新问题,拓展新思路,从而不断创造新技术,以满足社会多样、多变的需求。社会发展对教育发展的规模、人才培养、知识创造都提出了多样的要求,教育发展需充分回应社会发展的多样需求。

(三)教育发展中不同社会群体的多样性

教育发展离不开社会环境,更离不开人,在教育的发展过程中有不同的社会群体参与其中,包括学生、教师、家长、校长、领导者等。不同的社会群体会从不同的方面影响教育的发展方向,"在一定意义上说,教育发展是教育主体对教育价值选择和创造的过程"[①],教育主体持什么样的教育观,教育便会朝什么样的方向发展,而在多元教育主体共存的情况下,教育观的选择与确立应是不同的教育主体价值观综合取舍的结果。在教育发展的过程中,不同社会群体的参与保证了教育的公平性,他们能够站在各自群体的立场,充分表达自

---

① 孙承毅,娄立志.试论教育价值判断的合理性标准[J].教育理论与实践,2004(4):15-18.

身的观点,使得教育在发展过程中能听到社会上的各种声音,听取多方面的意见以做出调整改进,力求找到最合适的发展方向。同时,不同主体的共同在场不是集体辩论,而是依据各自的身份掌握着不同比重的话语权,在做出决定前综合考量各方需求,如果出现意见分歧也不是一味听从最大话语权的一方,而是共同协商交流,实现视域融合,达成一致共识。

三、从教育与文化的关系看教育的多样性

人类的文化背景、文化思维方式、文化活动方式具有多样性,从教育与文化的关系来看,人类文化的多样性同样导致了教育的多样性。

(一)文化背景的多样性

文化背景是指"对人的身心发展和个性形成产生影响的物质文化和精神文化环境"[①]。世界上任何国家、民族的任何类型和层次的教育都是发生在一定的文化背景之中,而且每个学生在接受教育之前,受身边文化环境的影响,会具备不同的文化背景。从民族的角度,我国是个统一的多民族的国家,每一个民族都在历史的发展中创造和发展了本民族优秀的传统文化,在不同民族文化背景下生活的人们因具有不同的价值观念、思维方式,对于同一件事的态度和处理方式便会不同。从经济的角度,在城市文化背景下长大和在乡村文化背景下长大的人们会表现出多样化的心理状态,都市生活更强调理性、精确、物质和开放,乡村文化更注重感性、模糊、精神和保守。不仅如此,城乡之间语言的不同,普通话和各地方言之间的不同也会影响个体的思维。从地域的角度,在各个地域独特的自然环境和人文因素的影响下,不同地域的人们在语言、风俗习惯等方面表现出不同的特点。文化背景的多样性是民族文化、地域文化、城乡文化等多元文化的具体表现,也因此要求教育发展应注重多样性。

(二)文化思维方式的多样性

一个群体的思维方式深受其文化的影响,思维方式不是个体头脑中与生俱来的,也不是某一个群体创造发明出来的,而是在漫长的历史进程中通过人的生活实践、社会实践、文化实践日积月累逐渐形成的。"不同的文化一蕴含

---

① 顾明远.教育大辞典[M].上海:上海教育出版社,1998:169.

着不同的思维方式,它构成了一个民族或一个群体的思维传统,从而成为一个民族或一个群体'精神遗传'最根本的内容"[①],不同文化背景下的人往往会依据一定的文化进而从行为或感受去解释客观世界。对于不同地域来说,城市文化和乡村文化也会对学生的学习方式产生影响,如乡村学生从小就与泥土为友,喜爱在大自然中嬉笑玩耍,在思维方式上倾向于形象思维和动作思维。事实上,每一种思维方式都有其存在的必然性和合理性,"不同的思维方式是不同文化氛围内的人们通过思维实践'共许'的东西,是他们一切言行的共同的思维'接口'"[②]。在教育中,多样性的文化思维方式意味着学生擅长的领域是多样的,适合的发展方向也是多样的,教育应正确对待学生多样的文化思维方式,从而才能培养多方面的人才。

(三)文化活动方式的多样性

文化活动方式是长久地、稳定地、普遍地起作用的文化思维方式在个体身上的外在表现,它不仅受文化群体所处的自然环境、气候条件、资源状况等影响,而且与群体的文化背景、文化思维方式紧密联系,因此,生活在不同社会文化圈的群体具有不同的文化活动方式。城乡学生在进入校园生活后也会因文化背景的不同而在行为方式上表现出多样性。有研究表明,农村学生可能因为学校生活作息的制度化、例行化,而在生活模式、饮食习惯、交往方式等方面疏离家乡民族文化行为模式的规限,显得自由自主,主动融入学校社会生活、重构自身的文化行为模式,表现为乐意遵从学校规章制度,积极认同学校教育的社会价值[③];城市学生能够很好地适应校园的各种规章制度,是因为其成长环境与校园环境一致。此外,多样的文化活动方式在政治、宗教、闲暇娱乐、经济生活、家庭生活等方面也有所表现。

---

① 陈中立,杨楹,林振义,等.思维方式与社会发展[M].北京:社会科学文献出版社,2001:122-123.

② 张晓芒,郑立群.如何对待中国古代逻辑思想研究[J].湖北大学学报(哲学社会科学版),2011(1):35-40.

③ 胡发稳,李丽菊.哈尼族中学生文化适应及与学校生活满意度的关系[J].中国心理卫生杂志,2010(2):144-148.

第三节　差异性是教育异质性产生的根源

差异性是事物及其运动过程的不同或差别，具有普遍性、客观性、多样性以及相对性。差异性是教育异质性产生的根源，具体表现为差异性造成的复杂性、动态性以及不均衡性。

一、作为异质性表现的复杂性

"复杂性"是一个复杂的问题，有研究者从生活语境、词源释义、科学语境、哲学意义上进行了论述。埃德加·莫兰认为复杂性并不能直接归纳出具体的规律或特点，"为了理解复杂性的问题，必须首先知道存在简单性的范式。……简单性范式是一个把秩序放入宇宙并从其中赶走无序性的范式。简单性看到或者是一，或者是多，但是不能看到一同时也是多"。[①] 相应地，复杂性强调的是事物错综复杂的状态。需要注意的是，复杂性与简单性并不是相对立的存在，复杂性既整合了简单性又扩大了事物的范围。另外，复杂性概念的根本特点最初出现在它与组织现象的联系中[②]，体现了系统内部的不确定性，这种不确定性可能来自人类认知的边界，也可能来自事物本身。达润·斯坦利指出生成性和自组织是复杂理论的两个重要概念，并将生成性和自组织两个概念联结起来，即"生成性的驱动力即是非衡态系统的自我组织性"[③]。而生成性和自组织联结起来的机制则是互动。生成是"发展演变过程中新生事物的出现……这些特性一直存在于那些现象之中但却无法为简化主义的范式……所发现"[④]，生成是事物间互动的结果，而互动的过程是线性或非线性的过程，生成更多的指向非线性的过程。"在已经明显表现为自组织的系统中，仅仅对系统各互动部分的研究已不足以描述该现象以解释我们只能从自

---

① 埃德加·莫兰.复杂性思想导论[M].陈一壮，译.上海：华东师范大学出版社，2008：59.
② 埃德加·莫兰.复杂性思想导论[M].陈一壮，译.上海：华东师范大学出版社，2008：31.
③ 小威廉·E.多尔，M.杰恩·弗利纳，唐娜·楚伊特，等.混沌、复杂性、课程与文化：一场对话[M].余洁，译.北京：教育科学出版社，2014：151.
④ 小威廉·E.多尔，M.杰恩·弗利纳，唐娜·楚伊特，等.混沌、复杂性、课程与文化：一场对话[M].余洁，译.北京：教育科学出版社，2014：149.

组织的整体上才能观察到的那些特性。换句话说,自组织系统的行为复杂性所依赖的并非其组成部分,而是其中的互动"[①],自组织系统不只是系统各部分的简单相加,也包含着各部分及其在系统中的非线性互动,而这则会促进新事物的产生。

由此看来,复杂性强调的是事物的多样化联系、不确定性以及非线性的互动。差异性具有普遍性、客观性、多样性和相对性的特征[②],事物之间又存在着普遍联系,这种联系往往不是一一对应的线性关系,而是呈现非线性的状态。当事物的差异性和非线性联系交织在一起时,共同促成事物的复杂性。就教育而言,我国教育是一个复杂系统。一方面,我国教育层次完善、类型多样。在教育层次上,分为学前教育、初等教育、中等教育和高等教育,在教育类型上,有普通教育与职业教育并存。另一方面,教育规模庞大,以 2020 年为例,我国各级各类学校 53.71 万所,在校生 2.89 亿人,专任教师 1792.97 万人,教育经费投入 53033.87 亿元。[③] 教育既是一个独立的复杂系统也是社会系统的组成部分,在教育系统内部和教育系统外部存在着诸多不确定因素,而这些不确定因素造成了教育复杂性。在教育系统内部,"知识的不确定性既由客观世界的不确定性所引起,也为科学知识本身所固有"[④],知识的不确定性增加了教育的复杂性;在教育系统外部,新冠肺炎疫情的来袭给学校教育带来挑战,传统的教学未能满足新背景下的需要,教学方式、师生关系等方面均发生着变革。

简单、线性的思维方式削弱了人们对教育问题的理解,复杂性为思考教育问题提供了一种新的思维方式,即从"非线性思维、过程思维、关系思维和整体思维"的角度思考问题,从而增强对事物本质的认识。这种复杂性要求我们用复杂性思维来看待教育发展的过程,认识到教育的发展必然会产生各种问题,在应对教育问题时能够把握事物之间的联系、关注事物发展的过程,用整体视角取代分散割裂的做法。

---

① 小威廉·E. 多尔,M. 杰恩·弗利纳,唐娜·楚伊特,等.混沌、复杂性、课程与文化:一场对话[M].余洁,译.北京:教育科学出版社,2014:150.
② 邱耕田.差异性原理与科学发展[J].中国社会科学,2013(7):4-21.
③ 中华人民共和国教育部.2020 年全国教育事业发展统计公报[EB/OL].[2022-10-12].http://www.moe.gov.cn/jyb_sjzl/sjzl_fztjgb/202108/t20210827_555004.html.教育部 国家统计局 财政部关于 2020 年全国教育经费执行情况统计公告[EB/OL].[2022-11-21].http://www.moe.gov.cn/srcsite/A05/s3040/202111/t20211130_583343.html.
④ 王安全.知识的不确定性与教学的确定性追求[J].当代教育科学,2011(11):10-11,17.

二、作为异质性表现的动态性

马克思主义哲学强调事物的动态发展，认为一切事物都处于不断变化之中。动态性体现的是事物所存在的发展态势，发展指事物由小到大，由简单到复杂，由低级到高级，由旧质到新质的有规律的运动变化的过程。由此看来，动态性既包括事物外在形式的变化，也内含事物根本性质的转变。唯物辩证法用联系的、发展的观点看事物，与坚持用孤立的、静止的观点看问题的形而上学相对立，传统的旧辩证法向唯物辩证法的转变正体现了动态性的思维特点。此外，对于动态性的论述在系统科学中也有较多体现，系统理论在社会科学研究中受到了较多的关注与应用，动态性是系统理论的要点之一。系统理论不仅为人们解决问题提供了全面的与非线性的分析视角，同时也非常关注行为的生成和过程，揭示事物动态的特点。[①] 动态性认为任何系统都具有运动、变化、发展的属性，这种动态性用发展的可变性眼光来看待事物。在系统论中，系统的存在本身是一个动态的过程，事物之间存在着各种各样的差异并具有普遍的联系，系统内部诸要素之间以及系统之间的相互影响、相互作用使系统具有复杂性，系统要想从无序的状态转向有序的状态需要远离平衡态，即"系统的各组成要素要有一定的差异，它们之间是一种非线性关系。构成要素只有保持适当的差异并形成了非线性关系，才能为系统的存在和发展提供'激活'和'激励'效应"[②]。总的来说，系统理论认为一切系统都是运动变化的，这与马克思主义哲学观点具有内在一致性。事物的差异性使其远离平衡状态，处于运动、变化和发展之中，促成了系统的动态性，可以说系统与运动、变化、发展密不可分。

动态性强调事物的变化发展，教育也内含动态性这一特征，教育系统内部诸要素之间以及教育系统与外部环境之间均存在多样的交互作用，动态性更是教育的本质规定。[③] 一方面，从教育系统内部来看，教育处于不断发展之中。如教育信息化实现由 1.0 向 2.0 跨越，人工智能的应用为教育的发展带来无限的机遇以及潜在的挑战，随之而来的教学思维、教学目标、教学主体、教学

---

① 郑鸿颖.基于复杂系统理论的思维发展：中学英语课堂对话教学策略探究[J].四川师范大学学报（社会科学版），2020(1)：108-114.

② 邱耕田.差异性原理与科学发展[J].中国社会科学，2013(7)：4-21.

③ 方展画.发展性、动态性、多样性：对教育的重新理解[J].教育研究，2002(10)：6-12.

方式与学习方式、教学内容、教学媒介、教学评价等方面均发生不同程度的变革。另外,教育的根本目的是促进人的发展,教育系统中的两大主体——教师与学生也在不断发展,这一目的也能够体现动态性。如新时代提出建设高素质、专业化、创新型的教师队伍的要求,更加强调坚持五育并举,注重学生德智体美劳的全面发展。另一方面,教育与社会的交互作用也促成了教育系统的动态性,教育与政治、经济、文化等方面具有密切的联系,并随着政治、经济、文化等方面的变化而变化。

这种动态性看到了教育系统处于动态的发展之中,而不是孤立、静止的状态,要求相关主体能够以动态的思维应对教育发展问题。教育需要适应时代发展的要求,实现可持续发展,但这种适应性并不意味着教育完全被外部环境所约束,也要求教育通过自身不断变革来促进社会的动态发展。

三、作为异质性表现的不均衡性

平衡和均衡是同义词,哲学理论更多讨论的是平衡和不平衡。"平衡,指自然系统内诸要素之间以及系统与环境之间协调一致、相互适应、均衡而在宏观上表现出的一种相对静止和稳定的状态。不平衡指自然系统内诸要素之间以及系统与环境之间不协调、不适应、不均衡而在宏观上表现出的一种显著变化和不稳定的状态。"①

在论述平衡与不平衡关系的理论中,最具代表性的是马克思主义理论和斯宾塞的平衡论。一方面,马克思主义理论认为平衡与不平衡是事物矛盾运动的两种状态,"一种是矛盾双方势均力敌,表现为平衡;一种是均势的破坏,表现为不平衡。矛盾双方处于平衡状态时,事物表现为相对静止;平衡被破坏,进入到不平衡状态时,事物就表现为显著的变动"②。另一方面,布哈林在马克思主义理论基础上进一步阐述了社会平衡论,"平衡乃是社会正常存在的内部法则"③,"平衡是社会常态,而不平衡就是'不正常'"④,"社会体系从最

---

① 金炳华,等.哲学大辞典[M].上海:上海辞书出版社,2007:955.

② 郭月争.论平衡和不平衡[M].合肥:安徽人民出版社,1959:4.

③ 梁承碧.略论布哈林"通向社会主义之路"及其理论特色[J].湖南师范大学社会科学学报,1999(3):46-50,76.

④ 杨煌.布哈林的平衡论及其对构建社会主义和谐社会的启示[J].当代世界与社会主义,2011(6):168-172.

初的平衡到平衡的破坏,然后在新的基础上重新建立平衡"[①]。斯宾塞基于牛顿的机械运动和均衡律提出平衡论,该理论"认为只有平衡、静止、渐变才是自然的、'正常的'状态,而不平衡、运动、质变则是不正常的状态"[②]。

不平衡既存在于事物内部也存在于事物之间。不均衡性和差异性处于相互交织的状态,教育中的不均衡现象与教育主体、过程和结果的差异性相互影响、相互作用。教育中的不均衡主要表现在过程的不均衡和结果的不均衡。过程的不均衡主要指教育资源配置的不均衡。当前,我国教育资源配置的地区差异、城乡差异以及校际差异明显,具体来说,东部地区的教育资源优于中西部地区,城市的教育资源优于农村地区,重点学校的教育资源优于非重点学校。而教育资源内部也存在不均衡。教育资源一般包含人力、物力和财力三个维度,而三个维度并不是均衡状态,"个别省份在教育资源配置过程中存在冗余现象。一些地区在人力、财力等方面均出现投入过剩的问题"[③]。结果公平指"学业成就、教育质量的平等"[④],学生接受一定教育后获得的知识、能力等方面的发展和预期的教育收益[⑤]。结果的不均衡主要指学生完成相应的学业学习后并未获得同等的学业成就和教育收益。教育结果的不均衡在高等教育阶段尤为明显,大学生在求职过程中面临的性别歧视和学历歧视实际上是教育结果不均衡的表现。

不平衡是平衡和高层次平衡的枢纽,是事物发展的重要状态,因此,要正确看待和处理教育中不均衡的问题。从不均衡走向均衡是教育一直追求的目标,然而,教育均衡发展不是"平均论"和"限制论"[⑥],教育公平也不是追求教育过程和教育结果的同质化,而是追求带有各自鲜明特色的高质量教育。

---

① 梁承碧.略论布哈林"通向社会主义之路"及其理论特色[J].湖南师范大学社会科学学报,1999(3):46-50,77.

② 《哲学大辞典》编辑委员会.哲学大辞典[M].上海:上海辞书出版社,1992:358.

③ 金双华,杨艺.普通高中教育资源配置效率研究[J].现代教育管理,2021(1):53-60.

④ 张志勇.中国教育的拐点[M].北京:教育科学出版社,2010:129.

⑤ 王秉琦,邱必震.教育结果公平:大学提高教育质量的应然追求[J].国家教育行政学院学报,2013(8):11-15.

⑥ 张兴华.义务教育均衡发展误区及其矫正[J].中国教育学刊,2003(2):8-11.

第二章　教育评价的同质性困境

　　异质性是教育系统的普遍特征,教育评价应充分观照异质性的存在,并采取合理的措施回应异质性。然而,我国的教育评价仍遭遇着同质性的困境,在评价活动中,将评价对象视为无差别的群体,采取无差别的措施来对待具有差异的对象,如评价标准的一致性、评价工具的唯一性、评价过程的统一性、评价信息处理的标准化。教育评价的同质性在很大程度上影响了教育评价的科学性、公平性与有效性,也使得教育评价的教育性功能没落。

第一节　教育评价的同质性及其重要根源

　　厘清教育评价同质性的根源,突破同质性的困境,正视评价的异质性,是我国基础教育评价的价值归依,对于提升我国基础教育评价的科学性与精确性、促进基于评价结果的教育决策的针对性与公正性,以及实现教育均衡发展都有着极其重要的意义。

一、什么是教育评价的同质性

　　近十年来,我国教育评价与监测发展迅速,在评价的理论、工具、方法和技术方面已经取得较大成就,然而,我国教育质量评价也正遭遇着"同质性"的现实困境,削弱了评价的科学性,弱化了评价的发展功能。

(一)教育评价概述

　　所谓评价,是从教育目标的角度,对教育测量和测验所提供的数据资料和通过观察所获得的质的分析的资料作出解释,对教育工作在多大程度上达到了初期目标作出价值判断,从中获得可资日后利用的信息①。教育评价是衡量教育发展水平的重要活动,而科学有效的评价与评价者的"教育质量观"密切相关。一般而言,学者对教育质量概念的理解存在如下两种教育质量观,即"外适性质量观"与"个适性质量观"。"外适性质量观"指教育满足顾客需要的程度,常以外在的标准来评价学校质量②,而"个适性质量观"指教育促进学生自我实现的程度,以学生个体的认知、情感、兴趣、特长等方面的发展作为判断教育质量的标准。在具体开展教育评价过程中,评价者需要明确如下基本问题:评价什么? 评价对象是什么? 评价如何实施? 评价需要什么样的信息支持? 评价的标准是什么? 谁来进行评价? 就基础教育评价而言,基础教育质量的表现是多要素、多层面的,其核心是学生的全面发展,即应该从学生发展的角度理解基础教育质量,以明确学生接受相应阶段教育后的发展变化。

教育评价改革是教育改革的重要任务,《国家中长期教育改革和发展规划纲要(2010—2020年)》明确提出要"把提高质量作为教育改革发展的核心任务。树立科学的质量观,把促进人的全面发展、适应社会需要作为衡量教育质量的根本标准"。改革教育评价制度,形成科学的质量观和适宜的评价标准,是教育评价改革的重点任务。2020年,中共中央、国务院印发的《深化新时代教育评价改革总体方案》为教育评价改革指明了方向,提出"完善立德树人体制机制,扭转不科学的教育评价导向,坚决克服唯分数、唯升学、唯文凭、唯论文、唯帽子的顽瘴痼疾"。建立科学的、符合时代要求的教育评价制度和机制,是新时代教育评价改革的重要目标。义务教育质量评价是一项系统的工程,涉及评价内容、评价对象、评价主体、评价的实施路径与方法、评价的信息支持系统以及评价标准等一系列问题,而对这一系列问题的思考同样需要充分关注作为主体的学生普遍和独特的性质。

(二)教育评价的同质性概述

一般而言,一事物区别于其他事物的根本在于其所具有的某种属性是其特有的,即具有一种有特殊规定的"质"。任何事物都具有多种属性,如果一事物与另一事物具有相同的或者相似的属性,则可认为这两个事物具有"同质

---

① 桥本重治.教育评价的意义与特点[M]//瞿葆奎.教育评价.北京:人民教育出版社,1989:148.

② 陈玉琨.教育评价学[M].北京:人民教育出版社,1999:225.

性";反之,如果说此事物具有某一属性而彼事物没有,那么这两个事物就具有"异质性"①。同质(homogeneus)即相同、无差异、无区别。教育评价的同质性是指教育评价中涉及的各种元素、事物,它们相互之间具有同等属性、同等特质。与同质性相对应的异质性(heterogeneity)可以将其理解为多样性、差异性,指教育评价中评价对象、评价情景、评价过程具有的不同状况或属性。在国际大规模教育评价项目中,研究者已逐渐意识到评价参与国或地区在经济发展、语言文化等方面的异质性。在我国的教育评价中,异质性也客观存在,体现在学生个体间发展以及不同区域经济和文化发展等方面。

同质性的客观存在削弱了教育评价的科学性、准确性,降低了不同地域教育质量的可比较性,也在一定程度上影响着国家的教育决策、教育发展规划的确定以及教育资源的分配。同时,教育评价的同质性使得评价的发展性功能式微,由此导致教育评价的功能达成不完善,偏离了评价的初衷,阻碍了教育的均衡发展。

二、教育评价同质性产生的根源

教育评价一直是世界各国及国际组织关注的焦点,尤其是近半个多世纪以来,随着国际大规模教育评价的发展,教育评价对各国教育起着越来越重要的作用。然而,长期以来的教育评价抹杀了个体差异,导致评价发展性功能式微。在评价实践中未系统顾及教育系统的异质性特征,在评价中将评价对象视为无差别的群体,无差别对待具有差异的对象,教育评价难以全面摆脱同质性的困境。

(一)将评价对象视为无差别的群体

"多样性是教育系统的一个普遍特征。教育系统的多样性特征是教育系统适应内外不同环境的自然结果。"②教育多样性特征导致教育各部分发展的不均衡性、多元性,教育的差异性进而产生。教育系统不仅具有多样性特征,而且表现出显著的差异性特征。从国际大规模教育评价来看,国际上不同国家(地区)之间的教育体制、文化背景、教育现实存在较大的差异,从我国教育

---

① 俞吾金.从思维与存在的同质性到思维与存在的异质性:马克思哲学思想演化中的一个关节点[J].哲学研究,2005(12):3-10,123.

② 石中英.回归教育本体:当前我国教育评价体系改革刍议[J].教育研究,2020(9):4-15.

发展现实来看，我国地域辽阔，各地经济、教育发展水平差异悬殊，部分少数民族地区在教育发展、学校管理、课程教学、教材资源甚至语言上都有较大的差异，教育评价不能忽视教育系统中具有差异性的各种要素。

然而，长期以来，评价者在教育评价活动中将评价对象视为无差别的群体。从学生个体间差异性来说，评价忽视了学生身心发展规律和特点。学生身心发展具有顺序性、阶段性、不平衡性、互补性和差异性，不同学生在不同发展阶段的发展水平是不平衡的，教育评价忽视学生在不同时段能力发展快慢有别的特点，将其视为无差别的群体，在评价的理念、工具设计、实施过程和结果处理上未充分考虑学生差异性的特点，导致评价的准确性和有效性不高。从我国不同区域经济发展水平差异来看，教育评价忽视了评价对象生活背景的差异。评价对象处在不同经济发展水平的区域、不同经济条件的家庭，享有不等的学校教育资源，拥有不同的家庭文化背景以及不同地域间文化背景等多方面的差异，而这些差异在一定程度上又会影响评价对象的认知水平及价值观的形成。从学生群体中的特殊需要儿童来看，在当前的评价活动中，无论是学科测试，还是相关背景的调查，都忽略了对那些有着特殊需要的学生给予更多的关注和包容，这部分学生虽然被纳入评价对象，却由于认知、情感、行为等方面的障碍，他们无法按照与其他学生同样的程序有效完成测评。针对个体在智能、认知、人格和性别等方面的差异，教育要尊重差异的存在，教育评价同样要尊重差异的存在，如果在教育评价中将所有评价对象视为同质性的群体，必将影响教育评价的科学性与有效性。

（二）无区别对待具有差异的对象

在教育评价中，无区别对待具有差异的对象主要表现为在教育评价的各个要素和环节上，缺乏针对异质性群体的差异化处理。我国地域辽阔，各地经济发展水平相差悬殊，不同地域的经济发展水平直接影响着学校发展和教育质量，而同质性的教育评价将不同经济、文化状态下的学校、学生置于同样的层次进行比较，进而根据评价结果进行教育教学决策，这样的比较和决策显然无法观照不同地域教育的现实需要。从学生个人来看，学生的知识储备、认知水平、学习动机、兴趣不同，接受所学内容的程度不同，评价者却采用同样的标准与手段展开评价，即用"同一把尺子"衡量所有的学生，这是失之偏颇的。在评价标准和评价工具上，基于共性的评价标准，采用统一的评价工具对学生进行评价，在评价过程中忽视学生能力的差异，尤其是缺乏对随班就读的特殊需要儿童的差异化处理，这既削弱了教育评价的发展性功能，也使得评价的公正性受损。同样,在教育评价信息的处理上,缺乏对分析框架、指标权重等方面的差异化考虑,导致评价结果的可比性和可用性降低。这样的评价活动反映的是同质化群体的发展状况,不能为差异化的群体或者个体提供反映其学习质量、学习过程、学习发展的针对性信息,进而难以通过教育评价为个体的学习和发展提供针对性指导。

第二节　教育评价的同质性表现

同质性危机是当前我国基础教育评价必须反思的问题,教育评价的同质性具体表现为评价标准的一致性、评价工具的唯一性、评价过程的统一性、评价信息处理的标准化以及评价结果运用的整体性。

一、评价标准的一致性

评价标准是评价者在教育评价活动中作用于评价对象的价值尺度,表明了评价者在评价中重视什么、忽视什么。制定有效的评价标准是保证准确、有效、全面评价的基础,是评价功能得以正常发挥的前提条件。[①] 教育评价是一种价值判断活动,其核心构成是评价主体与评价客体,两者关系的维系还需要一个"沟通桥梁",而评价标准正是据以判断评价客体能否满足评价主体需要的指标[②]。教育评价标准作为对评价主体与评价客体等内容进行价值衡量时所依据的准则,是指导教育活动的重要参照物。促进教育高质量发展,需要树立以质量为导向的教育评价标准。

教育评价标准所反映的是人们对教育价值的选择,引导人们选择有利于增进该项价值的方法与策略。教育评价标准的一致性指在教育评价中采用统一的标准,评价标准忽视不同县域、不同学校、不同学生发展的差异,无视评价对象各方面发展水平的差异。一致性的评价标准缺乏弹性与灵活性,缺乏对差异的观照,因而难以实现差异化的评价目标。评价标准的一致性难以有效

---

① 刘志军.课堂教学质量评价标准的探讨[J].中国教育学刊,2000(2):55-58.
② 程天君.谁来评价、评价什么与如何评价:深化教育评价改革的三个基本问题[J].中国电化教育,2021(7):1-13.

地反馈区域间、学校间、学生之间各方面发展的真实水平。而对于随班就读的特殊需要学生群体而言,我国大多数普通学校随班就读学生所采用的学业评估标准与普通学生的学业评估标准一致,并未根据他们参与学业评估的支持需求做任何调整[①],这种基于共性标准的评价对差异化群体是不公平的,忽视了特殊需要学生的实际诉求,影响了教育评价的科学性和有效性。

　　针对不同区域、不同学校、不同评价群体,教育评价者应制定不同的评价标准。2021 年 3 月,我国教育部等六部门联合印发《义务教育质量评价指南》,紧紧围绕党的教育方针,以促进学生全面发展为目标,覆盖县域、学校、学生三个层面的质量评价,设置了具体的评价指标和考察要点。一方面,《义务教育质量评价指南》中所蕴含的价值追求和设定的指标体系,层层嵌套又各有侧重,充分体现了评价对教育规律的尊重。另一方面,《义务教育质量评价指南》呼吁各级政府的落实执行应建立在深入领会指标和考察要点深层含义的基础之上,领悟其中的理念和价值导向,对照不同层面的各项指标结合各地的具体情况制定细化的落实指引和方案,既需要落实《义务教育质量评价指南》的精神,又要结合各地情况采取不同的举措和做法,制定适合当地区域发展的具体标准,从而形成高质量统一要求下各有特色的评价格局。然而,在当前的教育评价实践中,不同区域、不同学校、不同群体绝大多数情况下仍使用统一、不灵活的评价标准,存在差异性标准缺失的问题。教育评价标准是开展评价工作的核心,科学合理的评价标准不仅能有效鉴别教育质量,而且能够通过问题诊断发挥提高教育质量的积极作用。因此,针对不同县域、不同差异类别的评价群体,要在坚持原则和方向的基础上进行基于共性的评价标准适应性建构,弥补差异,形成针对性强的评价标准。

二、评价工具的唯一性

　　评价工具的科学性是影响教育评价有效性的重要因素。在对学生学业成就的评价中,已有研究大多聚焦于各级各类考试命题,或者运用多种理论分析评价工具的信度和效度,"有少量研究运用了国际前沿的项目反应理论……分析测量工具即试卷的科学性和公平性等。在对教师、学校或政策效应的评价

[①] 于素红.上海市普通学校随班就读工作现状的调查研究[J].中国特殊教育,2011(4):3-9.

上,开发新的评价工具、构建和运用增值模型等已成为这一领域的研究热点"①。在我国的教育评价中,评价工具的开发未充分考虑不同地域教育发展的差异、不同区域文化的差异以及不同群体发展水平的差异。

在国际大规模教育评价中,研究者认为对于不同文化背景的国家和地区而言,教育评价所采用的工具对于有着类似知识和技能的学生而言应该具有同样的难度②和结构上的一致性③。因此,国际大规模教育评价中评价工具的设计,必须经过审慎的考虑以增强不同语言国家和地区分数的可比性,在对来自不同语言、文化和地域的群体的数据进行分析时,需要建构多元文化群体测量一致性的模型④。正如安东尼奥·诺瓦(António Nóvoa)等人所指出的,"PISA测评中人们运用比较策略,是为了在不同的国家背景中寻求'本质上'类似的答案"⑤。在我国的教育质量评价中,亦不能忽视唯一性的评价工具对教育评价的影响。例如,我国是一个多民族国家,少数民族地区双语学校的学生虽然在双语学校学习,但其在汉语上明显存在弱势,如果在评价工具的呈现语言上没有考虑少数民族双语学校学生的语言障碍,统一采用汉语的调查工具(除了语文学科)进行评价,学生在评价结果上的差异可能在很大程度上来自其汉语水平的差异而不是学业水平的差异。由此,在评价工具的语言上,可以针对少数民族地区的学生进行一定的调适,例如运用当地少数民族语言进行恰当的解释或注释,这也能减少由少数民族文化差异而导致的学生对测试项目的认知偏差。评价工具的设计还需要充分考虑那些有着肢体机能或其他感官缺陷的学生的特殊需要,比如已出现为特殊需要儿童提供通过大字体印刷、盲文、语音输入的评价工具来呈现评价测试项目,在评价的实施过程中对特殊需要的群体进行一定的评价过程调适。可见,评价工具的设计要尽可能

①　编辑部.教育评价:测量工具的开发和完善[J].北京大学教育评论,2013(1):1.

②　RUTKOWSKI D,PRUSINSKI E.The limits and possibilities of international large-scale assessment[J].Education policy brief,2011,9(2):1-4.

③　BYRNE B M,VAN DE VIJVER F J R.Testing for measurement and structural equivalence in large-scale cross-cultural studies:addressing the issue of nonequivalence[J].International journal of testing,2010,10(2):107-132.

④　RUTKOWSKI L,SVETINA D.Measurement invariance in international surveys:categorical indicators and fit measure performance[J].Applied measurement in education,2017,30(1):39-51.

⑤　LAWN M,NÓVOA A,EBRARY I.Fabricating Europe:the formation of an education space[M].Boston:Kluwer Academic,2002:144.

保证评价在不同背景下、针对不同群体时发挥同等的作用和价值，这就要求突破唯一性的评价工具设计，而设计多层级、多类型的评价工具。

三、评价过程的统一性

评价过程的统一性指在评价实施过程中未能识别和把握评价对象的差异性特征和特殊需要，没有根据评价对象的学习过程对评价过程进行个性化和差异化调适。评价过程本身也是一个信息处理过程，在信息处理时，关注评价对象的特殊需要，采取一定的调适性措施，彰显评价过程的适应性，这不仅是教育评价科学性与精确性的要求，同时也是"以人为本"的教育理论在评价中的体现。对评价的过程调适体现出教育评价不仅是对结果的评价，更是对过程的评价，实质上也是将学生的学习过程、学习方式、学习活动与教育评价结合起来。

在当前的教育评价过程中，无论学科测试，还是相关背景调查，都忽略了给予特殊需要学生相关的补偿性措施。这部分学生虽然被纳入评价对象，却由于认知、情感、行为等方面的障碍无法按照与其他学生同样的程序有效完成测评，他们需要一定的语言、工具的支持或更多时间来完成测评（除了那些有时间限制的测评项目），而缺乏这些措施，就无法真正测评出特殊需要学生的学习质量。特殊需要学生往往被认为是质量低下的，而事实上，如果给予他（她）们更多的时间或者一定的外部支持手段，他们的测评结果可能会更好。

在近些年的高考中，我国为残疾学生参加高考做出了部分努力，如采用特殊设计试卷、延长考试时间等。例如，2015 年全国有 8 位盲人考生报名参加高考，7 人被录取。然而，我国还有相当多的残疾学生和有着特殊需要的学生在教育评价中是被排除在外的。评价过程缺乏对特殊需要学生的补偿性措施会影响评价结果的公正性，针对教育评价对象中的特殊群体，研究者提出了相应的评价调节性措施，希望通过修改评价程序（如安排、时间、呈现方式）或者评价材料（情景、反应），最大限度地评价学生的真实学业表现，为他们获得与普通学生一样的课程和评价提供机会[①]，以排除肢体残疾及其他缺陷带来的障碍。

---

① HORVATH L S, KAMPFER-BOHACH S, KEARNS J F. The use of accommodations among students with deafblindness in large-scale assessment systems[J]. Journal of disability policy studies, 2005, 16(3): 177-187.

在评价过程中,回应学生学习发生过程的评价过程调适是提升评价真实性、有效性的重要方式,能促进每个评价对象潜能的充分发展。评价者积极运用多样的调适性措施对评价对象学习过程的不同维度的质量进行有针对性的、个性化的评价,以最大限度地收集和反映学生学习过程质量的证据,以实现过程性证据对学生学习评价的解释性。

四、评价信息处理的标准化

信息是提供决策的有效数据,可以反映事物属性、结构、相互联系及与外部环境的互动关系。教育评价需要信息来反映评价对象的特质、状态等,以及反映评价活动各个环节的属性,同时通过评价得出的结论又构成了新的信息。具体而言,评价信息是人们在评价活动中,有意识地认识评价对象的产物。真实、准确、完整的评价信息是做出客观、公正、合理的价值判断的前提,是开展评价工作的基础所在。而明确、充分的数据采集方式和科学、规范的信息处理手段,是取得真实可靠的评价信息的有效保障。评价信息最主要、最本质和最独特的功能就是反映评价对象的客观情况,如果不能充分地掌握真实可靠的评价信息,就无法做出相对合理、科学、客观的价值判断。评价信息从获取、存储、传递、处理直至发挥功效,都会受到一定的时间、地点、对象、环境等条件的制约,处于复杂的评价环境之中。

评价信息处理的标准化指在评价活动中,一方面将评价所获取的以多种方式呈现的信息以笼统的、简单粗暴的方式进行处理,偏离了信息所反映的客观实际情况;另一方面针对不同评价群体未采取差异化的数据处理方式,致使部分评价信息结果不够准确规范或缺乏真实性,从而不能有效地反映客观实际情况,降低了评价信息表征评价对象属性的能力。实际上,开展教育评价活动所收集到的评价信息类型多且没有统一标准,有些信息是用数字表示的,有些信息是用文字表达的,还有一些模糊信息,所以无法进行综合处理。为了把握评价对象的全貌,得出综合评价结果,就必须对这些信息进行系统的整理、汇总和处理。同时,在评价信息处理时也要考虑评价数据的权重赋予,以此增强数据处理的合理性。我国教育评价中对于评价数据赋权的研究与实践相对较少,忽视评价数据的权重可能会导致评价数据处理的失真和评价结果的不准确,也会对评价数据的二次分析研究造成影响。另外,在评价信息处理中还需要针对不同的群体进行差异化的处理,评价不仅要反映评价对象的整体发展状况,也应关注和监测评价对象的进步程度,并注重评价对象在已有发展水平基础上的有差异化的增值,尽可能针对不同水平的评价群组实施不同的增值评价标准[①]。

五、评价结果运用的整体性

评价结果运用是依据一定的标准对特定对象进行事实判断和价值判断的综合活动,隐含着运用评价结果去解决问题的不同的思维方式和价值导向[②]。评价结果运用的整体性指评价信息使用者用僵化的思维模式、既定的标准去对评价结果加以分析、解释和应用,难以充分把握评价结果所包含的信息,难以体现评价活动应有的价值理念。

评价结果运用的整体性对基于评价的教育决策、学校发展和个体发展都会产生一定的影响。从学校层面来讲,教育评价结果可为学校、教研部门和教师提供一定的教育教学诊断信息,从学生发展结果的角度分析学校教育和学科教学的优势和不足,为促进教育教学改进提供科学支撑[③]。然而,评价结果运用的整体性使得评价仅仅停留在排名排序、分层分级上,不利于教育工作者有效分析影响学生学业成绩的关键因素。从政府层面来讲,理想状态的教育评价结果能为相关政府部门提供关于区域学生群体差异、不同学校教育教学水平差异、学生个体间能力发展差异等信息,有利于政府全面了解教育发展状况,从而为教育决策和管理提供科学、全面的信息支撑。然而,评价结果的整体性忽视了不同区域之间的经济、教育资源差异,忽视了学生群体的多样性,不能清晰地反映学生之间、学校之间、区域之间的真实情况,政府部门根据评价信息的相关决策就会失之偏颇。

评价结果运用是把科学的数据分析作为教育的"体检"过程,要从过去单一的"经验判断",转向基于证据的、更加精细准确的"科学判断",转向跟踪比较同一个体、同一班级、同一学校乃至同一区域、同一国家在一段时间后的努

---

① 郭元祥,王秋妮.增值评价研究的知识图谱与前景展望[J].教育测量与评价,2021(7):3-10.

② 李勉,张岳,张平平.国际基础教育质量监测评价结果应用的经验与启示[J].外国中小学教育,2017(5):1-7.

③ 李勉,张岳,张平平.国际基础教育质量监测评价结果应用的经验与启示[J].外国中小学教育,2017(5):1-7.

力程度和增值发展[1]，这样的教育评价结果运用才能够为政府教育决策、区域教育管理、学校教育教学诊断和改进以及学生可持续发展提供真实有效的信息支撑。

第三节　同质性教育评价的影响

我国基础教育评价目前面临同质性的困境，同质性的教育评价导致了评价对象的主体性没落、评价过程的公平性缺失和评价结果的可用性降低。

一、评价对象的主体性没落

主体性是教育的基本特性之一，教育评价中对不同群体差异的忽视，直接造成了评价对象的主体性没落，影响学生主体性的发展与实现。

(一)主体性是教育的基本特性

主体性是作为主体的人所具有的本质属性，是作为现实活动主体的人为达到为我的目的而在对象性活动中表现出来的把握、改造、规范、支配客体和表现自身的能动性[2]，包括独立自主性、自觉能动性和积极创造性三个基本特征。根据马克思主义观点，人是认识活动的主体，在认识活动中，主体是人，客体是世界，主客体关系就是人与世界的关系。主客体关系在教育活动中也同样适用，受教育者通过自身的实践活动和间接经验去认识世界。在教育过程中，学生是教育的主体，学生的主体性是教育活动的出发点与归属，即学生的主体性既是教育发生的起点，也是教育的目标。同时，学生的主体性发挥到什么程度，取决于主体所处的具体的活动背景和主体本身的知识、经验和能力以及客观环境和外界能够提供的条件[3]。自 20 世纪 80 年代以来，主体性教育

① 罗强.监测驱动：大数据时代评价改革的新走向：苏州市义务教育学业质量监测结果运用的思考与启示[J].中小学信息技术教育，2019(2、3)：45-47.

② 和学新.主体性教育视野中的主体性内涵、结构及其存在形态[J].教育理论与实践，2004(9)：5-8.

③ 刘风华，刘欣.主体性教育思想的价值走向及其意义[J].教学与管理，2013(6)：11-14.

已经成为我国教育发展的根本逻辑,主体性是教育的基本特征。一方面,教育自身具有主体地位,这关系到对教育本质的重新认识和理解;另一方面,教育以培养人的主体性为价值追求,所培养的人应具有主体性人格。因此,充分尊重每个学生的主体权利、主体地位、主体人格,培育学生的主体性,提升学生素质发展水平,亦是新时代发展素质教育的重要要求。

(二)教育评价中评价对象主体性的特征

教育评价是促进学生主体性培育的重要活动。在教育评价中,评价对象的主体性通过与评价活动的互动、在评价活动中的有效参与而表现出来。因此,在教育评价活动中评价对象主体性的发挥指作为主体的学生在评价活动中所表现出来的选择性、能动性、自主性。

第一,选择性。人的对象性活动是以对象性关系的确立为前提的,而主客体对象性关系的确立是主体从为"我"的角度进行选择的[①]。这不仅取决于客体,更取决于主体,取决于主体的能力和需要,主体活动的目的是满足人的某种需要。评价对象在评价活动中的选择性,突出地表现在评价过程中评价各要素的选择上,评价目标、评价方式、评价内容,无一不是选择的结果。评价对象的选择性特征要求评价活动的开展要适应评价对象的认识和实践能力,要满足评价对象的主体需要。

第二,能动性。主体之为主体,就在于他是"能动的自然存在物",具有自觉能动性。能动性指主体在对象性关系中,自觉、积极、主动地认识客体、改造客体,而不是被动地、消极地进行认识和实践。能动性表现在教育评价活动中,具有目的性、超前性与可控性。在评价活动中,评价对象并不是作为"数据"的提供者,而是带着自身的能动性积极地参与评价活动。

第三,自主性。自主性也是主体性的一个重要特征,指在一定条件下,个人对于自己的活动具有支配和控制的权利与能力。每个人都有自主意识、独立个性,能进行一定的自主活动,从而表现为自主性。在教育评价活动中,评价对象的自主性一方面体现为评价过程中的客观自评,自我评价是学生基于原有的自我认识,依据自身认可的评价指标和准则,对自身整体或某方面素质的发展所作出的认识和判断。就具体评价实践而言,可以设置自我评价环节,组织学生对自己和同伴的日常行为进行口头评价或书面评价,自己写评语,提高自我认识和评价能力。另一方面表现为评价活动结束后,评价对象对评价

---

① 张天宝.主体性教育[M].北京:教育科学出版社,1999:8-9.

结果的自我解释、自我改进和自我完善,提高学生的自我教育能力。改变过去由教师根据评价结果给学生"下定义"的状况,由学生先结合自我发展实际对评价结果作出思考,并根据评价结果的分析调整下一步的学习计划。

评价对象的主体性特征还表现于评价者与评价对象的关系中,他们之间不再是上下关系,而是一种协商对话的关系,评价双方通过不断地对话与协商,减少意见分歧而形成评价共识。评价对象虽是被评价者但并不处于被动的地位,他们之间突破了"主体—客体"二分的传统评价模式,基于此关系进行双向互动的交往实践[①],互为主体、相互认可、相互沟通,真实展现评价对象的自我诉求。主体性教育评价中的"主体性"体现在对学生的评价是以激励性、教育性和发展性为基本原则的[②]。只有立足于开放、民主的评价,强调评价活动中的平等、理解、互动,才能在评价活动中对评价对象主体性予以充分的尊重和彰显。

(三)同质性导致评价对象主体性没落的表现

评价对象主体性的彰显要求评价满足学生身心发展的全方位要求,关注学生的整体发展,真正把学生当作教育活动的主体,而不是把学生看成机械的客体。同质化的教育评价重学生群体的"共性"评价,轻个性评价。评价目标唯一、评价指标片面、评价方法单一化、教师与学生间关系僵化,会造成评价对象主体性的没落,具体表现在评价未关注学生自身发展诉求,缺失评价者与评价对象之间的对话,以及忽视学生在评价中的主动参与,使学生的发展受到不同程度的阻碍。

1.评价未关注学生自身发展诉求

每一个学生都有自己的智力强项和独特价值,且学生的差异不仅表现在学业成绩的差异上,还表现在生理特点、心理特征、动机兴趣、爱好特长等各个方面。这就使得每一个学生的发展目标以及发展速度和轨迹都呈现出一定的独特性。然而,同质性的教育评价采用同样的评价标准、单一的指标,评价仍停留在对学生考试成绩的关注,并根据分数高低将学生分为不同层级,容易挫伤部分学生的自尊心和上进心。同质性的教育评价蔑视将评价对象作为差异化生命主体的尊重,忽视学生成长过程中的差异性、独特性,忽视学生各方面发展的需求,压抑和束缚学生个性的发挥。

---

① 姜晶花."交互主体性"教学理念与模式[J].国家教育行政学院学报,2016(10):52-56.
② 李志宏,郭元祥.主体性教育的理论与实践[M].长沙:湖南教育出版社,2000:42-44.

2.缺失评价者与评价对象之间的对话

第四代评价的基本理论——回应、协商和共同建构，强调评价是一个所有参与评价的人不断对话、不断协商的过程。因此，在教育评价中增强协商对话，本质上是增强评价中人与人的对话，建构"我—你"的评价关系，营造文化交融的评价氛围。在评价活动中，评价对象和评价者之间应该是双向对话、协商对话的关系，二者是相融的交互主体的存在。然而，一直以来，教育评价中总是存在单向度的"独白式"评价，具体表现为评价主体的唯一性、评价过程的单向性、评价结果的专断性[①]，通常是由某一权威主体拥有评价权力对被评价者进行评价，如政府评价学校、学校评价教师、教师评价学生，没有真正倾听评价对象的声音。"真正的对话式评价"指将所有"利益相关者"都作为评价主体参与评价标准的确定、评价内容的选择以及评价结果的解释环节，在充分自由地表达自身观点的同时接纳、认可他人不同的文化价值观。

3.评价忽视学生在其中的主动参与

在多元智能理论看来，自我认识智能和人际交往智能是人的多元智能结构的重要组成部分。自我认识智能指学生对自我的认知、评价能力，是学生对自己的洞察和理解，这其中就包括自我观察和自我评价，即学生在评价活动中也是主动的自我评价者[②]。同质性的教育评价中评价者采用机械划一和标准化的评价手段，按照既定标准决定被评价者的好坏，完全忽视了学生在教育评价中的主体身份。教育评价活动的设计与开展应帮助评价对象最大限度地、独立自主地对自己的行为作出评判，充分展现和发挥学生自我评价的能力。学生作为一个活动主体，有独立行使和支配自己活动的权利，有自尊、自觉、自信、自立、自强等主体意识，他对评价活动（客体）是具有一定主宰性的[③]。同质性的教育评价中评价对象基本处于被检查、被评判的被动地位，由不含学生在内的评价者占主导地位，由学校和教师全面掌握着评价体系的基本信息，缺失了学生这一评价主体的存在，不利于学生主体性的发展。

---

① 梁红梅，李刚.对话式学生评价的缘起祛魅与追问[J].当代教育科学，2010(6):3-6.

② 张晓峰.对传统教育评价的变革：基于多元智能理论的教育评价[J].教育科学研究，2002(4):28-30.

③ 和学新.主体性教育视野中的主体性内涵、结构及其存在形态[J].教育理论与实践，2004(9):5-8.

二、评价过程的公平性缺失

教育公平是社会公平发展的基础,而教育评价是影响教育公平的重要因素[1],教育评价公平的实现对于促进教育公平、社会公平具有重要意义。同质性的教育评价导致评价的公平性缺失,忽视了教育过程和教育结果等方面的公平。

(一)教育的公平性问题

从本质上说,公平是以某种合理存在的差异为前提的,体现着人们要求种种利益分配的合理化,公平以合理性为标准。早在 2000 多年前,孔子就提出"有教无类"的教育思想,同样,古希腊雅典的公民教育也体现了民主教育的思想。教育公平可分为宏观层面的公平和微观层面的公平,宏观层面的教育公平追求受教育者群体之间的公平,微观层面的教育公平追求的是受教育者个体之间的公平[2]。宏观层面的教育公平包括教育权利的公平和教育机会的均等,要促进宏观领域的教育公平,就必须大力缩小区域之间(如东部、中部和西部地区之间、省与省之间、县与县之间)、城乡之间和校与校之间(如重点学校与薄弱学校之间)在教育资源配置上的差距[3],而微观层面的教育公平所关注的是同一受教育者群体中个体之间的公平问题。

无论是宏观层面还是微观层面的教育公平都可以分为如下三个方面:起点公平、过程公平和结果公平。教育起点公平指每个个体不受种族、民族、性别、职业、宗教信仰、财产状况和家庭出身等方面的限制,都享有平等的受教育的权利,都具有同样的接受教育的机会。教育过程公平指每个受教育者在学校教育教学过程中,能够接受与其知识水平和学习能力相适应的教育,能够公平地分享学校提供的公共教育资源,能够平等地参与各种教育教学活动。过程公平是教育公平的保证和关键环节。教育结果公平指受教育者在获得同样教育机会、分享教育资源和参与教育教学活动之后,其学业成就达到了与其

---

① 刘玉君.教育评价制度对基础教育公平的影响与对策[J].中学政治教学参考,2015(27):85-86.

② 邓银城.论教育过程公平与学生的差异性[J].湖南师范大学教育科学学报,2010(6):43-46.

③ 蒋士会.教育公平结构论[J].学术研究,2004(4):116-121.

认知能力相符合的水平，身心发展达到了与其发展潜力相应的发展结果。结果公平是教育公平的目标和归宿。

（二）教育评价的公平性

当前，我国已经形成了较为完善的教育质量评价体系，教育评价在促进教育公平过程中亦发挥了较为重要的作用。然而，在教育评价实践中，教育评价自身的公平性问题也逐渐体现出来，例如，在教育评价活动中使用统一的评价标准、评价工具和结果解释，看似公平，但实际上是狭义的公平。

教育评价的目的在于促进教育中各主体的发展，在于促进学生全面而有个性地发展。教育评价既是检验教育公平的手段，也是促进教育公平的一种重要教育活动。无论是作为手段还是作为教育活动，都应以其自身的公平性为前提，否则，教育评价就无法发挥促进教育公平的作用。因此，教育评价的公平性是评价科学性与有效性的前提，也是评价发展性功能得以实现的保障。

前文已述，异质性在教育系统中普遍存在，因此，教育评价的公平性是基于差异的公平，这体现了教育公平的"合理化"标准。基于教育中差异的存在，教育评价的公平并非指绝对的公平，或基于一致性的公平，而是让每个评价对象都能享有平等的评价机会以及适合其发展需要的评价过程和评价反馈，即公平就是给每位学生提供他们需要的东西[①]。教育公平的终极目标是学生的发展，其实现还是要落实到个体的发展上[②]。教育评价的公平意味着让不同区域、不同背景下的学校和学生接受最合适的评价活动，是建立在尊重每一个受教育者的差异性基础之上，并能满足学生差异化需求的公平。

（三）同质性与教育评价的公平性缺失

同质性是当前我国教育评价领域中存在的一大困境，教育评价的同质性推动了教育形式上的公平，却忽视了教育过程中和教育结果上的公平，同质性制约着教育评价的公正性和公平性。

从教育评价所依据的价值观和评价标准的合理性来看，教育评价总是以一定价值观为基础的，评价者的评价价值观、评价标准不同，相应的评价结论就有差别。同质性的教育评价标准造成了教育评价起点的不公平，譬如，对特

---

① 黛安·荷克丝.差异教学：帮助每个学生获得成功[M].杨希洁，译.北京：中国轻工业出版社，2004：7.

② 史亚娟，华国栋.论差异教学与教育公平[J].教育研究，2007(1)：36-40.

殊需要学生完全采用和普通学生一致的学业评价标准开展评价,这对特殊需要学生群体是不公平的,而且这样从评价结果中得到的促进特殊需要学生自我发展的信息是不足的,这样的教育评价从起点上来讲就是不公平的,也间接造成教育评价结果的不公平。当前我国基础教育评价还存在忽视弱势群体诉求的问题,将他们排斥在教育评价体系之外[①],这对于弱势群体来讲是不公平的,从某种程度上讲,这也是教育评价起点的不公平,同时也正说明教育评价体系的不完善和片面性。要想教育评价公平首先要把包括弱势群体在内的所有学生群体纳入质量评价体系,评价面向每一个学生,通过开展多方面的评价活动尽可能收集到更准确、更全面的信息。

从教育评价的过程来看,同质性的教育评价无差别对待异质性的评价群体,未能识别和把握学生的差异性特征和特殊需要,没有根据学生的学习过程对评价过程进行适应性调适并采取辅助性的措施,造成教育评价过程的公平性缺失。在评价的实施过程中,评价者没有充分考虑那些有着肢体机能或其他感官缺陷的学生的特殊需要,直接采用一般的评价过程对所有的学生群体进行评价,这样的评价过程是不公平的,也导致评价结果的不公平。就学生评价而言,评价的设计与实施未能充分回应学生的学习发生过程,未能充分彰显"如何学、如何评"的基本理念,缺乏对学习过程的观照而对学习结果进行评价,得出的评价结果就会失之偏颇,难以实现评价促进发展的功能。

为每个具有不同发展前景的学生提供适合未来前景的多元异质教育才是真正的"公平教育"[②],同理,为具有差异的群体和个体提供多元的教育评价才能真正实现评价的公平。教育评价的公平不是指形式上的平等或一致,而是指评价能够真实、有效地反映评价对象的信息,能够为不同评价对象指引正确的发展方向。同质性的教育评价使得评价过程的公平缺失,对学生展开的评价是失真的,可能还会具有一定的误导性,进而阻碍学生的身心健康和学业发展。所以,要实现教育评价的公平性,需要尽可能地为每一位评价对象提供公开、透明、充分的机会,提供适合于他们的展示方法,对评价对象予以差异化对待[③],为不同的群体和个体提供适合的教育评价才是真正的教育评价公平。

---

① 王彦明.基础教育质量之惑[J].教育理论与实践,2013(16):53-56.
② 王彦明.基础教育质量之惑[J].教育理论与实践,2013(16):53-56.
③ 冯翠典.课堂评价公平性:研究背景与进展[J].当代教育科学,2015(18):22-26.

三、评价结果的可用性降低

评价结果的应用也是整个教育评价体系的重要组成部分，评价结果应用是否科学合理直接影响评价体系的有效性，评价结果的有效应用是教育评价发展性功能实现的重要体现。同质性的教育评价活动缺乏针对性、有效性和反馈性，导致评价结果的可用性降低。

（一）何谓评价结果的可用性

对于教育评价活动而言，科学合理地使用评价结果对评价发展功能的实现具有重要意义。对于评价结果的合理解释和运用，可以为学生提供发展性建议和针对性指导，从而保证所有学生在评价活动中获益。一般而言，评价结果的可用性指评价结果对于评价对象发展的有效性，评价结果的可用性越强，则说明教育评价促进发展的功能实现程度越高，反之亦然。

如何衡量评价结果的有用性？可以通过开展可用性评估来实现。可用性评估按评估主体分为专家评估和用户测试两大类，对于教育评价结果可用性的评估可从三方面着手：一是选择专业的评审人员开展专业的评估实践，选择既具有可用性知识又具有和被测系统即教育评价相关专业知识的"双重专家"，即由可用性评估专家和教育评价专家组成的专家团队结合评价各个环节的操作对获得的评价结果进行评估与检测。二是对参与教育评价的"用户"即学生展开调查与测试，这样得到的结论更具有效性，具体可采取现场观察、问卷调查、针对性访谈、座谈会等与学生进行交流，了解学生的感受和反馈。三是考虑到评价信息的使用群体极其广泛，可以是各级教育行政管理部门和各类与教育有直接关系的机构，也可以是学生家长和用人单位等。教师、家长、学校负责人、社会大众都密切关注学生的发展，评价结果可用性的评估也要调查多方群体的满意度并搜集反馈信息。

（二）评价结果可用性的特征

教育评价需要回归教育本真，需要从教育的立场出发，体现发展性的本质规定。因此，通过评价结果的运用实现促进学生发展的功能，要求评价结果具有科学性、全面性、有效性与针对性。

教育评价是在一定的教育价值观指导下的教育活动，在中国教育发展史上，教育价值观的核心都是以人为中心，以人的价值为目的。教育评价结果的科学性指的是作为评价结果的价值判断,必须依据科学合理的教育价值观而得出,必须体现"认识目的而非手段"的基本价值准则,体现对人的整体性、多样性的观照。教育评价结果的全面性要求评价结果报告反映作为一个完整的人的学生的全面表现,体现对学生全面发展与个性发展的统一。同时,评价结果的全面性还要求充分体现关系性思维与过程性思维,体现对教育发生过程和发展结果的全面评价,体现对影响教育发展的因素的评价,而具体到学生,则体现为对学生发展过程的关注和重视,用关系性思维去看待学生的学习过程和学习结果,避免评价结果的单一线性解释。评价结果的有效性指评价结果的真实性,即评价结果真实地反映评价对象的具体表现,体现的是教育评价效度的要求。只有评价结果真实有效地反映评价对象的具体表现,学生才能根据评价结果进一步调整学习,教师也才能基于评价结果优化教学,相关教育部门也才能根据评价结果进行决策。评价结果的针对性指教育评价结果的运用范围是有限的,应该针对特定的群体或个体,具有可用性,具体表现为评价结果的群体针对性和个体针对性两个方面。评价结果的群体针对性指评价结果要体现对不同差异群体的回应,即针对差异较大的群体,应该有单独的评价结果呈现。而评价结果的个体针对性指评价结果要能对个体具有适用性,能够真正反馈学生发展的信息,为学生成长与发展提供指南。

(三)同质性导致评价结果可用性降低的具体影响

同质性的教育评价导致评价结果的可用性降低,具体表现在评价结果应用的公信力不高、评价结果的应用群体受限,以及评价相关利益主体所得评价数据和信息的缺失,导致评价结果应用的针对性不强等。

1.评价结果应用的公信力不高

教育评价结果应用的公信力是公众对评价结果及其应用的信任程度,包括信用和信任两个维度。[①] 教育评价结果应用的公信力取决于评价结果应用的有效性、准确性和发展性,评价结果应用的公信力获得的基础包括评价活动设计的专业性、评价指标设置的合理性、评价过程的公平性等。要提升教育评价结果应用的公信力,最重要的是保证评价结果的质量,保证评价结果的质量指评价信息处理得到的结论是有效的、客观真实的,也就是说评价结果的可用性是建立在其具有可靠性的基础之上。评价结果的可靠性是用来衡量评估结果完整、准确、真实、有效地表征评估对象客观属性的一项综合性能指标。评

---

① 朱丽.教育评估结果的公信力探析[J].上海教育评估研究,2020(2):87-91.

价结果要想对相关评价利益主体发挥积极效应,确保评价所得结果的可靠程度和优质程度是第一位的。

教育评价结果应用公信力的提高是以完善的评价机制和全面有效的评价指标体系为前提的。教育评价的结果可以为学校、教师、家长、社会群众具体全面地了解学生提供客观的依据。首先,评价是检验学生学习效果、各方面能力发展的重要手段之一。在学生的成长过程中不可或缺,通过评价可以了解到学生某一方面或某几方面发展的现状,了解学生当前的学习诉求,为关心学生发展的各类群体提供反馈信息。其次,评价结果也可以为学生今后的发展提供依据。教育评价既能够直观地判断学生的优点与不足,让学生明确自己的优势和短板所在,在今后的学习中取长补短、不断进取,又能帮助教师根据学生评价的结果调整教学计划,进而精准决策、改进教学,为学生提供各种发展机会。最后,评价的结果也能直接作用于评价活动质量的提升,对评价结果的解释和分析可以帮助评价者反思评价活动的设计与实施,为未来精准、高效的教育评价实践提供参考。

同质性的教育评价没有灵活的评价标准和全面、贴切的指标体系,评价将评价对象视为一类群体,忽视弱势群体和特殊需要群体。评价在各个环节的处理上未考虑到不同地域经济、文化等对评价对象造成的差异,最终得到的评价结果是笼统的、宽泛的或者说是单一的、片面的,评价结果的优质程度和可靠程度不足以让人信服,评价结果的公信力不高。教育评价的同质性忽视了学生认知基础、学习能力、学习接受水平、努力程度、学习动机等多方面的差异,忽视了学生学习的规律和差异,评价活动得到的结果并不能真实地反映每个学生的真实水平,得到的结论并不完全切合学生实际,教师、学生、家长了解到的学生评价信息也不十分准确和客观。评价结果不仅难以使评价对象和评价信息使用者满意、信服,也降低了相关主体对评价结果运用的关注度,进而导致针对评价结果所采取的教育决策与教育手段也可能缺乏依据与有效性。

2.评价结果的应用群体受限

严格定义评价总体,科学抽取样本,提高样本的代表性,对于有效的评价设计与实施起着关键性的作用。评价总体的界定与样本的抽取、评价结果的应用密切相关,评价结果只有在规定的总体中才具有实质意义,不能超越评价总体的基本框架。同时,抽样的科学性也直接决定了评价结果的应用范围,如果评价抽样不科学,如在教育评价中不同区域、不同层次学校、不同性别的样本分布不恰当,或抽样过程中遗漏部分特殊需要儿童,都会导致评价结果的应用受限。

在我国的教育评价中,同质性的抽样排除了总体中部分样本参与教育评价的机会,即降低了样本对总体的覆盖率与有效性,评价样本并不能代表教育评价的总体,由此造成了评价结果的应用群体受限,也会导致教育评价的相关推断出现偏差。评价结果的可用性问题在国际大规模教育评价中也照样存在着,如在 PISA 2012 中,中国上海地区的学生样本只能代表总体(15 岁 3 个月到 16 岁 2 个月)的 73%[①],由此,基于 PISA 数据分析得出的相关评价结论并不能代表评价的总体。教育评价结果的应用群体受限,既与教育评价的抽样设计有关,又与评价的实施过程密切相关。

3.评价结果应用的针对性不强

在 PISA、TIMSS 等国际大规模教育评价中,其最终的评价结果和结论只针对参与国家(地区)呈现总体结论,而对于参与评价的各国(地区)的不同区域、学校和学生来说,并没有为其提供有针对性的评价结果。在我国的义务教育质量监测中也是如此,根据我国义务教育质量监测的设计,抽样涉及了我国不同地域的学生群体,然而,各地政府、学校、教师、学生却无法获得针对性的评价结果,进而无法有效应用评价所得的数据和信息,由此使得评价对于不同省份、区域的针对性不强,基于评价结果所得采取的学校改进、课程管理、教师教学、学生学习等方面的发展建议也是不清晰的,评价结果应用的针对性大打折扣。

加拿大安大略省 EQAO 对全省范围的 SAIP 考试评价结果的解释就做得非常出色,每次考试后 EQAO 会及时地分别向学生个人、学校、董事会、省级部门提供报告,并且数据处理的最终文件放在 EQAO 的官方网站上方便用户访问[②]。每一份报告都包含了多项基于数据分析的考试结果、趋势分析和给各相关人员的建议等。其中给教育者的建议更是具体可行,既有专业评价知识的提供,又有具体的考试结果分析、改进建议,并且每条建议都说明具体的根据。因此,要想充分发挥教育评价结果的反馈作用,就要保证呈现给评价相关利益主体的评价信息是规范的和有针对性的。如此,就便于政府部门、学校管理人员等结合具体发展情况有效实施针对性的改进措施。

---

① STRAUSS V.So how overblown were No. 1 Shanghai's PISA results[EB/OL].[2022-06-20]. https://www. washingtonpost. com/　news/answer-sheet/wp/2014/03/20/so-how-overblown-were-no-1-shanghais-pisa-results/? utm_term=.b2e68d6781af.

② 秦冬梅.加拿大安大略省学生学业成就评价模式述评[J].全球教育展望,2008(6):74-78.

第三章　国际大规模教育评价中的异质性澄明

当前，以 PISA、TIMSS 和 PIRLS 为代表的国际大规模教育评价已成为国际教育研究的重要领域，也是国际教育质量评价的重要实践，越来越多的国家（地区）都在参与国际大规模教育评价。国际大规模教育评价所具有的质量分析、数据挖掘和政策支撑功能对各个参与国家和地区的教育产生着越来越大的影响，同时又因其固有的限度而引起广泛讨论和争议。国际大规模教育评价的异质性也受到研究者的重视，研究者认为不同国家（地区）经济、教育、语言和文化的异质性降低了国际大规模教育评价的信度、效度和可比性，进而影响评价结果的客观性、准确性和科学性。为了体现对不同国家（地区）或不同群体的异质性观照，国际大规模教育评价项目在抽样、评价工具、评价的实施过程以及结果的使用等方面都采取了一定的措施，以更好发挥教育评价的质量分析、数据挖掘和教育政策支撑功能。

第一节　对国际大规模教育评价项目的反思

国际大规模教育评价起源于 20 世纪 60 年代末，经过多年的发展，已经变得更加成熟和完善，同时，国际大规模教育评价因缺乏对异质性的观照而受到研究者质疑。

一、国际大规模教育评价异质性的提出背景

(一)国际大规模教育评价概述

国际大规模教育评价是在国际范围内开展的,通过对参与国家和地区的教育质量进行大数据采取和分析,进而对各国教育质量和教育制度进行评估的一项教育活动。当前,对国际教育发展具有较大影响的国际大规模教育评价项目主要为国际学生评估项目(PISA)、学生科学和数学素养趋势评价(TIMSS)、学生阅读素养评价(PIRLS)、教师教学国际调查(TALIS)……PISA 和 TALIS 由经济合作与发展组织实施,PISA 旨在测试参与国家和地区 15 岁左右的学生是否具备社会所需的知识和技能,TALIS 则主要是通过对教师和校长的问卷调查,了解他们的工作条件、专业发展和学校环境,从而为各国教师发展提供政策改进依据和建议。TIMSS 和 PIRLS 项目由国际教育成就评估协会(IEA)组织实施,TIMSS 关注参与国家四年级和八年级学生数学和科学学科成就的发展趋势[①],而 PIRLS 项目主要评价四年级学生的阅读成就和阅读素养。

国际大规模教育评价的功能主要体现在以下三个方面:第一,教育质量分析是国际大规模教育评价的首要功能。从全球视角和国际背景来认识国际大规模教育评价的质量分析功能,不仅能够突破本土视野的局限性,而且也为各国(地区)的教育质量分析提供了国际化的标准。第二,数据挖掘是国际大规模教育评价的又一重要功能。国际大规模教育评价的数据挖掘功能,实质上体现的是大规模评价的研究功能,这也是对国际大规模教育评价的进一步丰富与深化。第三,教育政策支撑是国际大规模教育评价的另一重要功能。[②] 基于数据和证据的教育决策,是未来教育决策的主要趋势,这也使得国际大规模教育评价发挥着越来越重要的教育决策支撑功能。

(二)国际大规模教育评价的兴起

国际大规模教育评价的起源可追溯至 1958 年联合国教科文组织教育研

---

① 赵中建,黄丹凤.教育改革浪潮中的"指南针":美国 TIMSS 研究的特点和影响分析[J].比较教育研究,2008(2):1-6.

② MESSICK S. Large-scale educational assessment as policy research: aspirations and limitations[J]. European journal of psychology of education,1987,11(2):157-165.

究所(UIE)会面，与会相关学者探讨涉及学校有效性和学生学习的评估问题。1960年，由IEA实施的"十二国研究试点"(pilot twelve-country study)证明了进行大规模跨国调查的可行性。这两次事件对国际大规模教育评价的兴起发挥了重大作用。现代国际大规模教育评价正式形成的标志是国际教育成就评估协会(IEA)实施的第一次国际数学评价(FIMS)①。1964年，FIMS研究基于12个国家的两组人口(13岁学生和中学毕业年级)数据，发现"学习机会"能够很好地预测学生表现的系统差异和学校的群体不公平问题。这一时期的国际大规模教育评价主要是由IEA主持，评价项目单一，参与国家和人数都较少，评价的主要目的是了解影响学生学业成就的因素。

1995年，TIMSS项目在29个国家的四年级和49个国家的八年级展开，该项目周期为四年，主要关注数学和科学学业成就。同年，19个国家的中学毕业年级学生参与了TIMSS高级(Advanced)项目，旨在考察他们中学最后一年高级数学和物理学业成就。TIMSS高级(Advanced)项目每13年进行一次，至今已进行了三轮测试。2001年，由IEA主持的PIRLS项目对35个国家近15000名四年级学生的阅读素养进行测试，该项目周期为五年。2011年，针对部分国家的四年级学生仍处在形成基本阅读能力阶段的情况，PIRLS提供了PIRLS文学(pre PIRLS)项目。2016年，ePIRLS项目形成，该项目旨在了解四年级学生阅读、理解和解释在线信息的能力，随后该项目成为PIRLS 2021中的数字PIRLS。除了关注学科领域评价，IEA也主持了一系列有关公民教育(如国际公民及素养调查研究，international civic and citizenship education study，ICCS)和信息素养(如国际计算机与信息素养研究，international computer and information literacy study，ICILS)的评价项目。

自2000年起，经济合作与发展组织(OECD)每隔三年对15岁左右学生将所学数学、阅读和科学知识与技能用于应对实际挑战的能力进行测试，即PISA。PISA每三年进行一轮评估，每次测试的主要领域各有不同，如2000年的主要领域是阅读，2003年的主要领域是数学，2006年的主要领域是科学。2012年，PISA测验的领域中增加了创新领域，不同测试周期的创新领域主要关注点也各有差异，例如PISA 2018关注全球能力，PISA 2022关注创造性思维，PISA将关注数字世界中的学习。为了应对参与国家的多元化，2013年

---

① RUTKOWSKI L, VON DAVIER M, RUTKOWSKI D. Handbook of international large-scale assessment: background, technical issues, and methods of data analysis [M].New York：CRC press,2013:3.

OECD 和一些伙伴国发起了发展中国家和地区 PISA 倡议,旨在进一步开发和区分 PISA 数据收集工具,从而更好地支持中低收入国家循证政策的制定。

20 世纪 90 年代以来,国际大规模教育评价得到进一步发展。评价的项目不断增多,TIMSS、PIRLS、PISA 等不同项目评估学生不同方面的表现。评价内容的覆盖面更广,从关注学科内容到关注非学科内容。评价对象的覆盖面扩大,参评的国家除了高收入国家,也有中低收入国家,参评的学生群体以年龄或者年级为标准,使得评价对象也更加多元化。不同发展水平的参与国家(地区)促使评价工具更加完善进而增加项目的可比性。信息化技术的发展使得学生完成测试的方式更加多样化,而不再完全依赖于纸笔测试。

2003 年,中国香港和中国澳门正式参加 PISA;2006 年,中国台湾正式参与 PISA。2006 年,教育部考试中心与 OECD 达成开展"PISA 中国独立研究"的协议,"PISA 2006 独立研究抽取了 3 个地区约 150 所学校的 5000 名学生参加测试"[①],自 PISA 2009 起,我国按照 PISA 国际标准开展监测,每间隔 3 年进行一轮。2009 年,中国上海市首次正式参与 PISA 并和其他参与国家(地区)一起呈现评价结果,上海学生在 PISA 2009 的表现给欧美国家带来"PISA 震惊",继上海参与 PISA 2009 和 PISA 2012,北京、广东和江苏三省市也参与了 PISA 2015;北京、上海、浙江和江苏四省市参与了 PISA 2018。在 PISA 2018 中,四省市学生在阅读、数学、科学三项关键能力素养上的平均成绩分别为 555 分、591 分、590 分,在参测国家(地区)中均排名第一;在具体的基本素养维度和综合素养方面,我国四省市学生学业表现均名列前茅。[②]

(三)国际大规模教育评价的异质性

教育质量评价一直是世界各国及国际组织关注的焦点,尤其是近半个多世纪以来,随着国际大规模教育评价的发展,教育质量评价对各国教育起着越来越重要的作用。大规模教育评价为各国教育质量分析、教育政策制定以及教育目标调整提供了理论与数据支撑。国际大规模教育评价的质量分析功能通过参与国家(地区)之间的质量比较、参与国家(地区)内部的质量解读,以及与其他参与国家(地区)的交流来实现。在评价过程中,各国(地区)能明确本国（地区）学生的学业水平表现，了解各国（地区）学校教育资源、师资的现状，分析家庭社会经济状况对教育的影响。PISA 测验通过排名效应、国际比较和证据供给的途径影响各国教育政策的制定。[①] 例如，德国在经历"PISA 震惊"后，积极制定教育政策，明确了以下 7 个改革领域："提高学生语言水平，加强幼儿园小学衔接；提高小学教育质量；促进弱势学生特别是有移民背景学生的发展；建立具有约束力的教育标准和以结果为导向的评估机制；提高教师的专业能力；扩建全日制学校。"[②]PISA 为世界各国教育目标的调整提供参考和借鉴。"PISA 提供了关于教育目标的解释"，OECD 对教育目标的解释与界定的长期关注、PISA 提出的基础素养和综合素养以及根据社会变化对素养内涵的调整，则帮助各国"在国际化背景下明确'培养什么人'这一教育根本问题"。[③]

但是国际大规模教育评价在组织实施过程以及结果运用等方面还存有争议。在国际大规模教育评价最初实施时，其出发点是对不同国家和地区的教育质量进行比较，而这样的出发点早在 1967 年就受到了研究者的质疑。有研究者认为，由于参与国际大规模教育评价的国家和地区独特的教育体制和文化传统，国际性测试的真实性是很低的。[④]

当前，国际大规模教育评价也正遭遇着同质性与异质性之间的冲突，研究者逐渐转向对不同参与国家（地区）教育体制、文化背景、经济发展水平等因素的关注。如何在确保整体信度和效度的基础上，充分考虑不同国家（地区）间甚至同一国家或地区内部的异质性，保证大规模教育评价在多元国家（地区）也具有较高的信度和效度，是当前国际大规模教育评价研究的重要主题。有研究者认为，由于参与国家教育体制的差异，PISA 需要作出一定的调整以应对不同教育制度的差异性，从而保证评价与某一个特定参与国家（地区）的教

---

① 辛涛，贾瑜.国际视野与本土探索："国际学生评估项目"的作用及启示[J].教育研究，2019(12):9-16.

② 肖军.PISA 如何影响德国教育改革：以"休克主义"为视角[J].比较教育研究，2020(7)：59-66.

③ 辛涛，贾瑜.国际视野与本土探索："国际学生评估项目"的作用及启示[J].教育研究，2019(12):9-16.

④ TORSTEN H. International study of achievement in mathematics: a comparison of twelve countries[M].New York:John wiley & sons,1967:85.

育体制直接相关,以增强评价结果比较的合理性,提高 PISA 结果的有用性[①]。同时,研究者都关注到了教育评价的文化异质性问题,认为在不同文化背景的国家(地区),教育评价所采用的工具对于有着类似知识和技能的学生而言应该具有同样的难度[②]和结构上的一致性[③],文化、语言以及教育体制下的差异实质地影响不同国家和地区(尤其是中等表现国家和地区)学生的学业成就排名。因此,国际大规模教育评价中不同版本评价工具的设计,必须经过审慎的考虑以增强不同语言国家(地区)分数的可比性,在对来自不同语言、文化和地域群体的数据进行分析时,需要建构多元文化群体测量不变性的模型[④]。同时,针对教育评价对象中的特殊需要群体,研究者提出了相应的调节性措施,希望通过修改评价程序(如安排、时间、呈现方式)或者评价材料(情景、反应),最大程度地评价学生的真实学业表现,为他们获得与普通学生一样的课程和评价提供机会[⑤],以排除肢体残疾及其他缺陷带来的障碍。

二、异质性削弱国际大规模教育评价的科学性与有效性

国际大规模教育评价的异质性主要表现为评价总体和抽样的异质性、教育制度的异质性、文化背景的异质性、经济发展的异质性等多个方面。异质性的存在削弱了国际大规模教育评价的信度和效度,进而降低了评价结果的可比性,甚至会导致评价结果的误用。

① RUTKOWSKI D, RUTKOWSKI L, PLUCKER J A. Should individual U.S. schools participate in PISA? [J]. Phi delta kappan,2014,96(4):68-73.

② RUTKOWSKI D, PRUSINSKI E. The limits and possibilities of international large-scale assessment[J]. Education policy brief,2011,9(2):1-4.

③ BYRNE B M, VAN DE VIJVER F J R. Testing for measurement and structural equivalence in large-scale cross-cultural studies: addressing the issue of nonequivalence[J]. International journal of testing,2010,10(2):107-132.

④ RUTKOWSKI L, SVETINA D. Measurement invariance in international surveys: categorical indicators and fit measure performance[J]. Applied measurement in education,2017,30(1):39-51.

⑤ HORVATH L S, KAMPFER-BOHACH S, KEARNS J F. The use of accommodations among students with deafblindness in large-scale assessment systems[J]. Journal of disability policy studies,2005,16(3):177-187.

(一)信度与效度

第一，在评价的取样上，将部分对象排除在外。国际大规模教育评价允许将那些有着严重智力缺陷的和缺乏一定语言技能的学生排除在外。就 PISA 而言，OECD 所允许的排除率应该低于5%[①]，更高的排除率会导致数据失真。在 PISA 2018 中，有16个国家或地区的总体排斥率超过了最大值5%，其中瑞典的总体排斥率高达11.9%。同时，PISA 的评价样本应该对总体具有较强的代表性，这样才能保证评价真正体现某个国家(地区)学生的真实成就水平。而且，由于国际大规模教育评价采取的不是随机抽样，每一个学生被抽取的概率并不相同。

第二，在评价工具上，评价工具的翻译问题降低了评价效度。虽然国际大规模教育评价采取了严格的翻译程序和要求，如翻译评估、多源语言的运用、双向翻译设计等[②]，但国际大规模教育评价的工具翻译绝不仅仅是一个语言学的或技术性的问题，更多的是一个语言学和文化相结合的复杂问题。不同国家和地区的学生对于同样测评项目的理解可能会受到文化背景的影响而产生理解偏差。

第三，评价的不一致性降低了评价的效度。评价的不一致指测试项目对不同国家适应性的不一致[③]。研究发现国际大规模教育评价中的部分测评项目可能更适合某一个或几个国家(地区)，而对于其他国家(地区)是不适合的。例如，对 PISA 2012 学生社会经济文化状况的数据进行分析，我们发现就家庭财富这个变量来说，相关测试题目对于瑞士、挪威、芬兰、意大利等国家更具有适应性，而对中国上海、列支敦士登、土耳其、印度尼西亚等国家和地区则是不适合的[④]。

---

① Organisation for economic co-operation and development. PISA 2012 technical report [M]. Pairs：OECD publishing，2014：67.

② Organisation for economic co-operation and development. PISA 2012 technical report [M]. Pairs：OECD publishing，2014：90.

③ RUTKOWSKI L，SVETINA D. Measurement invariance in international surveys：categorical indicators and fit measure performance[J]. Applied measurement in education，2017，30(1)：39-51.

④ RUTKOWSKI D，RUTKOWSKI L. Measuring socioeconomic background in PISA：one size might not fit all[J].Research in comparative and international education，2013 (3)：259-278.

　　第四,各个参与国家(地区)之间经济、文化的差异性。经济发展水平的异质性,对国际大规模教育评价的信度和效度也产生着重要的影响[①]。当前,参与国际大规模教育评价的国家(地区)之间经济发展水平悬殊,部分背景调查对于一些经济发展中等或滞后的国家(地区)而言,其信度是较低的。在不同的文化背景下,人们对同一事物的看法会因为文化差异而存在差异,如东方文化和西方文化下的学生对于"集体""个人"的看法存在差异,东方文化关注集体,而西方文化更关注个人,这就导致学生在对班级文化、师生关系等变量上的表现存在很大差异。同样,不同文化背景下的学生对"自我""自我效能""归属感"的理解不同,也就使得在 PISA 中学生在科学自我效能、科学自我认知以及自我归属等变量上的反应出现差异。也就是说,即使是同样的测评工具,对于不同文化背景下的测评对象来说,测评的可能并不是同样的内容。

　　第五,教育体制的差异削弱评价的有效性。不同类型的国际大规模教育评价的设计有着不同的导向,就当前三大典型的大规模教育评价而言,PISA 是年龄导向的,不关注学生所处的年级和所学习的内容,而 TIMSS 和 PIRLS 则是内容和年级导向的,不同国家(地区)教育体制存在差异,大规模教育评价也要充分关注这种异质性。

(二)可比性问题

　　各国(地区)的样本、教育制度、文化和经济的异质性会降低评价的效度和信度,进而降低评价的可比性。当同样的评价工具运用于不同国家、不同文化背景下的评价对象时,相关量表、问卷是否测试同样的内容?国际大规模教育评价的数据是否可信和可比较?这些问题实质是国际大规模教育评价的效度问题。国际大规模教育评价的主要目的在于进行不同教育制度之间的对比研究,评价效度的低下直接导致国际比较缺乏统计学依据,从而使得关于学生学业成就或相关背景变量的跨国家比较变得不可靠。

　　当前的 PISA、TIMSS 和 PIRLS 测评工具的主要源语言都是英语(PISA 采取英语和法语两种源语言),然而在评价工具被翻译成其他语言的过程中,难以保证两种语言版本的评价工具是完全一致的。有研究者甚至认为,在国

---

① KAMENS D H, MCNEELY C L. Globalization and the growth of international educational testing and national assessment[J]. Comparative education review, 2010, 54(1): 5-25.

际大规模教育评价中,不同语言国家之间的分数并不具有可比性[①]。因此,国际大规模教育评价的翻译者不仅需要具备语言学的翻译知识,而且需要了解评价领域或背景变量相关的背景知识以及不同参与国的文化背景知识,这就对国际大规模教育评价工具的翻译提出了极高的要求,评价工具是影响评价可比性的重要因素。

同时,不同社会经济文化背景下,评价对象对评价工具的不同反应会影响评价效度,进而影响评价结果的可比性。PISA 2012 对"文化资源占有"变量的调查中,调查学生拥有书籍和文学作品的数量,在一些中等和低收入国家这个项目的信度低于可接受的水平(罗马尼亚 0.48,印度尼西亚 0.46,巴西 0.46,吉尔吉斯斯坦 0.46)[②]。就 PISA 而言,该项目最初是为发达的 OECD 成员国设计的,随着该项目的发展,许多发展中国家也参与此项目。为了更好地评估在 PISA 中学业表现不佳国家或地区的学业成就,PISA 增加了有特色且相对容易的项目。然而,虽然该做法能够较为准确地评估这些国家的成绩,但是这些项目的试题和其他没有这些特点的试题之间没有共同的项目,进而导致评价结果的可比性降低。[③] 人口的差异性也是影响国际大规模教育评价科学性的重要因素,例如,将只有 32 万人口的冰岛和有着 3.2 亿人口的美国相比较,显然是不可取的。

(三)评价结果的误用

国际大规模教育评价只能在其测评的范围内,进行基本的事实描述,而不能对不同教育制度的好坏、利弊做出判断,甚至无法根据不同国家的分数排名这一事实而简单地认为排名高代表教育质量好。在 PISA 2015 中,新加坡在阅读、数学和科学排名中均处于第一,但这并不能说明新加坡的教育制度比其他参与国(地区)都要优越,也不能说明新加坡的教育质量比其他参与国(地区)的教育质量都高。具体到某一国家(地区)而言,各国(地区)的测评结果代

① SIMON M, ERCIKAN K, ROUSSEAU M. Improving large-scale assessment in education: theory, issues, and practice[M].New York: Routledge,2013:112.

② RUTKOWSKI L, RUTKOWSKI D. Getting it "better": the importance of improving background questionnaires in international large-scale assessment[J]. Journal of curriculum studies, 2010,42(3):411-430.

③ RUTKOWSKI D, RUTKOWSKI L, LIAW Y L. Measuring widening proficiency differences in international assessments: are current approaches enough? [J].Educational measurement: issues and practice,2018,37(4):40-48.

表的仅仅是被抽样的部分学生的测评结果,而且是在 OECD 设计的测评框架下进行的测试,其分数的解释也有着很大的限度,我们亦不能根据排名下降就做出各种不负责任的结论,如"PISA 2012 上海学生再夺世界第一,美国成绩低于越南""PISA 测试最新结果出炉,中国成绩大幅倒退""2015 年的 PISA 结果出来了,惨不忍睹"……较之 PISA 2012,中国有北京、上海、广东和江苏四省市的学生抽样参加了 PISA 2015,四省市的经济发展水平、教育发展现实、地域差异悬殊,而这几大因素又与教育质量直接相关,因此,任何忽视历史背景和现实因素的价值判断都是不负责任的。明确国际大规模教育评价的限度,尊重评价的基本事实描述,谨慎使用价值判断,是我们对待国际大规模教育评价最基本的立场,如果突破一定的限度而对各国或地区的教育质量进行价值判断,就是对国际大规模教育评价本身的误解。

第二节 国际大规模教育评价中的异质性表征
——基于 PISA 2015 和 PISA 2018 的数据分析

本节对参加 PISA 2015 和 PISA 2018 的中国香港、中国澳门、中国台湾、中国大陆[①]四个地区的相关变量的数据进行分析,探讨国际大规模教育评价中的异质性的具体表现。

一、数据来源与变量阐释

(一)数据选择与来源说明

PISA 2015 和 PISA 2018 的重点测试领域分别为科学和阅读,为了探究在不同测试领域中国不同地区学生在相关变量上表现出的异质性,本节采用 PISA 2015 和 PISA 2018 官方数据库为数据来源;为了保证样本学生语言的一致性,本节只选取四个地区中参加中文调查的学生样本,四大地区有着相同文化和同样的测试语言,地理位置也较为接近。学生样本分布特征如表 3-1 所示:

---

① 中国大陆参加 PISA 2015 的省市为北京、上海、江苏、广东,参加 PISA 2018 的省市为北京、上海、江苏、浙江。

表 3-1　2015 年、2018 年 PISA 中国四大地区样本分布特征

年份	地区	学生样本量	主要测试领域排名*	学校样本量	男生/%	女生/%	年级/%				
							7	8	9	10	11
2015	中国香港	5359	7	138	50.1	49.9	1.1	5.3	25.8	67.4	0.3
	中国澳门	4476	6	45	50.2	49.8	2.9	12.2	29.7	54.6	0.6
	中国台湾	7708	4	214	50.5	49.5	0	0	43.9	56.1	0
	中国大陆	9841	10	268	47.6	52.4	1.0	6.8	48.9	41.4	1.9
2018	中国香港	5605	4	165	51.5	48.5	1	5.3	25	67.9	0.9
	中国澳门	3061	3	45	50.9	49.1	2.1	10.7	31.4	54.9	0.8
	中国台湾	7221	17	192	50.0	50.0	0	0.1	32.3	67.6	0
	中国大陆	12049	1	362	52.1	47.9	0.2	1.6	34	63	1.1

＊PISA 2015 主要测试领域为科学，PISA 2018 主要测试领域为阅读。

（二）变量选择与阐释

本节选取 PISA 2015 和 PISA 2018 中的学科相关背景变量为分析对象，探究调查是否对四个地区学生具有测量一致性，即探究异质性的存在及其表现。要保证评价数据在不同地区之间的可比性，评价工具对于不同地区的学生应该具有同样的结构，即具有测验等值性，而测验等值性在意向和态度相关的变量中是较难实现的，因此，本节选择了与学生的学习意向和态度相关的变量。

具体而言，本节选取了 PISA 2015 中学生科学相关倾向的三个变量：科学自我效能（science self-efficacy）、科学信念（epistemological beliefs about science）和科学活动（students' science activities）。其中，关于科学自我效能的量表采用四分类作答量表（我可以很容易做到、我可以通过一点努力做到、我会靠自己努力做到、我不能做到），要求学生评估他们在不同科学任务中的表现；关于学生科学信念的调查采用李克特四点量表（非常不同意、不同意、同意、非常同意），调查学生对科学方法论的看法；关于学生科学活动的量表采用李克特五点量表（经常、偶尔、有时、几乎不、从不），调查学生参与科学相关活动的频率。

此外，本节还选取了 PISA 2018 中两个阅读态度相关的变量和一个学校

意向性变量,即享受阅读(enjoyment of reading)、阅读自我概念(self-concept of reading)以及学生对学校的适应性(resilience),三个变量均采取四点量表(非常不同意、不同意、同意、非常同意),调查学生对相关陈述的同意程度。在调查中,四大地区学生在上述变量调查中的信度见表 3-2。

表 3-2　2015 年、2018 年 PISA 中国四大地区变量信度表

年份	变量	中国香港	中国澳门	中国台湾	中国大陆
2015	科学自我效能	0.915	0.887	0.917	0.891
	科学信念	0.921	0.850	0.934	0.857
	科学活动	0.937	0.902	0.915	0.922
2018	享受阅读	0.813	0.834	0.840	0.812
	阅读自我概念能力感知	0.836	0.764	0.837	0.794
	阅读自我概念难度感知	0.790	0.771	0.819	0.766
	学校适应性	0.811	0.722	0.783	0.805

数据来源:PISA 2015 和 PISA 2018 的技术报告。

二、研究过程与分析方法

本章采用验证性因子分析(CFA)对数据进行分析,以此评估六个变量在四大地区学生测评中是否以同样的方式和结构被测试,即检验测评工具在不同样本群体中的测量等值性[①]。具体研究过程如下:首先,对每一个变量进行单组验证性因子分析(SG-CFAs),分别验证各个变量的测评工具在四大地区中的有效性;其次,将四个地区分为四组,进行多组验证性因子分析(MG-CFA),以检验同一测评工具在不同群体间的等值性。在多组验证性因子分析中,研究采用了三个等值检验模型:形态等值模型(configural invariance)、单位等值模型(metric invariance)和尺度等值模型(scalar invariance)。形态等值是最为基线的检验模型,检验潜变量的构成形态或模式是否相同;单位等值又称弱等值,检验测量指标与因子之间的关系,即因子载荷在各组中是否等值,如果拟合较好,则说明每一个观测变量在不同组之间具有相同的单位,即潜变量每变化一个单位,观测变量在不同组中都会产生同样程度的变化,这样

---

① MILLSAP R E,TEIN J Y. Assessing factorial invariance in ordered-categorical measures[J]. Multivariate behavioral research,2004,39(3):479-515.

潜变量和观测项目的含义便在不同组间等同；尺度等值又称为强等值，用于检验观测变量的截距是否具有不变性，强等值性的确立表明测量在不同组之间具有相同的参照点。一般而言，只有单位和参照点都相同，用观测变量估计的潜变量分数才是无偏的，组间比较也才有意义。因此，只有同时满足弱等值和强等值，才能进行潜均值的比较，否则说明各组原始分上的差异主要是由截距不等值造成的而不能归为潜均值上的差异，就无法进行均值之间的比较。

为了评估四大地区数据对 CFA 模型的拟合度，本章主要使用了以下三个指标：CFI（comparative fit index）、TLI（Tucker-Lewis index）、RMSEA（root-mean-square error of approximation）。其标准如下：对于 CFI 和 TLI，结果在 0～1 之间，愈接近 0 表示拟合愈差，愈接近 1 表示拟合愈好，一般认为，结果 ≥0.9，模型拟合较好。RMSEA 是评价模型不拟合的指数，如果接近 0 表示拟合良好，相反，离 0 愈远表示拟合愈差。对于 RMSEA，如果 RMSEA＝0，表示模型完全拟合；RMSEA＜0.05，表示模型接近拟合；0.05≤RMSEA≤0.08，表示模型拟合合理；0.08＜RMSEA＜0.10，表示模型拟合一般；RMSEA≥0.10，表示模型拟合较差。

为了进一步检验单位等值和尺度等值的合理性，我们采用了拟合指数差异的方法检验测量等值，比较两种相近等值模型之间 CFI、TLI 和 RMSEA 的变化，即 ΔCFI、ΔTLI 和 ΔRMSEA。相关标准如下：当拟合指数差异小于 0.01 表明不存在显著差异，差异值在 0.01 到 0.02 之间表明存在中等差异，当差异大于 0.02 说明存在确定的差异，即 ΔCFI 和 ΔTLI 小于 0.01 时，说明等值成立[①]。本节的分析利用 Mplus 7.4 软件进行，在三种等值模型中，采用了均值和方差调整加权最小二乘法（WLSMV）作为估计方法。

三、研究结果及结论

本节首先分别对四个不同地区的学生进行了单组验证性因子分析（SG-CFA）模型检验，结果如表 3-3 所示。在 PISA 2015 中，就科学自我效能变量而言，中国香港与中国澳门的数据和模型的拟合较好（CFI 和 TLI 均大于 0.95 且 RMSEA 小于等于 0.08），但对于中国台湾和中国大陆，数据和模型的拟合较差（虽然 CFI 和 TLI 基本大于 0.95，但 RMSEA 均大于 0.1）。对于科学信念

---

① CHEUNG G W, RENSVOLD R B. Evaluating goodness-of-fit indexes for testing measurement invariance[J]. Structural equation modeling，2002，9（2）：233-255.

和科学活动两个变量,四个地区的 RMSEA 均大于 0.1,表明存在模型误设。

表 3-3　2015 年、2018 年 PISA 中国四大地区单组验证性因子分析模型拟合

年份	变量	指标	中国香港	中国澳门	中国台湾	中国大陆
2015	科学自我效能	CFI	0.991	0.989	0.987	0.981
		TLI	0.988	0.985	0.981	0.973
		RMSEA	0.080	0.067	0.104	0.100
	科学信念	CFI	0.978	0.975	0.994	0.947
		TLI	0.963	0.958	0.990	0.911
		RMSEA	0.226	0.124	0.143	0.226
	科学活动	CFI	0.972	0.952	0.967	0.965
		TLI	0.962	0.937	0.955	0.954
		RMSEA	0.203	0.168	0.182	0.218
2018	享受阅读	CFI	0.835	0.951	0.819	0.890
		TLI	0.670	0.901	0.638	0.780
		RMSEA	0.245	0.133	0.276	0.194
	阅读自我概念	CFI	0.597	0.704	0.615	0.655
		TLI	0.329	0.507	0.358	0.424
		RMSEA	0.312	0.240	0.322	0.268
	学校适应性	CFI	0.983	0.964	0.962	0.986
		TLI	0.966	0.928	0.924	0.971
		RMSEA	0.073	0.085	0.102	0.065

在 PISA 2018 中,对于享受阅读和阅读自我概念两个变量,四个地区的 CFI 和 TLI 几乎都小于 0.95,且 RMSEA 均超过 0.1,这说明变量的数据和模型表现出较差的拟合度且不具备可比性。而对于学校适应性变量,中国香港和中国大陆的 CFI 和 TLI 的值均大于 0.95 且 RMSEA 小于 0.1,表明模型拟合一般,模型在一定程度上拟合中国大陆和中国香港学生的数据,但是对于中国澳门和中国台湾来说,TLI 均小于 0.95,且 RMSEA 超过 0.08,数据的拟合程度欠佳。

在单组因子分析中,科学信念、科学活动、享受阅读、阅读自我概念四个变量的数据与模型表现出较差的拟合度,通过多组验证性因子分析(MG-CFA),我们亦得出同样的结论。在形态等值即基线等值检验中,虽然科学信念和科

学活动的 CFI 大于 0.95,但是 RMSEA 为 0.193 和 0.199,远高于标准值 0.1,这说明上述两个变量的因子构成形态在四个地区中并不一致,即对于科学信念和科学活动两个潜变量而言,在四个地区的测试中测试到的是不同的内容,并不具有直接可比性,也无须进行进一步的单位等值检验和形态等值检验。而对于享受阅读和阅读自我概念两个变量,在形态等值检验中,CFI 均小于 0.95且 RMSEA 均大于 0.1,亦说明上述两个变量的因子构成形态在四个地区中并不一致,不具有直接可比性,也无须进行进一步的单位等值检验和形态等值检验。

通过对科学自我效能变量进行多组验证性因子分析,结果如表 3-4 所示,我们发现,当把四个地区作为四个组来进行因子分析时,CFI 均大于 0.95,RMSEA 处于 0.08 和 0.1 之间,表明模型拟合一般,这说明科学自我效能变量在四个地区中的构成形态、因子载荷以及变量截距基本一致,能够进行跨组的相关分析和均值比较。对学校适应性变量进行多组验证性因子分析,发现在形态等值检验中,CFI 大于 0.95,RMSEA 为 0.057,低于标准值0.1,这说明该变量的因子构成形态对四个区域的学生而言是具有一致性的,即在四个区域的测试中测试到的是一样的内容,具有可比性。通过进一步进行单位等值检验和尺度等值检验,单位等值检验指标良好,CFI 大于0.95,RMSEA 小于0.08,且 △CFI 和 △RMSEA 均小于 0.01,由此可以在四个地区中进行跨组的相关分析,但在尺度等值检验中,RMSEA 小于 0.08,但 CFI 小于 0.95,△CFI和 △RMSEA 均大于 0.01,尤其是 △CFI 大于 0.02,这表明在四个地区中,变量的截距不具有等值性,因此,在进行跨组之间的均值比较时,需要慎重。

表 3-4　2015 年、2018 年 PISA 多组验证性因子分析模型拟合

年份	变量	检验	CFI	RMSEA	△CFI	△RMSEA
2015	科学自我效能	形态等值	0.986	0.093		
		单位等值	0.987	0.082	0.001	−0.011
		尺度等值	0.984	0.074	0.003	−0.008
	科学信念	形态等值	0.981	0.193		
		单位等值	0.98	0.167	0.001	−0.026
		尺度等值	0.98	0.131	0	−0.036
	科学活动	形态等值	0.967	0.199		
		单位等值	0.966	0.181	0.001	−0.018
		尺度等值	0.965	0.158	0.001	−0.023

续表

年份	变量	检验	CFI	RMSEA	ΔCFI	ΔRMSEA
2018	享受阅读	形态等值	0.903	0.185		
		单位等值	0.883	0.154	0.02	0.03
		尺度等值	0.847	0.147	0.036	0.007
	阅读自我概念	形态等值	0.785	0.207		
		单位等值	0.775	0.174	0.01	0.033
		尺度等值	0.667	0.185	0.108	0.011
	学校适应性	形态等值	0.987	0.057		
		单位等值	0.978	0.055	0.009	0.002
		尺度等值	0.946	0.072	0.032	0.017

综上所述,通过对 PISA 2015 和 PISA 2018 中的科学、阅读和学校方面的六个变量的分析,我们检验了不同变量在四大地区中是否被同等理解和测量。研究结果表明,科学自我效能和学校适应性两个变量可以进行一定程度的跨地区比较,能够在不同地区中测试出相同的特质。而其他变量则不能在四个地区之间进行直接有效的比较。也就是说,尽管 OECD 报告了这些变量及其统计结果,但缺乏确保数据结构具有可比性所需的统计证据。因此,直接使用科学信念、科学活动、享受阅读、阅读自我概念四个变量的数据进行跨地区的相关分析或均值比较,有可能导致不严谨和不科学的研究结果。

造成评价工具在不同地区学生之间缺乏等值性的原因有很多,包括不同地区的社会背景、教育历史、社会文化、语言文字等方面。事实上,在我国的教育质量评价中,异质性同样存在,经济发展不均衡、城乡教育差异、多元民族文化均会导致异质性的存在。同时,随着融合教育的进一步发展与随班就读的深入推进,特殊需要学生在学习背景和学习过程上的差异,亦是教育评价异质性存在的原因之一。

第三节　国际大规模教育评价中异质性的原因

国际大规模教育评价涉及多个国家(地区),各国(地区)的经济、教育和文化等多方面发展都存在差异,这影响着教育评价的开展。因此,基于对国际大规模教育评价项目的反思，要想澄清评价的价值，必须全面认识其异质性所在。

一、不同国家(地区)经济发展的异质性

经济是人们在物质资料生产过程中结成的与一定社会生产力相适应的生产关系的总和，与政治、文化等因素相互影响、相互制约。就目前而言，世界上各国(地区)的经济发展具有较大的差异，且增长速度也有着较大的区别。

国家(地区)是一个复杂的系统，深受内外部多种因素的影响。具体而言，世界上不同国家(地区)经济发展的异质性主要表现为以下三个方面。

(一)地理位置影响地区的经济发展

地理位置影响着国家(地区)资源、产品、信息等的输入及输出。各国家(地区)所处的地理位置存在显著差异，如有的国家(地区)深处内陆，有的临近海洋。地理条件在一定程度上决定了国家(地区)经济的发展方向和布局结构，进而导致各国家(地区)的发展存在单一与多样、快与慢等多种情况，呈现明显的异质性。

就美国而言，它位于西半球，东临大西洋、西临太平洋，是世界上为数不多的濒临两大洋的国家，因此，美国的海上交通非常便利，为贸易往来提供了便利的条件。在地形条件上，美国的平原面积广阔，有利于农业和工业的发展。中国位于亚洲东部，太平洋西岸，地势西高东低，整体上呈阶梯状分布，地形多样，高原、平原、丘陵等均有分布，这些自然条件对中国的产业布局产生了重要影响。印度作为南亚地区最大的国家，地形低矮平缓，不仅交通方便，而且在热带季风气候及适宜的冲积土、黑土等肥沃土壤条件的配合下，大部分土地可以用于农业生产。由此可见，地理位置是影响各地区经济发展的重要因素，也是造成异质性不容忽视的关键因素之一。

(二)自然资源的开发与利用影响经济发展

自然资源是人类可直接用于生产生活的物质，包括矿产资源、森林资源、水利资源等多种类型资源。自然资源既是人类生存发展的物质基础，又是社会物质财富的源泉，更是可持续发展的重要条件之一。随着社会发展，自然资源分布的不平衡性逐渐凸显，即资源在数量或质量上存在显著的地域差异。基于此，人们开始从自然资源开发和利用的发展性出发，不断扩充自然资源的

利用范围和方法,同时,重视各种资源间的联系性,通过其整体及部分关系综合研究,在一定程度上有效突破了某些资源分布不均衡的困境,促使资源的利用率显著提高。

自然资源的差异在各地区表现极为明显。例如,日本矿产资源匮乏,尤其是煤、石油、铁等资源难以满足本国需求,因而日本工业生产所需的燃料及原料多依赖于进口,但日本的渔业较为兴盛,海洋捕捞量位于世界前列。澳大利亚被称为"骑在羊背上的国家",这主要得益于其中部平原地势平坦、草原广阔、地下水充足,使得养羊业成为该国重要的经济产业。此外,由于矿产资源量多、质优且品种丰富,澳大利亚又被称为"坐在矿车上的国家"。但自然资源与经济增长不存在必然的正相关关系,即"资源诅咒"现象,"拥有较少自然资源的地区,如日本、韩国、新加坡和瑞士等,一直有较高的经济增长率,而尼日利亚、安哥拉和委内瑞拉等许多自然资源丰富的地区的发展速度却很低"[①]。因此,既不可忽视自然资源对世界各地区经济发展的影响,又应认识到自然资源数量存在有限性,并非取之不尽、用之不竭的,资源在一定程度上与人类社会不断增长的生产或生活需求相矛盾,人类只有合理开发和利用自然资源,同时重视保护资源,才能实现资源利用的可持续性。

(三)国家要素结构是影响经济发展的重要原因

国家要素结构不同,地区经济发展情况也将存在差异。国家要素指国家内各要素间的相对比重,"国家要素结构决定了一国经济增长的特征,各国的经济增长是和国家要素结构相适应的"。例如,作为劳动力较为丰富的地区,中国的要素结构是劳动力占据主导地位,产业结构以制造业为主。而美国的高科技要素含量高,生产销售高科技产品,赚取的高额收益又投入高科技的研发,不断拉开与其他国家的差距,导致美国要素结构优势更加显著[②]。但是,要素具有流动性,"全球要素流动是存在着体制偏向的,高级要素的流动是充分的,而低级要素的流动则是不充分的。资本、技术、优秀人才、标准、品牌、跨国经营网络、跨国企业组织等极易流动,而加工型劳动力、土地、自然资源基本

①　中国经济增长与宏观稳定课题组.资本化扩张与赶超型经济的技术进步[J].经济研究,2010(5):4-20,122.

②　张幼文,薛安伟.要素流动对世界经济增长的影响机理[J].世界经济研究,2013(2):3-8,87.

不能流动"①。要素流动往往会改变地区自身的要素结构,进而影响其经济发展进程。

国家要素结构的形成和要素流动主要是通过国际直接投资实现的,正是基于国际直接投资的有效带动,各种要素才能在不同国家之间充分流动,从而通过国家内部的要素再分配形成不同的国家要素结构。具体而言,由于国家间要素的稀缺性不同,价格差就会随之出现,而要素的流动在某种程度上促进了价格差的运转,使得投资与被投资的经济关系逐渐产生,如发达国家间的相互投资或发达国家直接投资某些发展中国家,导致各国经济发展水平不尽相同。因此,国家要素结构和要素的比例状况及整体总量,是影响地区发展的重要因素。虽然有些地区的国家要素结构存在相近或相似情况,但要素的总量不同,在世界经济增长中所发挥的实际作用也会有所差异。

各国经济发展的现实情况是教育评价中背景信息收集的重要内容,在一定程度上影响着评价数据或文本的分析,因而经济发展的异质性作为国际大规模教育评价中异质性的表现之一是不容忽视的。

二、不同地区教育发展的异质性

各国学生在 PISA 等国际大规模教育评价中的测评结果不尽相同,溯其本源,与每个国家的教育状况息息相关。因为各国的教育理念、政策、教育资源和发展历程存在区别,影响着地区的教育发展。

(一)不同国家的教育体制存在差异

教育体制是教育机构与教育规范的结合体,"各级各类学校与一定的规范相结合,就形成了各级各类学校教育体制。如从层级来看,有学前教育体制、初等教育体制、中等教育体制和高等教育体制。从类型来看,如果以受教育的对象来划分,有儿童教育体制和成人教育体制;如果以教育的内容来划分,有普通学校教育体制、职业技术学校教育体制和特殊学校教育体制"②。教育体制的核心是教育规范,载体是教育机构,二者不可或缺,都是教育体制赖以建立和运行的基础。教育体制受自然和社会环境影响,只有和各种环境相符合或保持一致,教育体制才能生存发展。

---

① 张幼文.要素流动与全球经济失衡的历史影响[J].国际经济评论,2006(2):43-45.
② 孙绵涛.教育体制理论的新诠释[J].教育研究,2004(12):17-22.

由于国情、社会发展要求以及教育需求不同,各地区的教育体制表现出不同的特点。当前世界各国的教育体制大致可以归为中央集权型、地方分权型以及中央和地方伙伴制。日本在二战后教育改革基础上,建立了以中央集权为主的合作型教育体制,文科省对日本教育事务具有决定权和执行权,中央与地方的关系实际存在着垂直领导和监督的关系。芬兰以均衡发展的教育体制享誉世界,主张实行"落差最小"的教育体制。美国则是一个教育分权型国家,"各州都制定了具有本州特色的课程标准,国家课程标准对各州只起到参考作用;各州、各学校、各学科的教学有很大的自由度和自主权"[①],对于各州而言,国家课程标准只具有一定的指导作用。英国在多次教育体制改革中逐渐形成了中央和地方伙伴制。"英国教育部主要是为英国教育事业发展提供信息与服务的政府部门"[②],"地方管理机构享有各种权利,可以依照法律独立作出决定。它们在地方教育政策的实施中发挥了关键作用"[③]。

(二)各地区的教育历史不同

教育历史即教育发展史,每个国家的国情不同,教育发展的历史也各不相同。就我国而言,教育史可追溯到原始社会时期学校萌芽成均和庠的出现,发展至今已有几千年历史。从西周的六艺、隋唐的科举、清末引入西方近代教育到近现代学习日本、美国以及苏联等国的教育经验,最终在中国共产党领导下,创立了符合我国发展实际的"民族的、科学的、大众的"新教育。不难发现,中国教育的发展历史不是一帆风顺的,而是在不断总结经验中探索前进。

相对于高等教育的悠久历史而言,英国现代基础教育历史短暂,发展进程缓慢。1870年,英国颁布的《初等教育法》是国民初等教育制度正式形成的标志,1902年的《巴尔福法案》推动了英国"伙伴制"国家教育行政制度和统一的国家公共教育制度的形成,《1944年教育法》对英国的教育行政制度、十年义务教育、宗教教育、师范教育等改革具有重大意义。英国基础教育的发展经历了"自下而上"和"自上而下"的阶段,具有明显的双轨制特征。在西方近代教育的发展进程中,德国曾作出重要贡献。近代西方的公立教育、义务教育制

---

① 刘学智,马云鹏.美国"SEC"一致性分析范式的诠释与启示:基础教育中评价与课程标准一致性的视角[J].比较教育研究,2007(5):64-68.

② 夏杨燕,程晋宽.英国国家教育公共治理新政:基于英国教育部教育治理重心调整的政策分析[J].现代教育管理,2019(6):123-128.

③ 俞桂林.英国地方教育管理机构[J].外国教育资料,1999(3):70-72,53.

度、实科教育、师范教育等，也大多起源于德国，对其他国家的教育发展产生了重要影响。不论是教育体制，还是教育历史，它们都是各地区教育发展的重要内容，影响着国际大规模教育评价指标、维度等方面的设计与选择，评价应充分观照其异质性。

三、不同地区评价语言的异质性

语言作为人们沟通交流的工具，具有传递信息的重要功能。评价语言指在国际大规模评价中，针对多语种而翻译出的不同版本的语言，它直接影响测试者对试题的理解，进而影响评价效果。地区之间的语言存在差异，决定了其评价语言也必然存在异质性，只有在国际大规模评价中及时转换或调整评价语言，才能推进评价的顺利开展。

（一）国际大规模教育评价的语言多元性

作为人与人进行沟通交流的表达方式，世界上的各个国家、民族都有着自己的语言，而各国语言也带有各自鲜明的特色，如英语强调主谓宾，德语强调词性。在国际大规模教育评价中，以 PISA 为例，在 PISA 2009 的主要调查中，总共使用了 101 种版本的材料，用阿尔巴尼亚语、阿拉伯语、捷克语、丹麦语、荷兰语、英语等 45 种语言编写；PISA 2012 共有 98 个版本的材料，使用了包括保加利亚语、中文（繁体字）、中文（简体字）、加泰罗尼亚语、英语等 46 种语言。由此可见，参与国际大规模教育评价的国家（地区）较多，评价语言具有多元性的特点。语言是文化的重要体现，有着统一标准的语法结构，这种结构并非给定的，而是人为安排的，是与特定国家（地区）的社会文化环境密切关联的，即文化关联性。现实生活中的语言是多样的，社会生活和历史变化带来语言内部各式各样且各自自成一体的思想意识体系……充满多种语言意义和价值取向的语言成分，每一种语言成分都有各自不同的声音。[①] 因此，国际大规模教育评价的语言多元性是不同国家（地区）语言异质性的重要表现之一，也是不同国家（地区）文化异质性的体现。

（二）多元语言与多元文化

任何符号（多元）系统（例如语言、文学），都只不过是一个较大的（多元）系

---

① 辛斌.语言的建构性和话语的异质性[J].现代外语,2016(39):1-10,145.

统——"文化"——的组成部分,它们从属于后者,并与后者同构,因此与这个较大的整体以及整体内的其他组成部分有相互关系。[①] 语言是文化的载体,是文化的象征与反映,语言与文化不是相互割裂、相互排斥的关系,而是紧密相连、相互影响和相互作用。尊重和观照多元语言,就是尊重和回应多元文化,国际大规模教育评价面向的不是某一个单一的国家(地区),而是众多的、拥有不同特色的各个国家(地区),只有尊重文化、重视语言的异质性,国际大规模教育评价的教育价值才能真正得以实现。

(三)多元语言与评价工具翻译

面对多元化的语言,评价工具的翻译也成为国际大规模教育评价的重要环节。翻译不仅是把一种语言信息转化为另一种语言信息的行为,而且是将一个陌生的表达方式转变成相对熟悉的表达方式的动态过程。从翻译的过程来看,不同语言间的相关解释,实际上是一种视域融合的过程,即"译者视域与源语文本视域互相融合形成了新视域,但这绝不是翻译过程中解释行为的结束,而且这时形成的新视域也根本不是目的语文本的视域……只有当目的语文本视域形成时,翻译的整个解释行为才算结束"[②]。为了实现语言间的有效翻译,PISA 专门设置"联盟推荐"(consortium recommendation)一栏,用来列出特定项目的翻译和适应指南,补充了一般翻译、改编指南和嵌入源单元文件中的翻译说明,包括允许的或禁止的改编、要维持的字面或同义词匹配、要考虑的其他心理测量特征、要保持术语的合适语速、翻译困难术语或习惯用语的技巧等,并通过直译、意译等方法创造不同版本的材料来回应语言的差异,在一定程度上保证了翻译质量。

语言的异质性是国际大规模教育评价异质性的重要组成部分,语言的差异和理解困难等问题客观存在于教育评价之中,是教育评价面临的必然挑战。因此,关注语言的异质性并积极回应现实挑战是国际大规模教育评价顺利开展的必要前提。

四、不同地区地域文化的异质性

作为人类的精神活动及其产物,文化既承担着传承人类文明的使命,又具

---

① 伊塔马·埃文-佐哈尔.多元系统论[J].张南峰,译.中国翻译,2002(4):21-27.
② 朱健平.翻译即解释:对翻译的重新界定:哲学诠释学的翻译观[J].解放军外国语学院学报,2006(2):69-74,84.

有引导社会价值的作用,不同地区的文化蕴含了文化活动主体的现实社会关系内容及其内在道德精神与价值取向。在广义的概念下,教育是文化的一个子系统,直接或间接地受其影响,各国教育思想和教育实践也反映着文化的差异。

(一)各地区的文化内源不同

文化是一种人类现象,是人类智慧和经验的结晶,文化涵盖了各个种族从过去到未来的历史,是他们在自然的基础上进行的所有活动内容,是包括所有物质表象与精神内在的集合体,其中,个体取向和群体取向是最本质的文化内源。中国自古以来始终以集体为中心,是一个具有群体文化特征的国家,而以美国为代表的西方国家则表现为以个体为本位。"中西方文化的本质关注都集中于'人',皆为人文主义传统,但两者却存在着根本方向上的差异。西方人文主义从人本主义出发,崇尚人性,充分重视个体的权利与自由,强调个体才是社会的构成基础,是'一种个人主义';我国人文主义则奉行大一统的宗法主义原则,强调个人在群体中的责任与义务,是'一种宗法集体主义人学'。"[①]从本质上讲,文化内源的异质存在主要源于各地区的发展历史与经济水平不同,但个体与群体本位并非相互对立,也不存在优劣之分,它们都内在蕴含着不同国家的特色。"在当代社会,人们认识到,无论是'群体本位'还是'个体本位',都不能全面地体现个人与社会的关系,都不能完美地实现群体与个体的和谐……而只有辩证地看待和处理个人与社会的关系,才能真正实现群体与个体之间的和谐。"[②]因此,大规模教育评价必须尊重各地区之间的文化内源差异,关注文化内源差异对教育质量及教育质量评价的影响。

(二)伦理文化存在显著差异

伦理文化是社会文化的一个重要方面,对于任何一种社会文化活动,无论它是理论化的概念阐述,还是实践性的行为表达,都以某种特殊方式将内在的某些社会价值与精神传递给人们,在一定程度上影响着社会关系的建构。在各地区中,伦理文化的差异主要体现为国家传统和主张不同,如中国传统文化是以儒家思想为核心,历来主张长幼有序、尊卑有别。中国的儒家伦理对国民

---

① 杨晓宏,党建宁.翻转课堂教学模式本土化策略研究:基于中美教育文化差异比较的视角[J].中国电化教育,2014(11):101-110.

② 黎红雷."和谐观"中西合论[J].中国哲学史,1999(4):116-124.

的社会观念与行为产生了相当深远的影响,并在一定程度上成为人们判断是非的标准,中国整体上基本形成了一种唯上唯古、尊崇权威的等级性格局。就美国而言,"《独立宣言》中,开宗明义地提出:'人人生而平等',平等意识渗透到西方社会的各个领域,他们的行为、工作、娱乐、语言、政治等无不体现出平等观念。但是,过分强调平等又使得西方社会人伦亲情和宗族群体观念淡漠,缺乏人性的温暖"①。法国同样强调平等,"法国人从大革命起便树立起一种观念:在统一和不可分割的共和国中,国家对公民一视同仁。法兰西共和国宪法最重要的原则是:'所有公民,不分籍贯、人种和宗教,一律平等'"②。由此可见,不论是唯上、平等还是自由,都彰显了不同国家的文化特色,对各地区的文化发展具有价值引领和指导作用。

伦理文化直接影响着教育主体之间关系的理解以及主体间的交往实践。在不同的伦理文化下,师生关系的理解和交往实践也存在较大的差异。"在师生关系方面,美国教师尊重学生的生命价值,小学教师的办公室就设置在教室里面,旨在时刻不离学生,以免出现意外;小班教学有利于教师尊重和关注学生个体的存在,体现了教师对学生每一个体的尊重。"③当下,除了权威与平等的差异,中西方的师生关系也存在"亲情文化的关爱"与"法理文化的尊重"的差异。④

(三)地区的行为观念不同

观念作为客观世界在人类头脑中的反映,是人们对事物的主观与客观认识的系统化集合体,观念直接影响行为实践的展开。儒家文化是中国传统文化的主脉,中心思想是中庸之道,"中国的整体思维从'阴阳'之类的对称衍生出中庸、兼顾、联系的二元结构,自战国起,二元结构又发展到'五行'之类的多元结构,最终形成了具有中国特色的整体思维。中国人善于发现事物的对应、对称、对立,并从对立中把握统一,从统一中把握对立,求得整体的动态平衡,以和谐、统一为最终目标。古人从直观经验中发现,万物都有对称性,任何现象都是一一对立的,任何事物或行为都包含着两个相对立或对应的方面,必须注意对称,保持适中,兼顾两面,互相联系"。西方国家较多表现为分析性思

① 杨晓宏,党建宁.翻转课堂教学模式本土化策略研究:基于中美教育文化差异比较的视角[J].中国电化教育,2014(11):101-110.
② 马胜利.法国民族国家和民族观念论析[J].欧洲研究,2012(2):21-32,159.
③ 刘德华,谢劼.尊师爱生,应以平等为前提[J].思想理论教育,2012(6):7-11.
④ 刘次林.师生关系:尊重先于关爱[J].思想理论教育,2012(6):12-15.

维,强调"明确区分主体与客体、人与自然、精神与物质、思维与存在、灵魂与肉体、现象与本质,并把两者分离、对立起来,分别对这个二元世界做深入的分析研究。西方思维的逻辑性注重从事物的本质来把握现象,这是思维对事物整体加以分析的结果"[①]。美国、英国等西方国家强调要勇于突破所谓的对称性,重视并尊重个人的差异与价值,鼓励追求思想、行为等方面的自由与创新,由此造就了多种行为观念并存的文化局面。不难发现,世界上各地区的行为观念各有不同,都在一定的历史阶段影响着人们的文化实践活动,也影响着各国的教育活动和教育质量。

综上所述,各地区的文化差异是客观存在的,多元文化为教育评价提供了不同的思考视角,深刻影响着国家大规模教育评价从设计到实施的全过程,是评价内容的重要来源和基础。

第四节 国际大规模教育评价中应对异质性的措施

由于不同地区在经济发展、教育发展、评价语言和地域文化等方面均存在异质性,国际大规模教育评价为了保证评价结果的真实性、可靠性和准确性,从样本的选择、评价工具的设计、评价过程的调适、权重设计与数据处理技术以及评价报告等多方面采取措施来应对异质性。

一、样本的选择

国际大规模教育评价一般采用两阶段聚类抽样设计(two-stage clustered sampling design),以 PISA 为例,为了保证学生样本总体上能代表目标人群,在抽样过程中制定了关于学生排除率的若干标准,在学校内部排除特殊需要群体,即残疾学生,有认知、情感和行为障碍的学生以及测试所用语言非母语、水平极为有限且接受该语言授课不足一年的学生等[②],但总体而言,排除率应

---

① 连淑能.论中西思维方式[J].外语与外语教学,2002(2):40-46,63.
② 丁慧明.PISA 抽样方法简介与 PISA 2015 中国抽样实践[J].中国考试,2015(10):46-50.

该低于5%。

(一)抽样过程的异质性观照

1.分层抽样

分层抽样是国际大规模教育评价采取的主要抽样方法,具体而言,PISA采用了两种类型的分层:显式分层和隐式分层。显式分层将学校分为阶层,相互独立对待,可以应用于一个国家不同的州或地区。隐式分层是通过一组指定的隐式分层变量对每个显性分层中的学校进行排序,可以应用于不同学校类型或少数族裔。使用隐式分层类型可以提高调查估计的可靠性,例如使用学校规模作为隐式分层变量,可以在一定程度上控制学生样本量,从而避免抽样过多规模相对较大的学校和规模相对较小的学校。使用分层抽样有以下三个优点:第一,可以提高样本设计的效率,从而使调查估计更可靠;第二,将不同的样本设计应用于特定的学校群体;第三,确保样本中特定群体的充分代表性。

2.观照小规模学校

由于PISA在学校抽样阶段采用PPS抽样法,学校被抽样的概率与其规模大小成正比,规模越大的学校被抽中的概率也越大,这会导致小规模学校被抽取的概率降低。为了选择适当数量的小学校样本,PISA采用了一种针对小规模学校的抽样程序,其基本思想是对非常小的学校(15岁左右学生为20名或更少)进行最低要求采样,将其低采样倍数降低(12岁在校生数量大于2,但目标集群规模小于50%);对有1名或2名学生的非常小的学校进行低采样,将其低采样倍数降低,并按比例增加样本中大学校的数量。

(二)抽样对象的异质性观照

1.观照特殊需要群体

在抽样时为了确保学生样本总体上能代表目标人群,PISA制定了关于学生排除率的若干标准。PISA会对特殊需要学生是否应该接受评估制定指南。国际项目经理使用该指南制定其他指示,用于指导学校协调员和考试管理者的工作。此外,学校内的排除应明确记录并在测试前提交给国际承包商审查。为了确保PISA的样本尽可能具有包容性,学生参与或排除的原因应分别编码在学生跟踪表中,任何被排除的特殊需要学生都必须有一个特殊需求代码来解释被排除的原因。评价过程中必须严格遵守这些标准,从而保障评价结果在参与国家(地区)之间和参与国家(地区)内部具有可比性。

2.扩大特殊需要群体参与率

就样本的抽取而言，PISA 测试的样本应该对总体具有较强的代表性，这样才能保证评价真正体现某个国家（地区）的学生成就水平。而在 PISA 2012 中，有 16 个国家和地区的样本对于总体的代表性低于 80%，有些地区甚至只有 55%，这意味着将近一半的 15 岁左右的学生没有被纳入抽样框架中。[①] 尽管这不是一个固有的抽样问题，但它肯定排除了任何将 PISA 结果推广到所有 15 岁（最终进入劳动力市场）人口的可能性。

在扩大特殊需要群体参与率方面，美国的相关研究最为突出。早在 20 世纪末 21 世纪初，美国教育部门面临的重要问题就是将残疾学生纳入教育评价体系中，而且很多州已经通过采取补偿机制允许残疾学生参加州层面的教育评价。[②] 1997 年颁布的《残疾人教育法案》、2002 年出台的《不让一个孩子落后》法案以及 2004 年颁布的《残疾人教育促进计划》，促使人们开始思考对残疾学生学业评价所采取的调整性措施是否会降低评价的效度和分数的可比性，以及特定的调整性措施对于个体学生是否有用等问题。

二、评价工具的设计

保证评价工具在跨文化测试中的一致性是国际大规模教育评价一直关注的问题。以 PISA 为代表的国际大规模教育评价实践采用翻译评估等翻译措施和评价工具的本地化处理，从而提高评价工具的科学性及评价结果的可比性。

（一）评价工具的翻译

在国际大规模教育评价中，评测工具的可靠性和结构上的一致性是测试出真实评价结果的前提。以 PISA 为例，2018 年，共有 79 个国家或地区参与了测试，为了保证 PISA 测试工具在不同国家（地区）测试的一致性，PISA 采取了严格的翻译程序和要求，如翻译评估（translatability assessment）、多源语言的运用和双向翻译设计（double translation from two source languages）、

---

① RUTKOWSKI L，RUTKOWSKI D.A call for a more measured approach to reporting and interpreting PISA results[J].Educational researcher，2016，45(4)：252-257.

② JOHNSON E，KIMBALL K，BROWN S O. American sign language as an accommodation during standards-based assessments[J]. Assessment for effective intervention，2001(2)：39-47.

翻译训练和对国家版本的国际验证等措施,来保证测评工具在不同国家(地区)结构上的一致性。

1.翻译评估

翻译评估指在源语言最终版本确定之前,语言学家对使用源语言编写的项目草稿进行评估和完善的过程。具体程序如下:首先,从国际核查人员中选拔和培训一批语言学家,每个项目至少由三位语言学家评估。其次,翻译过程。当测评工具的具体项目可以直接翻译时,则直接翻译;当测评工具项目难以直接翻译时,语言学家将会进行如下几个步骤:(1)编写出该项目的书面翻译;(2)选择相关的翻译分类(例如,潜在的文化问题或其他不必要的复杂问题);(3)描述问题;(4)提出替代词或适当说明以避免该问题。在这个过程中,步骤(1)的翻译本不会被使用,其主要作用在于帮助语言学家识别和描述因不事先采取行动而可能面临的翻译问题。再次,语言学家的反馈将由更资深的语言学家或翻译仲裁人核对,选择或重写已确定的翻译和建议,进而由资深语言学家制定翻译报告并发送给项目研发人员进行审查。最后,项目研发人员可以利用可译性报告消除歧义、双重问题和文化问题(见图 3-1)。

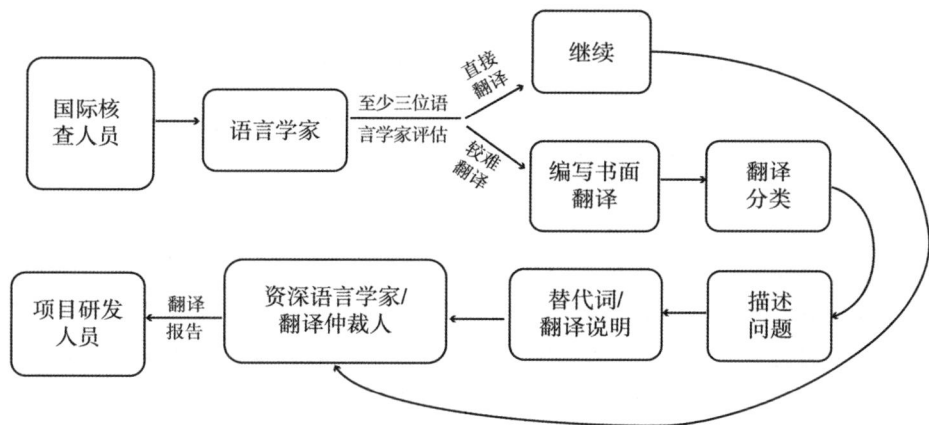

图 3-1　PISA 测试工具翻译程序

2.多源语言的运用

在监测工具翻译中,当一种语言版本的监测工具被翻译为其他多种语言,可能导致不同目标语言版本工具之间的差异,也就是说,虽然从源语言到目标语言的翻译过程是科学规范的,但一些潜在的问题影响了不同目标语言版本工具之间的一致性。基于此,PISA 采取英语和法语两门语言作为源语言,即每套监测工具都有英语和法语两个源语言版本，并被分别翻译成不同的目标语言版本。此外，PISA使用相应的程序和核查清单，对由英文和法文翻译成的目标语言版本之间的等效性进行独立核查。

3.多源语言的双重翻译设计

反向翻译和双重翻译是国际大规模评价常用的翻译方法，反向翻译要求先将源语言（通常为英语）翻译成目标语言，再翻译回英文，并与原文进行比较，明确差异。双重翻译指由两个译者分别将源语言翻译为目标语言，再由第三人进行协调。双重翻译具有翻译人员更多元的特征，能够使翻译的差异直接被记录在目标语言中，但是反向翻译和双重翻译都存在潜在的缺点，即各国译本的准确性完全取决于它们与单一源译本的一致性。因此，PISA采用对两种不同的源语言进行双重翻译的方法，既可以保留双重翻译方法的优势，又能在一定程度上减轻单一源语言的词汇和句法特征、文体惯例以及在句子中组织思想的典型模式对目标语言版本产生的影响。

使用两种不同的源语言也可以在一定程度上减少与单一源语言的文化特征有关的问题，在PISA中使用两种源语言会带来其他预期的好处，比如许多翻译问题是由于一种语言中的单词、习语或句法结构无法翻译到目标语言中，这时参考其他源版本可能会提供解决方案的启示。有两个不同源语言，并对翻译的忠实度和自由度有明确的指导方针，为翻译者提供了准确的基准，这是单一源语言的反向翻译或双重翻译所不能提供的。

4.对国家版本的国际验证

PISA项目组织了一个独立的测评工具专家验证团队，由团队专家对每个目标语言版本的工具与英语或法语来源版本工具进行一致性验证，以确保测评工具翻译的质量。测评工具验证团队专家需要具备如下特点：第一，熟练掌握目标语言；第二，有将英语或法语翻译为目标语言的专业经验；第三，尽可能充分掌握第二源语言（英语或法语），以便使用它对验证材料进行交叉检查；第四，评估其对主要领域的熟悉程度；第五，具有良好的计算机知识和使用计算机翻译辅助工具的经验；第六，最好具有教师经验或心理学、社会学、教育学的学位。在对测评工具进行验证之前，PISA项目会开展验证人员培训研讨会，培训的重点主要包括：第一，向验证人员介绍PISA的目标和结构；第二，熟悉验证人员要验证的材料、验证程序和将要使用的软件工具；第三，对翻译指南和核查清单进行审查和广泛讨论；第四，对特别"修改"的目标版本进行实践练习;第五,安排日程和物流调度;第六,审查安全需求。[①]

(二)评价工具的本地化处理

测评工具的跨文化有效性和适用性也是影响国际大规模教育评价有效性和可比性的重要因素,对于部分测评项目而言,虽然在工具翻译上具有较好的一致性,但是由于测评对象的文化背景不同,测评对象对测评项目的理解可能会有差异。因此,在国家大规模教育评价项目中,参与国家(地区)需要对评价工具进行一定的本土化处理,以体现不同国家(地区)的特点和针对性。例如,PISA 项目在学生家庭背景问卷中关于家庭财物设置了一道题目:"你的家里有下列哪种物品?"答案中除了有"一张学习的桌子""一个自己的房间""一台你可以用于学习的电脑"等 13 个固定选项,参与国家(地区)可以根据本国(地区)的经济发展和社会财富观点设置 3 个具体的选项。对测评工具的本地化处理,不仅能够提升测评工具的效度,体现出 PISA 项目对不同国家(地区)异质性的观照,也可以使测试结果更加真实、可靠和准确。

三、评价过程的调适

将特殊需要儿童纳入教育质量评价体系是教育评价起点公平的实现,评价过程的调适则保障教育评价的过程公平。当前国际大规模教育评价采取多种调适措施,回应特殊需要儿童的特殊需求,从而测试出特殊需要儿童的真实学业成就水平。

(一)评价过程调适的概念

"适应性调整"一词的英文表述为"accommodation"。在特殊教育领域,"accommodation"指使障碍个体可以更加便利、有效地完成学校或者学业任务的技术或材料。在本书中,"accommodation"反映的是在与教育相关的各项任务中为适应障碍者的需求而做出的调整,是在人为条件下外界环境对障碍个体的适应。因此,本书综合"accommodation"的含义将其译作"适应性调整"。总体而言,教育评价适应性调整包含如下三个要素:第一,它是一种对学业评价的改变,且改变的措施是多元的;第二,这种改变要基于学生的需求,

---

① GRISAY A.Translation procedures in OECD/PISA 2000 international assessment[J]. Language testing,2003,20(2):225-240.

对于障碍学生来说，这种需求源于障碍所造成的参与学业评价的不便；第三，这种改变不能使学业评价对学生的学业内容和水平掌握的要求发生变化。[①]

(二)评价过程调适的措施

在教育质量评价中，要帮助特殊需要儿童克服机能缺陷或者语言、文化的影响，真实地呈现其知识和技能水平，评价工具的设计和评价实施过程需要充分考虑评价对象的特殊需要，采取一定的适应性调整措施，彰显评价过程对特殊需要群体的适应性。美国的教育质量评价对于特殊需要群体给予了很大的关注，提出了相应的适应性调整措施，希望通过修改评价程序（如安排、时间、呈现方式）或者评价材料（如情景、反应），最大限度地评价学生的真正学业表现，为他们获得和普通学生一样的评价提供机会（见表3-5）。

表 3-5 美国特殊需要学生考试适应性调整类型及示例

	呈现方式调整	作答方式调整	时间日程安排调整	情境设置调整	提供辅助技术设备	其他调整
示例一	提供大字版试卷	口头作答	延长时间	在家评估	计算器	表扬鼓励
示例二	专人或设备朗读试卷	盲文作答	中途休息	在资源教室评估	电脑	督促
示例三	重复朗读指导语	手语作答	分成多天评估	播放背景音乐	字典	评价前辅导

资料来源：魏寿洪，米韬，申仁洪.融合教育背景下美国特殊学生的学业评估及启示[J].中国特殊教育，2019(9)：15-22.

美国明尼苏达大学国家教育成果中心（NECO）的 Thurlow 等学者在1993年的研究报告中将常见的学业评价适应性调整分为四类，并列举了常见的调整措施：第一，时间调整，如延长时间、提供休息以及拆分成多天进行学业评价；第二，情境设置调整，如个别化评价、小组评价、在家评价以及在特殊教室评价；第三，呈现方式调整，如提供盲文试卷、采用放大设备、提供放大试卷、朗读指导语、手语翻译指导语以及解释指导语；第四，作答方式调整，如在试卷纸上作答、使用模具作答、指出答案、口头作答、手语作答、使用打字机作答、使

[①] 鲁鸣.美国障碍学生学业评价适应性调整研究[D].上海：华东师范大学，2012：8.

用电脑作答以及专人辅助作答。[①]

随着科学技术的发展,越来越多的辅助技术设备为教育评价的适应性调整提供了可能,例如,计算机能够为学生提供评价工具呈现方式调整,又能为学生提供作答方式调整。在国际大规模教育评价中,通常采用如下一些调适性措施:呈现方式调整、作答方式调整、时间日程安排调整、情景设置调整、提供辅助技术设备以及其他调整。此外,学业评价适应性调整还应当包括在学业评价中对学生适时的鼓励、督促以及评价前的辅导。

当然,也有研究者对教育评价中的适应性调整措施的过程公平性提出了质疑,认为由于调节性措施的不当运用,评价得到的分数有时候是不可信的。[②] 因此,在采用适应性调整时,要经历如下的决策过程:判断学生在课堂教学中是否有采用调节性措施,如有,判断调节性措施是否能够帮助学生学习;判断调节性措施是否满足评价的需要;相关评价项目是否允许此种调整性措施;根据当地的评价指南判断调节性措施是否标准化。要准确作出决策,还需要评价者具有如下一些基本知识:被评价学生的能力和缺陷,关于被评价学生的教学调节措施,国家、州和地区的评价指南,熟悉评价项目、内容和形式,理解效度的概念;被评价学生之前所接受的成功的调适性评价……

四、权重设计与数据处理技术

合理、科学的权重设计能够降低样本异质性对评价结果的影响,恰当、合适的数据处理技术能够挖掘变量之间的内在联系,提供高质量的数据结果。当前国际大规模教育评价采用多样化的权重设计和数据处理技术,保障评价结果的科学性、准确性和可比较性。

(一)权重设计

在国际大规模教育评价过程中,不同的国家(地区)有着不同的总体界定和抽样覆盖率,且国际大规模教育评价的抽样方法并非随机抽样,因而不同国

---

① BOLT S E,THURLOW M L.Five of the most frequently allowed testing accommodations in state policy:synthesis of research[J].Remedial and special education,2004(3):141-152.

② KORETZ D, HAMILTON L. Assessment of students with disabilities in Kentucky:inclusion, student performance, and validity[J].Educational evaluation and policy analysis,2000,22(3):255-272.

家(地区)的评价样本和总体就呈现出一定的异质性,这也是当前研究者在呼吁对大规模教育评价结果进行解释时,需要使用更加谨慎的分析方法和结果解释方法的重要原因。在对评价数据进行二次分析研究时,可以通过给不同样本赋予不同的权重来降低样本和总体的异质性对分析结果的影响。[1]

抽样权重指给样本中的每一个应答者分配权重,在分析中按照应答者的权重进行加权。在国际大规模教育评价中,一般有五个重要的权重:(1)总体学生权重(total student weight),主要用于需要人口估计的研究;(2)学生参议院权重(student senate weight),主要用于跨国分析研究,假定每个国家(地区)的加权样本容量均为500,避免不同国家因人数差异过大而导致抽样不均的问题;(3)学生众议院权重(student house weight),能够确保加权样本与每个国家(地区)的实际样本量相对应;(4)学校权重(school weight),主要用于学校水平分析;(5)总体和主观教师权重(overall and subjectwise teacher weight),是以学生总数权重为基础,专门为在学生级别分析中使用教师背景数据而设计的,可用于所有教师的相关分析。[2]

总体而言,在选择评价数据的权重时,需要考虑如下两个因素。第一,数据分析的目的。如在进行总体描述或推断时,可以直接进行数据分析,但如果需要进行不同群体或者不同地域的比较时(如性别差异分析、地域对比研究等),就需要根据样本特征赋予不同的权重。第二,不同群体对于评价总体的代表性。在选取评价样本时,不同群体的样本数不同,导致其对总体的代表性也不同,这就要求根据不同群体(如民族地区、特殊需要儿童等)的代表性确定合适的权重。在权重确定方法上,根据教育评价大数据的特征,可以采用直观赋权法(如专家调查法、层次分析法、二项系数法等)、客观赋权法(最大离差权数法、标准差权数法、标准差系数权重法、指标相关性赋权法等)或综合运用主观和客观赋权法。

(二)数据处理技术

科学精确的数据处理技术是国际大规模教育评价真实严谨结果的重要保

① RUTKOWSKI L,GONZALEZ E, JONCAL M, et al. International large-scale assessment data: issues in secondary analysis and reporting[J].Educational researcher, 2010, 39(2):142-151.

② RUTKOWSKI L,GONZALEZ E, JONCAL M, et al. International large-scale assessment data: issues in secondary analysis and reporting[J].Educational researcher, 2010, 39(2):142-151.

障。PISA通过问卷调查的方式收集学生、教师和学校等背景信息,分析影响学生测试成绩的内外部因素,提供教育成效对比的有效指标,衡量各国义务教育的质量,为国家教育政策的制定和调整提供参考。

在国际大规模教育评价中常用的数据处理技术有以下六种:数据甄别、差异检验、传统线性回归与多层线性回归分析、因素分析、结构方程模型和潜在类别分析。数据甄别又称数据清理,是开始数据分析前的重要环节。国家大规模教育评价项目通常会开发软件对采集所得数据进行清理、核查和认定。常见的数据甄别过程主要包括五个环节:导入原始数据、核查基本信息、检查作答合理性、重新认定有效样本和保存最终有效数据。差异检验又称差异显著性检验,是对不同样本之间差异或样本与总体之间,从抽样误差概率的角度进行差异分析的统计推断。在国际大规模教育评价中主要使用t检验和方差分析来做各类群体间学业成绩差异的比较分析。例如,PISA 2018发现在几乎所有的教育体系中,女孩比男孩更害怕失败,即使她们在阅读方面远远超过男孩,而且这种性别差异在表现最好的学生中更为突出。[①]

传统回归分析即线性回归分析,指对单一因变量与对其产生影响的一个或多个自变量间线性关系影响的探求。多层线性回归以传统回归分析为基础,弥补了传统回归在分析具有嵌套关系(如学生—班级—学校)数据时的不足,主要包括零模型、完整模型、随机系数模型和随机截距模型等五种基本形式。例如,PISA 2018使用线性回归分析,得出得到教师支持越大的学生在阅读方面得分越高。因素分析是通过观测变量(潜变量的外显指标)分析潜变量(不能准确直接测量的变量)的一种多元统计方法,常被用于国际大规模教育评价学业成就水平的问卷编制过程。因素分析主要包含两种方法:探索性因素分析和验证性因素分析。例如,PISA 2018用纪律氛围、学生在学校的归属感和教师支持作为观测变量来分析学校氛围。结构方程模型是一种多元统计方法,主要应用线性方程表示观测变量与潜变量之间以及潜变量之间的关系。结构方程模型在国际大规模教育评价中主要用于测试编制和路径分析。潜在类别分析与因素分析的功能和目标相同,都以潜变量来解释观测变量的关系,但因素分析变量处理对象为连续变量,而潜在类别变量处理对象为分类变量。[②]

---

①　SCHLEICHER A. PISA 2018: insights and interpretations[M]. Pairs: OECD publishing, 2019:47.

②　张咏梅.大规模学业成就调查的开发:理论、方法与应用[M].北京:北京师范大学出版社,2015:321.

　　除了以上措施，国际大规模教育评价在结果报告上也采取了一定的措施来应对不同国家（地区）的异质性问题。例如，在国际大规模教育评价的结果报告和相关数据库中，学生学科学业质量的成绩并非以原始分来呈现；在评价的结果报告中，更多地呈现基于数据分析的相关事实描述，而并非对不同国家（地区）的教育质量和教育现实作出好坏优劣的价值判断。

第四章 我国教育评价中的异质性表现

　　我国地域辽阔、民族众多,各地经济、文化、教育发展水平悬殊,部分少数民族地区的教育发展、学校管理、课程教学、教材资源等方面有着较大的差异。同时,随着融合教育的发展,越来越多的特殊需要学生进入普通学校,为了保证他们享受到优质公平的教育,教育者需要对教育中的各个要素进行较为复杂的变革。教育系统中差异性特征的普遍存在,促使教育的各个要素不断变革、更新,以实现教育的育人功能。教育评价作为教育系统中重要的环节,同样需要回应经济水平、文化发展、学生个体等方面的差异,由此才能提高评价的科学性与精确性,切实实现评价促进发展的功能。

第一节 区域经济的异质性

　　在社会发展过程中,教育与经济之间是一种双向的互动关系。由于我国地域辽阔,区域间经济发展存在差异,进而导致区域间教育资源的差异,而教育资源又与教育质量密切相关。教育评价不能忽略各地的社会经济发展水平而单一地评估教育质量,教育评价应充分考虑各地区的经济差异,基于差异进行评价。

一、教育与经济的关系阐明

　　在人类历史发展长河中,经济发展与教育发展是密切相关的统一体,二者相互联系、相互促进,互为发展的基础和条件。经济对教育发展的作用主要表现为经济是教育发展的物质基础,一般来说,经济发展到何种程度,教育才能发展到何种程度,经济发展水平与教育发展水平具有相对一致性。同时经济对教育起着决定性的作用,即经济决定着教育事业发展的规模和速度,决定着人才的培养规格和教育结构,决定着教学内容、教学方法和教学组织形式。[①]反之,从教育的经济功能来看,教育对经济发展既有直接作用,也有间接作用。教育对经济发展的直接作用,可以概括为以下四个方面:第一,教育是劳动力生产、再生产的重要内容与主要手段;第二,教育是缩短社会必要劳动时间、提高劳动生产率的重要途径;第三,教育是科学生产、再生产以及使科学转化为直接生产技术的重要途径;第四,教育是提高经济管理水平的重要条件。教育对经济发展的间接作用具有多层次的表现形式,教育通过培养各个领域的人才对社会生产力产生作用,以及教育通过陶冶劳动者的思想和道德,提高劳动者的精神文明程度,从而提高他们的劳动主动性、积极性和创造精神,对经济发展发生作用。[②]综上所述,经济影响教育发展,教育反作用于经济发展,二者处于一种协调发展的关系之中。

二、区域经济差异的具体表现

区域经济发展不平衡是我国现阶段的基本国情,也是一种客观事实。经济与教育关系紧密,经济对教育起着决定性的作用,区域经济的差异必然会导致地区在教育经费投入、家庭教育投入以及教师队伍发展方面的差异。

(一)教育经费投入的差异

区域经济发展不平衡会对教育经费投入产生影响。2006年修订的《义务教育法》规定:义务教育经费投入实行国务院和地方各级人民政府根据职责共同负担,省、自治区、直辖市人民政府负责统筹落实的体制。此后,我国一直实行"中央和地方分比例分担"的教育经费保障机制。地方经济基础的差异和中央转移支付比例的差异使得各地区教育经费投入总量并不均衡,教育投入"中部塌陷"的问题日益凸显。生均教育事业费和生均公用经费是衡量区域间教育发展差距的重要指标。2018年《全国教育经费执行情况统计公告》显示:小学阶段生均教育事业费,中东部经费差距从2010年的4748.70元扩大到2018年的6041.98元,中西部差距从2010年的1479.39元扩大到2018年的

---

① 王道俊,郭文安.教育学[M].7版.北京:人民教育出版社,2016:51-52.
② 靳希斌.教育经济学[M].4版.北京:人民教育出版社,2009:93.

3239.94元。初中阶段生均教育事业费,中东部差距从2010年的5666.49元扩大到2018年的11009.08元,中西部差距从2010年的1324.40元扩大到2018年的2132.14元;小学阶段生均公用经费,中东部差距从2004年的318.64元上升至2018年的1426.83元,中西部差距从2004年的55.86元上升至2018年的513.33元。初中阶段生均公用经费,中东部差距逐年扩大,从2004年的420.78元逐年扩大至2018年的3039.19元;中西部差距具有上下波动的特点,从2004年的71.44元扩大至2010年的457.00元,后降低至2013年的36.29元,再上升至2018年的119.47元。[①] 由上述数据可知,中部地区义务教育经费投入的力度远不及东部和西部,尤其是生均一般预算内教育事业费投入,并且投入差距还在持续扩大。教育经费的差距往往会影响到学校的办学基础设施以及教师资源等,最终会对教育质量产生不利的影响。

(二)家庭教育投入的差异

区域经济发展不平衡也会对家庭教育投入造成影响。一般而言,经济收入越高的省市,尽管其家庭教育支出额较高,但由于其家庭可支配收入和家庭总支出更高,其教育负担率相应越低。[②] 从我国的现实情况来看,东部省市的经济要比中西部省市的经济发展更加迅速,相应地东部省市的个人收入远远超过了中西部省市。表4-1反映的是2020年31省(区、市)人均可支配收入情况,从表4-1中可以清晰地得出,上海市全体居民人均可支配收入(72232元)是甘肃省全体居民人均可支配收入(20335元)的3.56倍。家庭的经济状况直接影响对子女的教育投入,一般而言,经济状况良好的家庭会对子女抱有更大的教育期望,会投入更多的教育资源并且会积极地参与子女的学习生活。与之相反,经济状况较差的家庭在巨大的经济压力下,家长无法投入大量的教育资源和精力给孩子,同时受到自身价值观的限制,家长参与行为也不够积极。[③] 由此可以看到:区域经济发展的差异会影响家庭收入,家庭的经济收入又会对家庭的教育投入造成影响,而家庭教育投入的差异也会影响学生的学习质量。

[①] 尚伟伟,陆莎,李廷洲.我国义务教育发展的"中部塌陷":问题表征、影响因素与政策思路[J].北京大学教育评论,2020(2):172-186,192.

[②] 黄家泉,等.教育区域化发展研究:地区经济发展不平衡对教育的影响[M].太原:山西人民出版社,2002:79.

[③] 李玲,袁圣兰.家庭教育中家长主体参与和子女学业成绩之间的关系探究:基于链式中介效应分析[J].中国电化教育,2019(7):107-114.

表 4-1　2020 年 31 省(区、市)人均可支配收入情况表

排名	地区	全体居民人均可支配收入/元	城镇居民人均可支配收入/元	农村居民人均可支配收入/元
1	上海	72232	76437	34911
2	北京	69434	75602	30126
3	浙江	52397	62699	31930
4	天津	43854	47659	25691
5	江苏	43390	53102	24198
6	广东	41029	50257	20143
7	福建	37202	47160	20880
8	山东	32886	43726	18753
9	辽宁	32738	40376	17450
10	内蒙古	31497	41353	16567
11	重庆	30824	40006	16361
12	湖南	29380	41698	16585
13	安徽	28103	39442	16620
14	江西	28017	38556	16981
15	海南	27904	37097	16279
16	湖北	27881	36706	16306
17	河北	27136	37286	16467
18	四川	26522	37286	16467
19	陕西	26226	37868	13316
20	吉林	25751	33396	16067
21	宁夏	25735	35720	13889
22	山西	25214	34793	13878
23	黑龙江	24902	31115	16168
24	河南	24810	34750	16108
25	广西	24562	35859	14815
26	青海	24037	35506	12342
27	新疆	23845	34838	14056

续表

排名	地区	全体居民人均 可支配收入/元	城镇居民人均 可支配收入/元	农村居民人均 可支配收入/元
28	云南	23295	37500	12842
29	贵州	21795	36096	11642
30	西藏	21744	41156	14598
31	甘肃	20335	33822	10344

(三)教师队伍发展的差异

纵观我国基础教育事业的发展过程,区域间长期存在着教师数量、结构和教师素质配置不合理的问题。例如在教师素质方面,教师学历和职称是衡量教师素质的重要指标。通过对《中国教育统计年鉴》中收集到的 2019 年 31 个省(区、市)教师学历和职称人数的数据的统计分析,本书得到东部、中部和西部义务教育二阶段教师学历与职称的基本情况(见表 4-2、表 4-3),可以看出东部地区本科及以上的教师人数和比例明显多于中西部地区,东部地区中高级职称的教师人数和比例也明显多于中西部地区,东部地区义务教育阶段中小学教师素质指数明显优于中西部地区。总之,无论是在教师数量、教师结构还是教师素质方面,东部地区的师资力量都要比中西部地区优越,而导致师资力量不均衡的根本原因即区域间经济发展的不平衡。相比于中西部地区和乡村,我国东部地区和城镇财力更加雄厚,投入教育领域的资金也就相应地充裕一些,对于教师来说,其福利待遇就会更高、发展空间也就更大,因而在全国范围内形成了优秀教师从经济不发达地区向经济发达地区、从乡村向城镇流动的形势。有关西部四省教师流动的调查显示,在流向县城和经济发达地区的教师当中,90％以上的教师第一学历是本科,具有中高级职称,年龄在 30～45岁,大多是学科带头人和名师。[1] 因此,如果当前教学环境无法满足教师自身期望,学历高、能力强、教学经验丰富的教师一般会产生向经济发达地区流动的意向。

---

[1]　薛正斌.对欠发达地区教师不合理流动现象的思考[J].教育探索,2010(10):83-84.

表 4-2　2019 年东中西部地区小学、初中教师学历基本情况表

学段	地区	学历					
		本科及以上		本科及以下		合计	
		频数	百分比/%	频数	百分比/%	频数	百分比/%
小学	东	1759667	28.07	722799	11.53	2482466	39.60
	中	1108207	17.68	826217	13.18	1934424	30.86
	西	1050937	16.76	801257	12.78	1852194	29.54
	合计	3918811	62.51	2350273	37.49	6269084	100.00
初中	东	1350627	36.04	115777	3.09	1466404	39.13
	中	994711	26.54	210003	5.61	1204714	32.15
	西	928200	24.77	148111	3.95	1076311	28.72
	合计	3273538	87.35	473891	12.65	3747429	100.00

表 4-3　2019 年东中西部地区小学、初中教师职称基本情况表

学段	地区	高级职称		中级职称		未评定职称		合计	
		频数	百分比/%	频数	百分比/%	频数	百分比/%	频数	百分比/%
小学	东	141203	2.25	1922702	30.67	418561	6.68	2482466	39.60
	中	115983	1.85	1498340	23.90	320101	5.11	1934424	30.86
	西	193576	3.09	1402864	22.38	255754	4.07	1852194	29.54
	合计	450762	7.19	4823906	76.95	994416	15.86	6269084	100.00
初中	东	306171	8.17	991162	26.45	169071	4.51	1466404	39.13
	中	228870	6.11	815473	21.76	160371	4.28	1204714	32.15
	西	209788	5.60	751147	20.04	115376	3.08	1076311	28.72
	合计	744829	19.88	2557782	68.25	444818	11.87	3747429	100.00

三、区域经济的差异对教育质量的影响

我国地域辽阔，各地经济、教育发展水平各异，已有研究表明经济发展水平与教育质量之间的正向关系。因此，我国教育评价绝不可能撇开各地的社会经济发展水平而单一地评价教育质量，教育评价必须关注到区域经济发展的异质性，并采取有效的措施来回应异质性的存在。

(一)教育经费投入对学生学业质量的影响

我国基础教育事业的发展和教育质量的提升离不开国家和地区教育经费的支持,并且教育财力资源投入的多少与学生学业成绩的高低密切相关。1996 年 Greenwald、Hedges 和 Laine 采用两种元分析方法——联合显著性检验和效应量估计,得出生均费用每提高 10%,可将学生学业成绩从 50% 提高到 75%。Holmlund 等人同样发现学校生均经费对学生的英语、数学和科学成绩均产生显著的正向效应,每个学生平均支出增加 1000 英镑,将使标准化考试成绩分别提高 0.04、0.051 和 0.05 个标准差。Nicoletti 和 Rabe 在研究中处理了未观测变量的异质性,采用多种估计方法研究学校生均经费对数学、英语和科学考试分数的影响,结果表明每个学生的支出增加 1000 英镑,考试分数的标准差增加约 6%。从以上学者的研究中可以明显地看到,教育财力资源与学生的学业成绩呈显著的正相关。[①]

2006 年,我国开始实行"中央和地方分比例分担"的教育经费保障机制,该机制实施后,我国在基础教育领域投入的经费不断增长。但由于各地区经济发展不平衡,区域间出现了教育经费投入不均衡的问题,中西部地区教育经费的投入远不及东部地区。地区经济发展的情况直接影响我国基础教育经费投入的均衡状况,而教育经费投入的数目又与学生的学业质量挂钩,所以评价者在进行教育评价时不能忽略各地区的经济发展情况和财政能力。

(二)家庭教育投入对学生学业质量的影响

除了教育经费的投入,学生家庭的经济状况同样是影响学生学业质量的不可忽视的因素之一。家庭经济状况的差异是当代社会普遍存在的客观事实,相关教育研究证明,经济状况好的家庭通常对学生抱有更大的教育期望,而父母的高期望对学生学业质量的提升具有积极的促进作用。威斯康星学派较早地阐释了"社会经济地位通过父代的教育期望来影响子代的教育成就"的内在逻辑。[②] 对 884 名美国小学生进行为期五年的追踪研究发现,即使控制

① 胡咏梅,元静.学校投入与家庭投入哪个更重要?:回应由《科尔曼报告》引起的关于学校与家庭作用之争[J].华东师范大学学报(教育科学版),2021(1):1-25.

② 刘程,廖桂村.家庭教养方式的阶层分化及其后果:国外研究进展与反思[J].外国教育研究,2019(11):92-104.

了研究基期的学业成绩，父母的教育期望仍然对学生的学业成绩有显著正向影响。[①] 国内学者胡咏梅、杨素红基于 OLS 回归和 Logistic 回归分析的结果分析也发现了父母期望与学生学业成绩之间存在显著的正相关关系。[②] 经济状况良好且高期望的父母为了使子女在学业上能有更高的成就往往会进行更多的教育投资，具体表现为：经济实力强的家庭一般会为学生提供更加充足的物质资源，例如学习资料或学习用品等，这使得学生在学习资源方面获得便利，从而会间接地影响其学业成绩。另外，家庭经济状况还会影响父母对子女教育的参与程度，进而影响学生的学业质量。父母参与在子女教育过程中发挥着极其重要的作用，但各个家庭的经济状况存在差异，不同经济条件的家庭在子女的教育过程中会表现出不同的参与程度。

总体来讲，家庭的经济因素会对学生的学业质量产生影响，其中父母期望、教育物质投入以及父母参与在二者之间起中介作用。当前，我国经济发展不够充分，地区、城乡之间的居民收入不够均衡，不同经济背景的家庭对孩子的教育期望、物质投入以及教育参与表现出不同的特点，这在一定程度上拉大了不同地区、城乡之间学生学业水平的差距。因此，在教育评价过程中评价者需要关注到家庭教育投入对学生学业质量的影响。

(三)教师队伍发展对学生学业质量的影响

在教育教学领域有一个较为普遍的结论，即教师的数量和质量对学生学业成绩的提升起着重要作用。我国学者李祥云和张建顺发现，教育结果的 12.6% 的差异可以通过学校投入的线性组合来预测，而其中教师数量和教师质量是影响学生成绩最重要的投入要素。[③] 在教师数量方面，充足的学科教师不仅可以保证各科目教学的顺利开展，还有利于教师在教学过程中关注学生真实的学习情况和学业表现，进而针对学生学习的薄弱之处提供相应的帮助，有利于学生学业成绩的进步和提升。在教师质量方面，国内外学者通常将

---

① RUTCHICK A M, SMYTH J M, LOPOO L M, et al. Great expectations: the biasing effects of reported child behavior problems on educational expectancies and subsequent academic achievement[J]. Journal of social and clinical psychology, 2009, 28(3): 392-413.

② 胡咏梅,杨素红.学生学业成绩与教育期望关系研究：基于西部五省区农村小学的实证分析[J].天中学刊,2010(6):125-129.

③ 李祥云,张建顺.公共教育投入对学校教育结果的影响：基于湖北省 70 所小学数据的实证研究[J].中南财经政法大学学报,2018(6):81-88,160.

教师学历、教师资格、教师教龄、教师职称和教学策略作为衡量教师质量的关键性指标。大量实证数据表明,教师学历、教师资格、教师教龄、教师职称和教学策略这五大指标会对学生的学业成绩产生正向影响。第一,教师学历对学生学业质量的影响。Ferguson 等人的研究表明,教师学历越高,其教授学生的成绩越好[①],有研究进一步证实教师学历与其所教学科的匹配也会对学生的学业成绩起到积极的促进作用[②]。第二,教师资格对学生学业质量的影响。Clotfelter、Ladd、Vigdor 发现,教师资格证书对学生学业成绩存在正向显著性影响。[③] 胡咏梅的研究结果同样显示,学校专任教师中具有任职资格的比例对抽样班级数学平均成绩产生正向显著影响。[④] 第三,教师教龄和职称对学生学业质量的影响。教师的教龄越长、职称越高在一定程度上可以反映出教师的教学经验丰富,Clotfelter 等人和张咏梅均发现,相比于没有教学经验的教师所教的学生,拥有丰富教学经验的教师所教学生的测试成绩表现更好。[⑤]第四,教学策略对学生学业质量的影响。良好的教学策略,例如小组讨论、参与式教学等,不仅可以激发学生的学习兴趣同时也有利于学生对知识的理解,最终达到学生学业成绩提升的目标。

长期以来,我国基础教育领域存在一个显著的问题,即教师队伍发展的不均衡。一般来说,无论是教师数量还是教师质量,经济发达地区都要比经济落后地区充足和优越,这也就导致经济发达地区的学生在学业质量评价时表现得更加优秀。为提高教育评价的科学性以及公平性,评价者同样需要将教师队伍发展的差异考虑在评价活动之中。

---

① FERGUSON T J,ANYON R,LADD E J.Repatriation at the Pueblo of Zuni: diverse solutions to complex problems[J].American Indian quarterly,1996,20(2):251-273.

② 杨素红.教师人力资本对学生学业成绩的影响:基于西部五省区农村初中的教育生产函数研究[C]// 中国教育学会教育经济学分会.2010 年中国教育经济学学术年会论文集.中国教育学会教育经济学分会,2010:14.

③ CLOTFELTER C T,LADD H F,VIGDOR J L.Teacher-student matching and the assessment of teacher effectiveness[J].Journal of human resource,2006,41(4):778-820.

④ 胡咏梅.学校资源配置与学生学业成绩关系研究[D].北京:北京师范大学,2007:154.

⑤ CLOTFELTER C T,LADD H F,VIGDOR J L.Teacher-student matching and the assessment of teacher effectiveness[J].Journal of human resource,2006,41(4):778-820.张咏梅,田一,李美娟.学校背景因素和学生个体因素对学业成绩影响的研究:基于大规模测验数据的多层线性模型分析[J].教育科学研究,2012(4):41-46.

第二节　地域文化的异质性

受自然地理、社会历史等因素的影响，我国形成了相互依存又各自独立的多元文化，表现为地域文化、民族文化和城乡文化的多样性。多元文化下人们的文化背景、文化思维方式以及文化行为模式都存在差异，而这些差异在教育过程中会影响学生的认知发展、学习投入和学习过程，进而影响学习结果和教育质量。所以在对教育质量进行评价时，为彰显评价的客观性，教育评价需要充分尊重多元文化，平等对待不同的文化并予以回应。

一、教育与文化的关系阐明

文化即一定社会的文化，它包括长期形成的共通的语言、知识、价值、信仰、习俗及其成员的行为范式、生活样式等。在漫长的历史长河中，文化与教育相伴而生，相随而长。文化给教育以社会价值和存在意义，教育给文化以生存依据和生机活力，二者缺一不可。[①] 一方面，教育深受文化的影响，具体表现为文化知识制约教育的内容和水平、文化模式制约教育的背景与模式以及文化传统制约教育传统的特性[②]。另一方面，教育也反作用于文化的发展，教育的文化价值主要体现在以下三个方面：一是教育对文化的继承和传递价值。人类的文化是后天习得的，它不能通过遗传延续，只能通过继承来实现传递。二是教育对文化的传播和交流价值。人们通过教育的形式，使人类文化从一个群体向另一个群体传播，实现文化的交流和融合。三是教育具有文化创新和更新价值。教育通过发展人的思想和观念，形成新的社会文化，同时教育也为文化的发展和创新培养人才，以实现文化创新和更新价值。[③] 斯普朗格曾说教育是文化的过程。教育在文化传承与传播过程中起着重要的作用，在文化发展史上，每一次文化变迁几乎都以教育的变革为基础。可见，文化与教育有着天然密切的联系，文化影响着教育，教育继承、传播和创新文化。

---

① 郑金洲.教育文化学[M].北京：人民教育出版社，2000：1.
② 王道俊，郭文安.教育学[M].7版.北京：人民教育出版社.2016：54-55.
③ 杨志成，柏维春.教育价值分类研究[J].教育研究，2013(10)：18-23.

二、我国地域文化的类型

一般情况下,文化被划分为地域文化、民族文化和城乡文化三种类型,不同的文化具有不同的内涵和特征。

(一)地域文化

地域文化指在一定空间范围内特定人群的行为模式和思维模式,而不同地域内人们的行为模式和思维模式不同,便导致了地域文化的差异性。地域文化是人类改造自然的产物。受地理位置、自然环境、历史文化的影响,不同地区居住的不同民族在民族传统、社会组织形态、生产方式、生活习惯、心理特征等物质和精神方面都存在着不同程度的差异,从而形成具有鲜明地理特征的地域文化。不同地区的地域文化具有不同的特色,主要表现在建筑与交通、饮食与服饰、语言与心理、风土习俗、民族节日、宗教活动等方面。[①] 一般来讲,地域文化具有以下几个特征:第一,地域文化与文化的基本特征一样,是模式化和符号化的,它是有规律可循的;第二,地域文化是一个整体,它是特定区域内人们行为模式的总和;第三,地域文化是由特定区域的地理环境、人们的生产方式和社会生活方式以及历史文化传统所决定的;第四,地域文化具有稳定性和传承性,它是在相对稳定的环境中,在自然地理环境和人文社会因素等多种要素的作用下,经历相对较长的历史时期,才得以逐步孕育和形成的。正是因为其形成要素和机制上的特殊性,地域文化在形态上具有较强的稳定性、在历史发展上具有传承性以及在文化外观上具有自身的独特性。[②]

(二)民族文化

"文化是民族生存和发展的重要力量。……人类文明是由世界各国各民族共同创造的"[③],由此形成了不同的民族文化。"所谓民族文化,就是在一定地域内生活的以血缘或密切的社会关系相联系的,具有共同的语言、经济生活和心理素质的稳定的共同体,在历史和现今所共同创造的,能够代表该共同特

---

① 陈婷.论地域文化的教育价值[J].西北师大学报(社会科学版),2013(6):81-85.

② 张凤琦."地域文化"概念及其研究路径探析[J].浙江社会科学,2008(4):63-66.

③ 习近平.坚定文化自信,建设社会主义文化强国[J].奋斗,2019(12):1-10.

点的、观念的、制度的和器物的文明成果的总和。"①这个概念包含了以下五层含义：第一，民族内部是以血缘或密切的社会关系来维系的；第二，作为民族这个团体的成员，在语言、经济生活和心理素质方面具有稳定的共同性；第三，这个团体所创造的被称作文化的这些成果，必须能够代表团体的精神风貌、心理状态、思维方式和价值取向等方面的特点；第四，这些成果不仅包括精神方面的，也包括物质方面的，由观念、制度和器物三个方面构成；第五，这些成果搜集，不仅要注意有历史的沿袭，还应体现出时代的成就与特征。由此可见，民族文化是一个民族共同的精神财富，对于增进民族内部间的相互融合与协作具有重要意义。

(三)城乡文化

城乡文化是城市文化和乡村文化的总称。其中城市文化指在城市形成发展过程中，由组成它的社会人群创造、发展、总结起来的知识体系、意识形态等非物质性的人类智慧的凝结。从广义的角度来看，城市文化的形成正是人类实现自我发展并产生城市这一社会结构的必然结果，是城市发展过程中所创造出的物质和精神财富的总和。因此，广义上的城市文化概念应由三个部分构成：一是物质文化；二是制度文化；三是精神文化。乡村文化是相对于城市文化而言的，指在特定的时间和以特定乡村环境为基础的村落集体中形成的思维观念、思想体系。作为一种文化形态、一种具有复杂形式的文化体系，乡村文化包括多种构成要素：一是社会制度层面，主要体现在社会制度、社会结构、社会关系等方面，是乡村文化形成过程中起决定性作用的层面；二是价值观念层面，主要体现在农民的价值观念、思想观念、信仰状态、伦理道德等方面，属于乡村文化的核心层面；三是科学水平层面，主要体现为农业的科技发展水平和农民知识水平，它属于乡村文化的关键层面；四是文化艺术层面，主要体现为农民的文化艺术活动和乡村的文化艺术形态，属于乡村文化的艺术层面。② 在城乡发展过程中，城乡文化对城乡居民起到了导向、约束、凝聚、激励以及辐射的作用。

---

① 喻云涛.文化、民族文化概念解析[J].学术探索,2001(2):87-89.
② 冯丹辉.城乡文化建设现状及对策研究[D].延边:延边大学,2015:5.

三、我国地域文化差异的具体表现

地域文化是一个较为抽象的概念,具体表现在文化背景、文化思维方式、文化行为模式等维度。不同的文化背景、文化思维方式和文化行为模式构成独特的地域文化。

(一)文化背景差异

文化背景是一个多因素的综合体,它包括历史渊源、生产经济类型、语言、风俗习惯、家庭教养方式、公共文化和教育、文化的价值取向等诸多方面。[①]由于我国幅员辽阔、民族众多,受地理环境、经济等因素的影响,各个地区及民族形成了特有的文化背景。在风俗习惯上,它主要表现为衣食住行、婚丧、娱乐礼仪等方面的差异。在生产民俗上,各地区及民族的差异大都表现在农业生产中有关粮食及经济作物栽培、收获的习俗上,林业生产中有关森林、采集、狩猎的习俗上,牧业生产中有关牲畜繁殖、放牧的习俗上,渔业生产中有关水产养殖、捕捞、加工的习俗上,以及副业生产中的各种习俗上。[②]在文化类型上,我国各地区及民族分布在不同的地域,分别构成了平原文化,滨湖、江岸文化,海岸文化和高原山区文化。总之,文化背景是一个民族或地区在漫长的历史进程中创造出来的物质财富和精神财富,是长期沉淀于民族心理的客观世界的凝结。

(二)文化思维方式差异

思维是个体通过概念、判断、推理等形式对信息进行加工来反映客观世界的过程。思维方式是主体在反映客体的思维过程中,定型化了的思维形式、思维方法和思维程序的综合与统一。[③]不同地域的人思维方式具有差异性,这主要是由生活环境和经济、文化等因素造成的。生产力较低、文化相对落后地区的人满足于低水平的简朴生活,遵守因循守旧的传统思维方式,注重直觉思

---

① 孟亮.蒙古族、汉族学生学业成就的跨文化比较研究[J].黑龙江民族丛刊,2008(4):174-177.

② 王红曼.对我国少数民族风俗习惯的分类[J].满族研究,2001(4):74-78.

③ 荣开明,赖传祥,李明华,等.现代思维方式探略[M].武汉:华中理工大学出版社,1989:30.

维与经验体悟,轻视理论概括与逻辑推理。这种封闭的思维方式和传统的价值体系,某种程度上阻碍了儿童和青少年智力的发展。对于经济相对发达、文化开放地区的人来讲,他们崇尚自由、追求创新,思维多元,善于运用抽象思维和逻辑思维。从以上的分析中可以看出不同地区之间人们的思维方式存在显著的差异性。

(三)文化行为模式差异

文化行为模式,可以将其理解为个人或群体表现出来的基本特征,或对内外环境因素刺激所做出的能动反应。与文化背景和文化思维方式一样,文化行为模式的形成受到不同地域和民族的自然环境与社会经济、教育的影响。在不同地域、民族文化背景下,人们的行为模式呈现出差异性,主要表现在生活方式、社会交往与参与等方面。在生活方式方面,不同地域、民族的人们拥有不同的经济生活方式、政治生活方式、婚姻家庭生活方式、宗教生活方式以及闲暇娱乐生活方式等。在社会交往与参与上,乡村地区比城市地区交往频繁,因为乡村地区的交往大都是在血缘与地缘的基础上展开的,而城市地区受城市化和市场化的影响,人际关系相对淡漠,但城市地区比乡村地区的交往范围大,城市地区的人际关系超越了亲戚、邻居等亲缘和距离的关系。

四、地域文化对教育质量的影响

在主流文化背景下,不同的文化背景、文化思维模式以及文化行为模式会影响学生的认知发展、学习投入和学习过程,进而影响学生的学业表现。在实施教育评价前必须正确分析地域文化差异对教育质量的影响,唯有如此才能发挥教育评价的应然功能。

(一)对认知发展的影响

认知是人获得和应用知识的过程,也可以叫做信息加工的过程,依赖于人的一系列心理活动,如知觉、注意、记忆、学习、思维、决策、理解和产生语言等。认知在人们认识世界和改造世界的活动中,具有特别重要的作用。

认知在人们的活动中发生,又指导人们的各种活动。[①] 在人类发展历程中,地域文化与人的认知是一种互动双向的生成关系。也就是说,人通过实践

---

① 彭聃龄,张必隐.认知心理学[M].杭州:浙江教育出版社,2004:3-4.

改变自然界和自身,使自然和人走向"人化"的过程,这个过程是以人在自然界的产生开始的,而人的产生,又以造就或形成了人所特有的生存发展形态——文化为标志。在我们的人格尚未成熟时,我们接受了这套文化和价值系统,这套系统被内化为我们的文化品格,我们每时每刻都受其影响。文化与我们的认知是同一的,所以只要我们生存,我们就是在被我们的文化而"化"。在教育过程中,不同地域学生的认知因受到不同地域文化的熏陶而表现出不同的特点。在语言思维方面,每个人从出生到成长,基本都是处在母语环境中,总是使用母语说话、交流、思考,也由此习得了本民族文化的思维习惯和行为特征。以中国语言为例,汉语是各民族相互交流的重要工具,汉语必然成为一种通用的"精密型的语言编码"系统,而少数民族语言因为仅仅是在某一民族地区使用,自然是一种"局限型的语言编码"系统。以民族语言为母语的少数民族学生,进入学校的主流文化环境中,适应学校语言环境、掌握汉语、学好汉语成为他们学习其他学科的先决条件,这给他们造成了很大的困扰。这些少数民族学生在学习的过程中需要不断在母语、汉语两种语言和思维中进行转换,常常采用母语思维—汉语翻译—汉语表达的方式,这就使很多少数民族学生对汉语的掌握程度比较低,较少具备理解、接受教师汉语教学的语言能力,而且在汉语的理解和运用中存在的问题较多,以致需要很长时间才能用汉语习得相关的文化知识。[①]

(二)对学习投入的影响

学习投入是作为学习倦怠的对立面出现的,其概念最早是由 Schaufeli 提出的,他认为学习投入是一种与学习相关的积极、完满的情感认知状态,是个体在学习过程中表现出的充沛精力和良好的心理韧性,是个体认识到学习的意义、对学习充满热情、沉浸于其中的状态。[②] 关于学习投入的内容,Schaufeli 团队认为学习投入包括活力、奉献和专注三个方面,而 Connell 和 Fredricks 认为学习投入包含行为、情感和认知三个维度。[③]

① 郑娅.差异与误解:多元文化理解教育视域下的民族高校弱势学生[J].湖北社会科学,2014(2):155-158.
② SCHAUFELI W B,MARTINEZ I M,PINTO A M, et al. Burnout and engagement in university students:a cross-national study[J].Journal of cross-cultural psychology,2002,33(5):464-481.
③ 梁艳.藏族中学生成就目标与学业自我效能感、学习投入的关系研究[D].北京:中央民族大学,2019:21.

研究表明，个体因素、学校环境因素、家庭和社会支持因素是影响学习投入的主要因素。[①] 而不同的地域文化又会影响个体自身、学校教育以及家庭社会，因此，地域文化会间接影响学生的学习投入。正如上文所述，地域文化会影响学生的认知发展，而学生自身的认知会对学习投入造成影响。具体来讲，当学生对学习具有正确的认识时，他就会在学习中表现出充沛的精力，在遇到学习上的困难与挫折时，能够及时调整自身状态并且积极寻求解决办法。相反，若学生对学习持消极的认识，他通常会学习目标不明确，不主动寻求学习活动，注意力分散，在面对学习任务时，往往会因为学习压力而产生焦虑、担忧等不良情绪。

(三)对学习过程的影响

过程是事物的本质，事物以过程的形式而存在与发展。学习作为教育中的重要活动形式和内容，是学生理解知识、发展思维和建构意义的活动，也具有过程属性。学习的过程属性既指学习的程序、阶段，也包括学习活动中各种要素之间的交互作用和相互关系。学习的过程属性彰显了学习的非线性、丰富性与多元性。学习者的学习动力、学习方式、学习策略、主体性及其过程体验等方面，是学习过程的重要体现，它们形成了学生丰富而又多样的学习过程。

我国地域辽阔，不同地域之间的文化各具特色，对于学生来说，他们自身都携带着来自所属地区的原生文化。现行的学校教育往往以社会主流文化为主，很少考虑不同地区学生的价值观和宗教信仰等非主流文化，当所学的内容与学生本身的经验产生冲突并使学生多次经历挫折和失败时，往往会使学生产生消极的过程体验进而打击学生的学习动机和学习自主性。地域文化也会影响学习方式的选择。我国大多数少数民族的学生以及农村地区的学生，自幼受到本民族传统文化及乡村习俗的熏陶，对于他们来讲，主流文化是课本中的抽象知识，而非生活中的实际经验，这就对学习方式的选择提出了要求，学习者必须选择适宜的学习方式，充分利用原有的经验来理解新的学习内容，这样的学习才是有意义的。所以在教育过程中，若忽略学生的文化背景则极易对学生的学习产生不利影响。

---

① 袁梦.学生学习投入的影响因素及提升路径[J].教学与管理,2020(15):72-74.

(四)对学习结果的影响

根据已有研究,目前衡量学习结果的指标主要包括学业成就、学习满意度以及持续性学习行为或意愿。前文已述,不同的地域文化会对学生的认知发展、学习投入和学习过程造成相应的影响。而学生的认知发展、学习投入和学习过程是造成学生学习结果的关键因素,因此,地域文化会通过认知发展、学习投入和学习过程的中介因素影响学习结果。具体来讲,认知发展对学习结果的影响主要表现在思维的理解性方面,特别是对于一些少数民族的学生来说,他们从小习惯接受本民族的文化熏陶,当他们进入主流教育环境之下,往往因为语言和传统习俗的问题,无法完全理解所学知识,在这种情况下,学生的学习结果很大程度上是语言或者文化的差异所导致的。在学习投入方面,个体、教师、家长与学生投入之间呈相关关系。不同地区、民族受传统文化习俗影响,对学生学习的重视程度并不相同,这就会使学生的学习投入程度不同,进而导致学习结果不同。在学习过程上,学生因文化造成思维、语言差异,他们容易在学习过程中遇到更多的困难,这极易打击学生的学习积极性、自主性,并且随着年级的增加学生会渐渐失去学习的兴趣,进而影响学习结果。

第三节　学生个体的异质性

学生是发展中的人,是具有独特性的人。在教育教学过程中,不论是普通学生之间还是融合教育背景下普通学生和特殊需要学生之间,他们在个性特点、学习投入与过程、认知水平、学习方式、人际交往等方面存在显著的差异性,而这些方面正是影响学生学习结果和教育质量的重要因素。为了能够使教育评价反映真实的教育水平,教育评价必须在澄明学生个体异质性的前提下,建立基于差异的教育评价体系。

一、学生个性特点的差异

在学习活动中,学生的个性特点具有差异性,具体表现在学习兴趣、学习动机、学习态度三方面,而这三方面是影响教育质量的重要因素。教育评价作为衡量教育质量的重要手段,为满足每一个学生的发展需要,就必须"关注全体学生的表现,关注学生的全面素质,关注学生差异表现"。

(一)学生的发展具有个体差异性

学生的发展一般包括生理(身体)和心理两方面的发展,其中生理发展即个体活动的生理调节机制方面的变化。生理发展的范围有广义和狭义两种理解,广义的理解指人类个体从卵子受精开始到出生、成长直至死亡为止这一过程中的生理因素的变化,狭义的理解指个体出生时起到生理上发育成人的过程中生理结构与机能的成熟变化。心理发展指个体活动的心理调节机制方面的变化,心理发展亦有广义和狭义之分,广义的心理发展包括人类个体自出生到死亡的整个一生的心理变化,狭义的心理发展一般指人类个体从出生到心理成熟阶段的变化。[①] 学生的发展有一个显著的特点,即个体差异性,指个体在先天素质的基础上通过后天的实践活动所形成的相对稳定的不同于他人的个体心理特点。尽管学生的发展要经历一些共同的基本阶段,但个体差异依旧十分明显。每个学生的发展优势、发展速度与高度往往是千差万别的,不过正是这些差别才构成了多姿多彩的人类世界。学生发展的个别差异性要求教育必须深入了解学生,针对学生不同的发展水平以及不同的学习兴趣、动机和态度因材施教,引导学生扬长避短、发展个性,促进学生自由发展。[②]

(二)学生个性特点差异性的具体表现

1.学习兴趣

兴趣这一概念在心理学里有久远的历史,它可以追溯到赫尔巴特时期。赫尔巴特认为兴趣是教育的直接目的,在他看来,兴趣就是主动性,兴趣会导致有意义学习,促进长时记忆,并为进一步的学习提供动机。[③] 继赫尔巴特之后,杜威也提出了自己的观点。杜威认为兴趣的本质在于由于认清客体的价值而集中注意力、全神贯注和专心致志于某种活动。"兴趣标志着在个人与他的行动的材料和结果之间没有距离。兴趣是它们的有机统一的标志"[④],不难看出,杜威所强调的兴趣是客体与主体相互作用的结果,是手段与目的的统

---

① 冯忠良,伍新春,姚梅林,等.教育心理学[M].2版.北京:人民教育出版社,2010:210.

② 王道俊,郭文安.教育学[M].7版.北京:人民教育出版社,2016:32.

③ 赵荣昌,张济正.外国教育论著选[M].南京:江苏教育出版社,1990:225.

④ 约翰·杜威.学校与社会·明日之学校[M].赵祥麟,等译.北京:人民教育出版社,2005:172.

一,兴趣被描述为个体与他的环境的某一方面(如交往对象、事件、观点)的一种互动关系。因此,兴趣的内容是确定的,兴趣既是一种状态又是个体的一种倾向,既含有认知成分,又具有情感成分。在学习过程中,不同学生的学习兴趣既有共性,也有差异性,其差异性表现在兴趣的指向性、广度及稳定性方面。以兴趣的指向性为例,在学习过程中,有的学生对理论知识感兴趣,而有的学生则对直观具体的知识更感兴趣。[①]

2.学习动机

学习动机是激发个体进行学习活动、维持已引起的学习活动,并使个体的学习活动朝向一定的学习目标的一种内部启动机制,它与学习活动可以相互激发、相互加强。学习动机一旦形成,就会自始至终贯穿于某一学习活动的全过程。学习动机经常可通过外在的学习行为表现出来。当然,同一种动机可能产生不同的行为与结果,而相同的行为与结果也可能源于不同的动机。[②]学生在学习活动中的动机是复杂的,是具有显著差异性的,例如,有的学生的学习动机是高尚的、正确的,是利他主义的,学生把当前的学习同国家和社会的利益联系在一起,而有的学生的学习动机却是低级的、错误的,是利己主义的,学习动机只来源于自己眼前的利益。再比如,有的学生具有内部动机,是由内在的需求引起的动机,而有的学生具有外部动机,只是由外部诱因所引起。

3.学习态度

态度主要是社会心理学所讨论的概念,是社会心理学的基本内容。目前,我国心理学界给态度的一个比较完善的定义:态度是个人对某一特定对象所持有的评价总和与内在的反应倾向。态度具有稳定性和持久性,它影响着一个人对事物、对他人以及对各种活动作出定向选择。[③]学习态度是学生态度体系中的核心内容,不仅直接影响学习成效,而且关系学生个性的形成与发展。一般而言,良好的学习态度具有下列特征:(1)明确的学习目的;(2)高度的学习兴趣;(3)讲求学习方法;(4)寻求理解与组织;(5)良好的学习保持;(6)善用学习资源。在学习过程中,受学生年级、性别、教师教学方式、父母教养方式等多方面因素的影响,学生的学习态度也存在着明显差异。例如,有的学生在学习活动中持有积极的学习态度,他就会付出加倍的努力,并乐此不疲,主动地去长期从事同样的学习活动。相反,有的学生持有消极态度,他体验到的

---

① 莫辉.高中生物理学习个体差异及教学策略研究[D].武汉:华中师范大学,2014:5.
② 冯维.现代教育心理学[M].重庆:西南师范大学出版社,2007:226-227.
③ 陶德清.学习态度的理论与研究[M].广州:广东人民出版社.2001:118-119.

只是被迫、勉强、无奈、沮丧、失败和恐惧，导致他在学习活动中也不会有积极主动的行为表现。

(三)学生个性特点对教育质量的影响

1.学习兴趣对教育质量的影响

当学生对某一领域具有强烈的个体兴趣时，便能很好地学习相关知识，即使这些知识是枯燥乏味的。学习兴趣不仅影响学习者的习惯与选择，还有助于学习者的理解和回忆。有研究表明，兴趣与深度理解呈高度正相关，兴趣能够使学生更好地回忆主要观点，并能使学生的认知结构变得更加合理。同时学习兴趣也会影响学生对学习策略的选择，学习兴趣高的学生一般倾向于选择精细加工策略。由此可见，学习兴趣高的学生无论是在注意和理解方面还是在学习策略方面都会比学习兴趣低的学生有更好的表现，相应地，学习兴趣高的学生其学业质量会更高。

2.学习动机对教育质量的影响

学习动机对学习结果的影响是通过学习积极性实现的，学习积极性是学习动机的一种直接的外在表现，是在学习活动中表现出来的认真、主动、顽强和投入的状态。有无动机及动机强弱都可以通过学习的积极性水平反映出来，而不同的学习积极性又直接影响学习效果。不同的学生具有不同的学习动机，正确的学习动机对学生学习与行为的作用主要表现在以下几个方面：(1)使个体的学习行为朝向具体的目标；(2)使个体为达到某一目标而努力；(3)激发和维持某种活动；(4)提高信息加工水平；(5)决定了何种结果可以得到强化；(6)导致学习行为的改善。[①] 然而，学习动机并非越强越好，根据耶克斯—多德森定律，学习动机存在一个最佳水平，不同难度的任务、不同个体的最佳动机水平都各有差异。因此，要保持良好的、适当的学习动机水平，从而发挥动机促进学习行为改善、提高学习能力的作用，进而提高教育质量。

3.学习态度对教育质量的影响

学生的情感体验、认知水平及行为倾向决定学生的学习态度，进而影响教育质量。态度是以情绪、情感为基础的，因此，学习活动中的情绪体验，在学习态度的结构成分中占据相当大的地位，而且情绪、情感可以因迁移而产生，不少学生在学习中常常出现这样的情绪迁移，如学生喜欢某位老师从而相应地

---

① 　冯忠良,伍新春,姚梅林,等.教育心理学[M].2版.北京:人民教育出版社,2010:234-236.

喜欢这位老师教的课,表现出学好这门课的行为倾向。学习态度中的认知成分,就是学习者对学习活动中所涉及的特定对象的价值判断——"为什么要学习?""学了有什么用处?""是否值得去努力学习?"学生只有具备了正确的价值判断才能清晰地认识到学习的目的及意义。学习者在学习活动中所产生的针对特定对象的情感体验和认知经验,总要将其表现为一定的外显行为,学生持有积极主动的学习态度往往会积极参与相关的学习活动,在恰当的时间和地点,主动地把注意力集中在学习目的指向的对象上,无须督促,主动地确定并完成学习任务。[①] 只有当学生在学习活动中具有了良好的情感体验、正确的认知取向,他才会持有积极的学习态度并通过外显的行为表现出来,从而提高自身的学习效率及学习质量。

二、学生学习投入与过程的差异

学习具有过程属性,学生在学习过程中的学习投入、学习动力、学习方式、主体性及过程体验是学习过程的重要体现。学生学习过程的差异性影响着学生的学习结果,若离开学习者在学习过程中的活动方式和存在状态来对学生、对学习结果进行事实判断和价值判断,这显然是失之偏颇的。[②]

(一)学习投入对教育质量的影响

1.什么是学习投入

20 世纪 80 年代以来,西方教育界将"学习投入"概念引入对课堂教学质量的探索,在我国,学习投入也在 20 世纪末得到研究者的关注。一般而言,学习投入被用来描述学生积极卷入学习任务中的现象和状态,但不同的研究者对学习投入概念的解释不尽相同。在西方教育文献中,关于学习投入的概念主要有如下两种界定。第一,学习投入是一种主动的个体化的课程经验,如埃里克森从课堂教学过程交互作用的角度论述了学生的课程经验,从中提出了学习投入的概念,认为学习投入是一种主动的课程经验,这种经验来源于社会联系(学生和教师、学生与学生等)和教材(学生和教材的心理联系)两个方面。第二,学习投入是以学生行为投入为载体的心理活动。此概念深化了学习投

---

① 陶德清.学习态度的理论与研究[M].广州:广东人民出版社,2001:187-192.
② 伍远岳,周妍.必要与可能:中小学生学习过程质量监测:来自国际大规模教育评价的启示[J].教育科学研究,2018(11):62-67.

入的含义，认为学习投入既包括学生行为化的经验，还包括学生的心理投入，而学生的心理投入更加重要。例如，纽曼认为，学生的学习投入指学生为促进学习、理解和掌握知识、技能和技术所付出的心理投入及努力，学习投入实际上涉及了在教学过程中的学习、理解和掌握教学内容的心理投入，并不是指完成指定的作业或取得较高成绩[①]。

除了以上对学习投入的两种界定，还有研究者从学习投入的结构（子维度）出发对学习投入的概念界定进行了分类，"有五个词组常常作为子维度出现在学习投入的定义中，反映出当今学界两种主要的概念界定方式"[②]。第一，研究者从学习者层面出发，以自我调节学习、学生学习方式等教育心理学理论为基础，将学习投入理解为学习者在学习活动中的个体心理状态，包括行为投入、情感投入、认知投入等多个维度的基础构念；第二，研究者从组织层面出发，基于社会与学术整合、大学影响力等理论和模型，将学习投入理解为一种指向学习结果的有效教育活动，包括主动学习、合作学习等维度。在以上两种界定中，第一种方式常见于基础教育阶段关于学习投入的相关研究中，而第二种方式则被广泛应用于高等教育阶段。

2.学习投入的内容

学习投入的内容即学习投入的结构，当前，关于学习投入的内容有多种划分维度，包括三维度（行为、认知、情感）、四维度（学业、社会、认知、情感）、五维度（技能、情感、表现、活动、态度）等。学界对学习投入构成维度三分法（行为、认知、情感）的认可度最高。其中行为投入指学生的学习行为表现是否积极。一般来说，学生的学习行为投入包含学生在课堂中的努力程度以及课外的学习行为。对于认知投入的解释，大致包括以下三种：（1）认知投入主要是包括学习策略的问题；（2）学生认知投入包括了学生的认知策略和自我监控方面的因素；（3）认知投入是与学生在学习活动中使用的思维层次相关联的。对于情感投入的界定，总的来说有四种较为典型的表述：（1）情感投入指与其他人和现象的联系，这种联系是某种社会和情境的产物；（2）情感投入指学生在学校的情境中参与学习活动时的强度和情感品质；（3）情感投入是伴随着学习活动产生的积极情感（当学生高度投入的时候，学生是积极的并表现出积极的情感；当不投入的时候，学生表现得被动并表现出负面的情感）；（4）情感投入是

① 孔企平."学生投入"的概念内涵与结构[J].外国教育资料，2000(2)：72-76.
② 王文，王纾.学习投入研究的知识图景及趋势：基于科学引文数据库的分析[J].教育研究，2021(8)：78-91.

学生关于学习的一般目的和信念。总之,厘清学习投入的概念和内容结构对于理解目前教育领域中的一些现象具有重要的意义。

3.学习投入对教育质量的影响

大量研究表明,提高学习投入有助于减少学业中的负面情绪,增强学生对学校的满意程度,降低各阶段教育的辍学率,帮助表现欠佳的学生获得学业成功。学习投入反映了学生学习过程中的状态,它是衡量学生学习质量的重要指标。在具体的学习情境中,学生的行为投入、认知投入以及情感投入都会影响到学生的学习成绩。首先,高行为投入的学生比低行为投入的学生会更加积极地参与课内外的学习活动,当学生参与学习活动的频率越高时,他们获得问题解决和智力增长的机会就会越多,而这些机会都有助于学生学习质量的提升。除了这些智力因素,行为投入还有可能影响学生的非智力因素,比如,组织技巧、解决问题的自信心以及亲社会性行为的发展等,这些非智力因素也有利于学生学习成绩的提高。[①]　其次,学生认知投入越高,他们为掌握知识付出的努力就会越大,对自我的要求也就会越高,其学习成绩一般也会越高。这与国外认知投入与学生学业成绩实证研究的结论相一致。[②]　另外,学生投入越多的精力到学习中去,就会越专注于学习任务,面对学习任务能够从容不迫,享受学习的过程,其结果往往可以使学生获得良好的学业成绩。值得注意的是,在学生的学习过程中,认知、行为、情感投入变量并不是以个别的形式作出反应的,而是形成一个整体的反应,对学生的学习质量产生影响。[③]

(二)学习过程对教育质量的影响

1.学习的过程属性与学习过程

人的任何活动都是一个过程,都是以过程的形式存在和发展的。毫无疑问,学习作为一项有意义的教育活动,是以过程的形式存在的,过程属性是学习活动的基本属性。[④]　学习的过程属性并不仅指学习是一种活动过程,具有

---

① 余蓉蓉.教师课堂教学行为、学生学习投入与数学成绩的关系:基于 PISA 上海测试[J].教育测量与评价,2019(8):29-36.

② PIETARINEN J,SOINI T,PYHALTO K. Students' emotional and cognitive engagement as the determinants of well-being and achievement in school[J]. International journal of educational research,2014,67(5):40-51.

③ 孔企平."学生投入"的概念内涵与结构[J].外国教育资料,2000(2):72-76.

④ 郭元祥.论教育的过程属性和过程价值:生成性思维视域中的教育过程观[J].教育研究,2005(9):3-8.

一定的阶段、环节和程序,还体现着在学习活动中,主体(学生)在教师的指导下,围绕一定的学习内容,通过与对象、他人、自我的互动交往而产生的各种关系。也就是说,学习的过程属性既指学习的程序、阶段,还包括学习活动中各种要素之间的交互作用和相互关系。学习具有过程属性,这是由知识学习过程中各种事物及活动所具有的过程性所决定的,个体学习的知识本身是处在发展变化的过程中,学生个体的发展也是处于不断的发展过程之中,过程是内在于知识学习本身的,过程与学习是同一的。总之,学习具有过程属性,学习以过程的形式而存在,学生在过程中得到发展,知识的教育价值在过程中得以实现。[①]

2.学生学习过程影响教育质量的因素

在学生的学习过程中,有许多因素影响教育质量,如学生是否有自主学习的动力与愿望,学生的学习方式是否多样化,学习是否适合学生的身心发展状况,学生在学习过程中的主体性是否得到彰显,以及学生在学习过程中是否有积极的情感体验等。

第一,学习动力。学习动力是激发、维持学生知识学习活动,并将学生的知识学习导向一定目标的内在力量。学生的任何学习行为都是由一定的动力所激发的,没有动力,学生就没有采取行动的积极性,也就难以开始某一种行为,尤其是需要付出一定努力的行为。同时,学生的学习行为要持续一定的时间也需要学习动力的引导。所以在学生的学习过程中,学生的学习动力是贯穿于全过程的,是影响教育质量的重要因素。

第二,学习方式。学生的学习方式是学生学习过程的最直接的反映和体现,它反映了学生是通过什么样的形式来获得知识以及学生在运用一定的形式方法进行知识学习时经历了什么样的过程、处于一种什么样的状态等多方面的情况。不同的学习方式对不同的学生以及不同的学习内容具有不尽相同的作用,从而也会对教育质量产生相应的影响。

第三,学生的主体性。学生的主体性探讨的是学生在学习过程中主体属性彰显的问题。在个体的学习活动中,学生是有着鲜活生命个性的个体,有强烈的主观能动性与积极的创造性,学生个性的彰显、生命活力的激发、创造力的发展都以其主体性的彰显作为基础。如果在知识学习中主体性失落,学生个性特色的彰显、创造力的发展及生命活动就难以得到很好的表现。在学生的知识学习过程中,学生是否拥有主体地位,是否能凸显其自身的主体性,理

---

① 伍远岳.知识获得及其标准研究[D].武汉:华中师范大学,2015:69.

应成为衡量学生学习过程的重要指标,同样也是学习过程中影响教育质量的重要因素。

第四,学生的过程体验。过程体验,即学生在知识学习过程中的体会、感悟与经验,是学生对学习过程及自身在过程中的亲身经历与主观感受。注重学生的过程体验,丰富学生的过程体验,是对学习过程属性的回应,也是提升教育质量的要求。[①]

3.学习过程对教育质量的影响

由上述可知,在学生的学习过程中,学生的学习动机、学习方式、主体性以及过程体验是影响教育质量的重要因素,它们对教育质量的影响具体表现在以下几个方面:

其一,在学习动机上,学生在学习过程中的学习动力直接影响着个体的学习过程,进而对学生的教育质量产生影响。一方面,学生的学习动力影响学生学习的过程,学生有了较强的学习动力,才会积极主动地投入学习的过程中,并为了达到学习的目的而采取有效的方式和方法,同时会主动地探索什么学习方式是适合自己的。更重要的是,学生有了较强的内部学习动力,能够认识到通过学习活动获得知识是其自身的目的,而不是外在环境(家长或教师)所强加的目的,进而会产生较强的学习兴趣。另一方面,学生的学习动力影响学生知识学习的结果。学生知识学习的结果在很大程度上受到学习动力的影响,有了较强的学习动力,学生才会为了达到既定的目的而付出时间和精力,并使自己的努力持续较长的时间直至目的实现。同时,由于学生的学习动力会对学习过程产生持续不断的积极影响,能够改善学生在学习过程中的状态,也就直接影响了最终的教育质量。

其二,在学习方式上,学习方式是通过多方面的综合进而影响教育质量的。第一,学习方式的多元化。很显然,单一的学习方式已经不能满足学生学习的需要,知识多维教育价值的实现呼唤学生学习方式的多元化。第二,学习方式的个性化。知识学习的每一个个体都是有着自身独特人格特质、认知方式和个性的生命体,同时也需要自主地选择最适合他们自己的学习方式。第三,学习方式的适宜性。在个体的知识学习中,不同的知识学习方式有特定的适宜情境和发展功能,但某一种学习方式对于个体的知识学习必然具有一定的局限性,这客观地要求学生综合多方面的考虑,选择最适宜的学习方式运用于自己的学习过程中。学生若将多元化、个性化以及适宜化的学习方式运用

---

① 伍远岳.知识获得及其标准研究[D].武汉:华中师范大学,2015:152.

到自己的学习过程中去,必会提升最终的教育质量。

其三,在学生主体性上,学生的主体性具有选择性、自主性、能动性、创造性和综合性等多种特点,它包含主体意识、主体能力以及主体人格。主体意识是个体寻求自身主体性彰显的开端,个体的主体意识直接影响着个体的主体行为与主体能力,影响着个体在知识学习过程中对自身主体地位的追寻。主体能力是"主体能动地驾驭外部世界对其才能实际发展的推动作用,从而使自身主体性得以不断发展的能力"①,有着较强主体能力的学生,能有效地处理知识学习过程中的各种关系,利用各种外部条件实现自我教育、自我管理和自我完善,个体主体能力增强又能进一步增强个体的主体意识。主体人格是个体主体性发展的非理性力量,它对个体的主体性发挥着推动、激发和催化作用,与个体的主体意识、主体能力共同形成个体的主体性。学生拥有了主体性即主体意识、主体能力和主体人格,势必会主动完成学习任务,无须督促,其结果将有利于教育质量的提升。

其四,学生在学习过程中的过程体验包括关系体验、情感体验和思维体验。关系体验,是学生对知识学习过程中存在的各种关系的体验与感受;情感体验,是学生对自身在学习过程中的情绪状态的态度、体验与感受;思维体验,即学生在学习过程中对各种思维方式的经历与体悟。学生愉悦的过程体验必然也会对教育质量产生积极的影响。

三、融合教育下的特殊需要儿童

当前我国融合教育发展迅速,已然成为特殊教育发展的必然趋势。融合教育对于推进教育公平、提升特殊需要儿童的主体性以及促进特殊需要学生的发展具有重要意义。承认共性是融合教育开展的前提,但不可否认的是,特殊需要学生由于自身机能的缺陷,在认知水平、学习方式、人际交往等方面与普通学生相比存在显著的差异性,而这些因素会影响最终的教育质量。评价者只有在了解他们学习特点与需求的基础上,才能构建出真正科学有效的教育评价体系。

(一)融合教育是特殊教育发展的必然趋势

融合教育的发展问题一直是世界各国及国际组织关注的热点话题。融合

———————

① 张天宝.主体性教育[M].北京:教育科学出版社,1999:51.

教育理念的提出最早可以追溯到 1994 年联合国教科文组织在特殊需要教育大会上通过的《萨拉曼卡宣言》,该宣言的基本思想包括:每个儿童都有受教育的基本权利,必须给他实现并维持他可接受水平的教育机会;有特殊需要的儿童必须有机会进入普通学校,而这些学校应以一种能满足其特殊需要的儿童中心教育思想接纳他们。[①] 近年来,世界各国相继通过立法等形式为特殊需要学生融入普通基础教育提供了强大的助推剂。随着世界融合教育的发展,我国研究者也进行了深入的理论研究和实践探索。2018 年新修订的《中华人民共和国义务教育法》规定:"普通学校应当接收具有接受普通教育能力的残疾适龄儿童、少年随班就读,并为其学习、康复提供帮助。"2014 年和 2017 年两期的《特殊教育提升计划》均提出要"全面推进融合教育","使每一个残疾孩子都能接受合适的教育",这是国家教育政策中明确提及融合教育。2016 年在国务院颁布的《"十三五"加快残疾人小康进程规划纲要》以及 2017 年修订的《残疾人教育条例》中同样多次提及融合教育。除了法律政策的保障,我国还摸索出融合教育的多种支持模式,例如,巡回指导、资源中心、资源教室方案等。政策的推动和支持保障体系的完善使越来越多的特殊需要学生进入普通学校,与普通学生接受同样的教育。2019 年《全国教育事业发展统计公报》显示,全国招收各种形式的特殊教育学生(含特殊教育学校、附设特教班、随班就读和送教上门学生)14.42 万人,比上年增加 2.07 万人,增长 16.76%;在校生79.46 万人,比上年增加 12.87 万人,增长 19.32%。其中,附设特教班在校生3845 人,占特殊教育在校生 0.48%;随班就读在校生 39.05 万人,占特殊教育在校生 49.15%;送教上门在校生 17.08 万人,占特殊教育在校生 21.50%。[②]可以看出,融合教育即把特殊需要学生安置在普通学校的普通班级里,让他们和正常学生一起接受教育,这俨然成为当前特殊教育发展的必然趋势。

(二)融合教育背景下特殊需要儿童的类型

世界上大多数的国家和地区通过相关的法律、法规确定了特殊需要儿童的类型,不过由于社会经济发展水平和教育条件的影响,在不同的国家和地区,在不同的教育发展时期,对特殊需要儿童范围的理解、界定和类别划分也各有不同。到目前为止,我国还没有一部专门性的特殊教育法对特殊教育对

---

① 联合国教科文组织.全纳教育共享手册[M].陈云英,等译.北京:华夏出版社,2004:12.
② 中华人民共和国教育部.2019 年全国教育事业发展统计公报[EB/OL].[2020-05-20].
http://www.moe.gov.cn/jyb_sjzl/sjzl_fztjgb/202005/t20200520_456751.html

象做法律性的规定。1994 年 8 月 23 日颁布实施的《中华人民共和国残疾人教育条例》是我国第一部有关残疾人教育的专项行政法规,在对特殊教育对象的法律划分上,主要依赖于《中华人民共和国残疾人保障法》对残疾的划分依据。2006 年第二次全国残疾人抽样调查时,将残疾分为七类:视力残疾、言语残疾、智力残疾、肢体残疾、精神残疾、多重残疾。在此基础上,2010 年根据国家标准化管理委员会下达的国家标准制订计划,由中国残疾人联合会牵头制定了《残疾人残疾分类和分级》国家标准,对其中每类残疾按其程度分为四级:残疾一级、残疾二级、残疾三级和残疾四级。残疾一级为极重度,残疾二级为重度,残疾三级为中度,残疾四级为轻度。当前我国将随班就读作为融合教育的主要形式,根据 2011 年教育部新修订的《残疾人随班就读工作管理办法》规定,随班就读的对象包括:"所有能适应普通学校学习的视力残疾、言语残疾、听力残疾、肢体残疾(包括脑瘫)、智力残疾、精神残疾(包括孤独症)、多重残疾等残疾人。"[1]2020 年,《教育部关于加强残疾儿童少年义务教育阶段随班就读工作的指导意见》再次明确随班就读对象是具有接受普通教育能力的各类适龄残疾儿童少年,县级教育行政部门要"根据学生残疾类别配备必要的教育教学、康复训练设施设备和资源教师及专业人员"[2]。

表 4-4　中国残疾分类及其定义分级

类别	定义
视力残疾	各种原因导致双眼视力低下并且不能矫正或双眼视野缩小,以致影响其日常生活和社会参与。视力残疾包括盲及低视力
听力残疾	各种原因导致双耳不同程度的永久性听力障碍,听不到或听不清周围环境声及言语声,以致影响其日常生活和社会参与
言语残疾	各种原因导致不同程度的言语障碍,经治疗一年以上不愈或病程超过两年,而不能或难以进行正常的言语交流活动,以致影响其日常生活和社会参与。包括:失语、运动性构音障碍、器质性构音障碍、发声障碍、儿童言语发育迟滞、听力障碍所致的言语障碍、口吃等

① 盛永进.特殊教育学基础[M].北京:教育科学出版社,2011:105-106.
② 教育部关于加强残疾儿童少年义务教育阶段随班就读工作的指导意见[EB/OL].[2022-09-15].https://www.gov.cn/zhengce/zhengceku/2020－06/28/content_5522396.htm.

续表

类别	定义
肢体残疾	人体运动系统的结构、功能损伤造成的四肢残缺或四肢、躯干麻痹（瘫痪）、畸形等导致人体运动功能不同程度丧失以及活动受限或参与的局限。主要包括：上肢或下肢因伤、病或发育异常所致的缺失、畸形或功能障碍；脊柱因伤、病或发育异常所致的畸形或功能障碍；中枢、周围神经因伤、病或发育异常造成躯干或四肢的功能障碍
智力残疾	智力显著低于一般人水平，并伴有适应行为的障碍。此类残疾是由于神经系统结构、功能障碍，个体活动和参与受到限制，需要环境提供全面、广泛、有限和间歇的支持。智力残疾包括在智力发育期间（18岁之前），由各种有害因素导致的精神发育不全或智力迟滞；或者智力发育成熟以后，由各种有害因素导致智力损害或智力明显衰退。
精神残疾	各类精神障碍持续一年以上未痊愈，由于存在认知、情感和行为障碍，以致影响其日常生活和社会参与
多重残疾	同时存在视力残疾、听力残疾、言语残疾、肢体残疾、智力残疾、精神残疾中的两种或两种以上残疾

（三）特殊需要儿童的学习差异对教育质量的影响

1.认知能力的局限性

认知指人们获得知识或应用知识的过程，或信息加工的过程，这是人的最基本的心理过程，它包括感觉、知觉、记忆、思维以及注意等。特殊需要学生因自身障碍使认知能力受限，进而导致其在学习方面受到相应的影响。具体来讲，在感知方面，感知是人获得知识和经验的主要渠道。特殊需要学生在学习方面的感知障碍表现为感知的广度受限、感知的速度受限以及感知的深度受限。例如，视觉障碍儿童，他们由于视觉受损，无法对事物的色彩、形状、大小等形成明确的概念；同时受到视觉的限制，他们只能通过其他感官的代偿来弥补，这往往使得他们学习的速度要比普通学生缓慢，而感知的广度和速度受限必然会影响感知深度，"盲人摸象"说的就是这种现象。在记忆方面，记忆是人脑对经验的反映，记忆是对输入的信息在大脑里进行编码、储存和提取的过程。特殊需要学生在学习过程中普遍存在着记忆障碍。以智力障碍学生为例，他们的记忆障碍主要表现为识记缓慢，保持不牢固、遗忘快和再现不准确，记忆的目的性差，选择性功能薄弱，语词记忆和逻辑记忆能力差。在思维方面，思维是对客观实际作出的概括反映。思维活动的进行主要依赖感知觉、表象所提供的材料，同时必须借助于语言。障碍导致特殊需要学生获得概念较慢,不够完整并且障碍多半引发言语或语言的问题,不同类别障碍的学生都在不同的方面以及不同程度存在着言语或语言的问题。① 在注意方面,注意是心理活动对一定对象的指向和集中,它是学习活动过程的动力特征之一。身心障碍影响学生注意力水平的发挥,特殊需要学生的注意力大都具有四个特点:(1)注意的范围受限;(2)注意力持续的时间较短;(3)难以进行注意的分配;(4)不能及时、顺利地完成注意的转移。② 总之,特殊需要学生的认知局限会影响到学习的速度、广度及深度,所以评价者在对特殊需要学生进行学习评价时必须了解其认知特点,并在此前提下开展符合其认知特点的学习评价活动。

2.学习方式的差异性

何为学习方式?当前在教育学界并无完全统一的认识,不同学者从不同视角出发对其内涵进行过界定。周兴国认为学习方式是学生为完成学习任务而采用的策略和手段,是学生在完成学习任务时经常的或偏爱的基本行为和认知取向,是学生连续一贯表现出来的学习策略和学习倾向的总和。③ 庞维国认为学习方式泛指学习者在各种学习情境中所采取的具有不同动机取向、心智加工水平和学习效果的一切学习方法和形式。④ 学习方式是学生学习过程的最直接体现,它反映了学生获得知识的形式,以及学生在运用一定的形式方法进行学习时经历的过程和状态。⑤ 当前在我国教育实践领域呼吁学习方式的多元化,即让符号学习、操作学习、探究学习、自主学习、反思学习、交往学习等多种学习方式参与学生的学习活动过程,这是由知识的多维价值所决定的。事实上每种学习方式本身并无优劣之分,任何学习方式都有其特定的功能和目标指向性。但是对于特殊需要学生来说,由于身心障碍的限制,并不是所有的学习方式都与其个性特征和认知方式相契合。例如,目前在中小学提倡的"自主、合作、探究"的学习方式,显然对肢体障碍、言语障碍以及情绪障碍等特殊需要学生而言不是最适宜的学习方式。因此,在学习过程中教育者必须选择与特殊需要学生个性特征和认知特点相适宜的学习方式开展学习活动,否则多样化的学习方式反而可能成为阻碍特殊需要学生学习的重要原因。

---

① 盛永进.特殊教育学基础[M].北京:教育科学出版社,2011:129-130.

② 钮文英.拥抱个别差异的新典范:融合教育[M].新北:心理出版社股份有限公司,2008:238-239.

③ 周兴国.反思"转变学习方式"说[J].课程·教材·教法,2006(7):22-25.

④ 庞维国.论学习方式[J].课程·教材·教法,2010(5):13-19.

⑤ 伍远岳.知识获得及其标准研究[D].武汉:华中师范大学,2015:147-148.

同样,评价者对特殊需要学生进行学习评价时也要秉持着"怎么学、怎么评"一体的原则,根据其学习方式的不同对评价工具、评价方式等作出相应的调整。

　　3.人际交往的边缘性

　　雅思贝尔斯在《什么是教育》一书中说道:"所谓教育,不过是人对人的主体间灵肉交流活动。"①这里的"灵肉交流活动"就是交往,在雅思贝尔斯看来,教育即交往。在教育领域人们普遍将交往看成是师生之间的交往,其实学生与他人之间的交往学习是教育中更重要的交往形式。交往学习指学习者以他人为对象并以与他人对话、互动为主要形式的学习类型,其机制在于双方的对话和互动对交往主体建构、理解和生成意义的影响。② 因此,若要使交往学习发挥其应有的功效,学生必须具备良好的人际交往能力,学生间协调的人际关系是相互依赖、互助互动,履行个人职责、实现共同目标的必要前提。但特殊需要学生因言语障碍、情绪与行为障碍等,在人际关系中往往处于被孤立的状态。在言语交流上,视障学生在使用书面语言(非盲文)与他人交流方面存在困难,听障学生在使用口语与他人交流方面存在困难,而一些发展性障碍(尤其是孤独症)学生则本身就存在沟通障碍,由于无法言语,特殊需要学生使用了常人很难理解的交流方式,当这些交流方式不能一贯地被识别和强化,障碍学生在建立和维持人际关系时就会非常困难。在情绪与行为表现上,特别是对于情绪行为障碍的学生因其社会知觉能力有限,对他人非口语表达(如表情、动作、声调),以及情绪的认识和理解能力较不足,在克制自己的不适当情绪和行为时存在困难,较常出现内隐和外显的行为问题等。③ 在交往学习过程中,特殊需要学生往往因言语、情绪与行为的限制,不能与他人建立民主、平等、开放和合作的友好关系,极易陷入被排斥被边缘化的处境,其结果往往是降低了特殊需要学生的学习兴趣与动机,进而导致评价结果不能完全反映其真实的学习状况。因此,评价者在确定评价理念、选择评价方式以及在实施评价的过程中要始终关注这类学生的个别差异,实现真正意义上的差异化评价,以促进特殊需要学生自身的发展。

---

① 雅斯贝尔斯.什么是教育[M].邹进,译.北京:生活·读书·新知三联书店,1991:52.

② 陈佑清.交往学习论[J].高等教育研究,2005(2):22-26.

③ 钮文英.拥抱个别差异的新典范:融合教育[M].新北:心理出版社股份有限公司,2008:168.

第五章　基于异质性的教育评价思路

深化教育评价改革,充分观照教育评价的异质性,需要实现思维方式的转化,用复杂思维、过程思维、关系思维指引教育评价的设计,并形成理解视角下的教育评价范式,建构基于共识的评价标准,实现评价主客体共同在场与评价过程的平等对话。在具体的评价实施中,需坚持发展导向的评价价值观,确立主体向度的评价标准,并在评价工具的开发过程中积极回应文化,在评价实施过程中针对差异性群体进行差异化处理。

第一节　基于异质性的教育评价思维方式

当前,我国教育评价的评价标准、评价工具、评价过程、评价信息处理以及评价结果运用都陷入同质性困境,要破解评价的同质性困境,必须实现教育评价的思维方式转化,即从简单思维、实体思维、二元思维走向复杂思维、过程思维和关系思维。

一、复杂思维及其教育评价中的应用

(一)什么是复杂思维

复杂思维和简单思维是一组对立的概念。在简单思维视角下世界这一整体被分割为不同的方面,它们之间彼此独立,没有联系。复杂思维就是弥补不同学科之间、不同认识范畴之间和不同种类知识之间被割裂破坏的各种关联。复杂思维要求我们永远不要使概念封闭起来,要粉碎封闭的疆界,在被分割的

东西之间重建联系,努力掌握多方面信息,考虑到特殊性、地点、时间,又永不忘记起整合作用的总体。复杂思维有两点要求:第一,灵活地策略地运用两重性逻辑的原则。"'两重性逻辑'一词是说两种逻辑、两种原则统一起来又不使它们的二元性在这种统一性中丧失"①,两重性逻辑不回避逻辑和经验的约束,相反,当人们在向复杂性的途径前行时,有着两个相连的核心:经验的核心和逻辑的核心。"经验的核心一方面包含着无序性和随机性,另一方面包含着错综性、层次颠倒和要素的激增。逻辑的核心一方面包含着我们必然面对的矛盾,另一方面包含着逻辑学上内在的不可判定性。"②第二,按照组织的方式进行思考的思维方式。一个关于组织的思维如果不包含通过环境的自我组织的关系(也就是说与环境的深刻和紧密的关系),如果不包含部分和整体之间的全息的关系,不包含回归的原则,这样一种思维必定是片面的、肤浅的、含有错误的。③

(二)复杂思维的表现

复杂思维主要有以下表现:第一,复杂思维表现为一种非线性思维。线性指两个变量或因素之间的关系存在着可用直角坐标中一段直线来表示的性质和状态,它认为事物之间是相互独立,没有关联的。④ 非线性思维打破了线性思维将事物与事物之间人为地一一对应起来的做法,强调一对多、多对一以及多对多的对应关系。在非线性思维下,个体的成长过程、一切行为、行为背后的原因等都是多种因素综合导致,教育评价过程不再是稳定与有序的,而是尽可能从多途径、多角度实施评价,以保证评价的全面性。第二,复杂思维表现为一种整体式的综合思维,这种思维更加强调各要素之间的互动与融合,以及各要素与整体的互动,更侧重于考察事物的整体而不是部分。复杂思维在教育评价中则表现为对评价对象的社会经历、文化背景、兴趣等进行详细研究,并将其放入整体之中进行判断与分析。第三,复杂思维表现为一种开放性

---

① 埃德加·莫兰.复杂思想:自觉的科学[M].陈一壮,译.北京:北京大学出版社,2001:149.

② 埃德加·莫兰.复杂思想:自觉的科学[M].陈一壮,译.北京:北京大学出版社,2001:148.

③ 埃德加·莫兰.复杂思想:自觉的科学[M].陈一壮,译.北京:北京大学出版社,2001:152.

④ 王凯,杨小微.反思我国教学研究中的简单思维[J].课程·教材·教法,2005(12):23-28.

思维,开放性特征要求人们的思维主体应保持思维视野的广阔性和开放性,加强思维信息的交流,在思维活动中要不断从外界吸收新的信息和观念并通过思维的加工处理来取得新的认识和新的观念。开放性思维促使评价重心转向评价过程以外的非预期效果,以调整评价指标、修改评价内容、更换评价方法等恰当且有效的策略应对这些非预期效果,并从中获得有价值的信息。

(三)教育评价为何需要复杂思维

复杂思维下的世界万物相互作用、相互影响,从而表现出复杂性的特征,教育评价活动也不例外,它不是简单线性的规范流程,而是受多因素影响的非线性活动,教育评价之所以需要复杂思维,具体有以下三个原因。

第一,教育评价本身是一个复杂的系统。埃德加·莫兰曾指出:当不同的要素构成一个系统时,当在认识对象与它的环境、背景之间、各部分与系统之间、各部分彼此之间存在相互依赖、相互作用、相互反馈作用的组织时,就存在复杂性。[①] 教育评价是由评价主客体、评价标准、评价内容、评价环境、评价反馈等多种因素构成的,这些因素相互联系、相互作用,交织成一个多样态、多层次的整体,呈现自组织、非线性相互作用的复杂性特征[②]。

第二,教育评价不是"价值无涉",而是一种价值判断活动,一旦人的价值渗透于评价过程,教育评价便变得复杂。价值是客体的属性和功能与主体需要间的一种效用关系,不同主体由于立场、视角不同对同一客体会作出不同的价值判断,而且无法统一,因此,教育评价需要综合多方评价参与者的想法和观点。

第三,教育评价实施的过程具有不可预测性,教育评价活动发生在真实的教育情境之中,学生、教师以及其他因素的相互作用、相互影响使得教育情境复杂多变,因此,评价实践过程中不会按照预设的评价步骤、流程来进行,而是依据多变的教育情境灵活变动。

(四)复杂思维下的教育评价

教育评价在简单思维的影响下,坚守科学理性主义的立场,笃信确定性、规律性、可控性,强调在因果关系中探询"客观真理""科学规律",并以此为依

---

① 埃德加·莫兰.复杂性理论与教育问题[M].陈一壮,译.北京:北京大学出版社,2004:27.
② 李荔.复杂性思维下教学评价的特征[J].教育与职业,2013(26):115-117.

据建立一种单一的、普适性的标准和规则,评价过程强调严格的控制,评价标准被限定在正确与错误的二元对立的框架中,教育评价成为束缚学生发展的工具。复杂思维下的教育评价克服了简单思维的弊端,表现出以下特征。

第一,评价标准的多层次、多维度。学生是复杂性的集中体现,不同的个体个性迥异,思维方式多样,评价标准不仅要考虑普遍性价值的追求,还应反映个体独特的个性、多元的文化背景,为不同的评价对象制定更适合其自身发展的评价标准,在设计指标时要以发现学生优势、发展学生个性为目的。

第二,评价方式的多样化。对于客观知识、外显行为等评价内容,量化数字具有直观性、精确性,更能真实地说明实际情况;对于具有个人色彩的思维、情感、态度、价值观等评价内容,则适合使用质性评价方式,因为质性评价更强调发掘数字背后的深层意义。总而言之,在评价时应当综合考虑评价对象、评价内容、评价需求等因素,选择最合适的评价方式,并提倡多种方式并用。

第三,评价主体的多元化。在教育评价中教师、学生、家长、学校、教育主管部门等凡是评价的利益相关者都应当成为评价主体,多元的评价主体能从各自的视角发现存在的问题,发表见解,同时也能满足评价对象多元文化背景的特点,弥补单个评价主体可能存在的缺陷,使评价信息更全面、评价结果更具有客观性和全面性。此外,多元主体的视角能给出更具有针对性和描述性的信息,能够满足不同使用者不同层次的需要。

二、过程思维及其在教育评价中的应用

(一)什么是过程思维

基于怀特海过程哲学思想,现实世界中的实际存在物就是一个过程,是变动不居的、处于不断流变之中的过程,就是一个现实实有的生成过程,过程即实在,实在即过程。世界上除了过程,不存在其他更为根本的东西,世界上的任何事物都因过程而存在,过程是世界的本质,世界上的事件实质上是一个实体,事件的序列便构成实体的过程。简而言之,过程就是前后相继的状态连续序列,是有机体存在的根本特征,是构成有机体的各元素之间具有内在联系的、持续的创造过程,"整个宇宙表现为一个生生不息的活动过程"[①]。按照过程思维,世界上的任何事物在本质上是过程的,都以过程的形式存在,以过程

---

① 　杨富斌.怀特海过程哲学思想述评[J].国外社会科学,2003(4):75-82.

的形式而发展,事物的变化发展是事物不同存在状态之间转化与生成的过程,"每一种状态都是其后继者向有关事物的完成继续前进的实在基础"①。

(二)过程思维的表现

生成性和创造性是过程思维的两大特征,在教育评价中具体表现为如下两个方面:第一,以发展的眼光把握事物,在过程中生成新事物。"教育的过程充满着变数,充满着无法预知的'附加价值'和有意义的'衍生物',未来的不可预知性意味着过程的创造性……'生成'几乎成为'过程'的代名词。"②现实世界的"存在"是由它的"生成"所构成的,一切存在都是生成性的存在,视为"动在",因此,按照过程思维,在教育评价中学生不再按照预设的路径成长,而应注重把握个体成长的不确定性,当然,也不能否定预设和计划的作用,过程也应具有方向性。与此同时,个体在成长过程中会不断产生新的结果、新的经验、新的体验、新的观念、新的价值,所以评价应当成为学会发现新的收获、生成新的意义的过程。第二,在过程中不断创造、不断创新,追求多元。"过程在本质上是创造的,一切过程都面向无数的可能性,都可能具有一种更为根本的新质。"③这种新质即过去未曾实现过的可能性,就是创造。过程思维善于用启发性的眼光搜寻尽可能多的不同思路,力求寻找多元的可解之路,追求结果的丰富性,它要求教育评价不拘泥于一种稳定的有序性,强调打破常规,另辟蹊径地从新的角度看待评价对象。

(三)教育评价为何需要过程思维

过程思维是一种动态、综合、有机、内生的思维方式,它关注偶然性,关注差异,不论是教育活动还是学生的学习活动都是一个过程而非流程。具体包括:第一,教育具有过程属性,过程是事物变化和发展并走向目的的必经环节和途径,离开了过程中的变化、价值延伸和价值拓展,任何事物发展目标的实

---

① 阿尔弗雷德·诺思·怀特海.过程与实在[M].杨富斌,译.北京:中国城市出版社,2003:392.

② 郭元祥.论教育的过程属性和过程价值:生成性思维视域中的教育过程观[J].教育研究,2005(9):3-8.

③ 宗秋荣."过程思维与学校教育创新"国际学术研讨会纪要[J].教育研究,2008(5):109-110.

现都只能是空谈。[①] 毫无疑问,教育作为一种培养人的活动,是以过程的形式存在并展开的,离开了过程就无法理解教育活动,更无法实现教育目标,过程属性是教育的基本属性。关注教育的过程属性,才有可能关注到学生在过程中差异化的发展方向,否则教育只是千人一面的机械活动。第二,学生学习亦具有过程属性,学习活动作为教育中的重要活动形式和内容,是学生理解知识、发展思维和建构意义的活动,也具有过程属性。可以说,过程是学生学习的存在方式,学习因为过程而存在,学生因为过程而获得发展,在过程中实现发展。在学生的学习过程中,学生之间在文化、社会、思维等方面的差异会影响学生的学习结果,也正是因为这些差异,学生的学习过程不会千篇一律地采用同一种学习方式。因此,教育评价需要用过程思维来关注学生的学习过程,关注过程中学生的差异化表现,指向学生的发展过程而不是结果。

(四)过程思维下的教育评价

过程思维下的教育评价正视教育活动和学习活动的过程属性,关注到异质性对教育过程和教育评价的影响,具有以下三方面特征:

第一,过程思维下的教育评价是一个动态发展的过程。动态发展的评价过程意味着教育评价具有灵活性和生成性,在评价过程中评价标准、评价内容不是一成不变的,而是会根据不同学生在文化背景、思维方式、价值观念等方面的差异有所调整和改变,也正因为评价活动不断调整与适应,每个学生都能朝着更适合自己的方向发展。同时,评价是一个对话、开放的过程,它要求评价双方展开平等双向的互动,而不是单方面的控制和规约,以保证评价的公平性。

第二,过程思维下的教育评价也是一个前后衔接的过程。怀特海过程哲学认为,有机体的根本特征是活动,活动表现为过程,过程是承继过去、立足现在、面向未来的,从一个阶段发展到另一个阶段,从一种状态发展到另一种状态,每一种状态都是其后继者向有关事物的完成继续前进的实在基础。因此,教育评价标准、方式、内容都应前后连贯,对教师、学生或其他的评价应以其原有的知识经验、社会背景、价值观念为基础,持续长期地关注其发展,必要时可以将评价对象的过去、现在、未来都纳入评价的视线之中,并且教育评价要指

---

① 郭元祥.论教育的过程属性和过程价值:生成性思维视域中的教育过程观[J].教育研究,2005(9):3-8.

向评价对象及教育发展的未来，具有一定的指导意义和前瞻性。[1] 评价的过程可能会因学生的复杂性、多样性和差异性而反复和停滞，但总体上来看是指向未来并逐步提升的。

第三，注重过程本身的价值。在教育过程中，教师以适当的方式教育学生，教学生成人成才，这一过程中学生之间思维方式、认知风格、个性特点等方面的差异得以表现出来，而且关注教育过程更能捕捉到容易忽视的细节和偶然发生的事件，对这些地方加以重视以期从中发掘出具有价值的信息。此外，教育过程中师生之间对话交流时所传递出的信息和观点也应当成为评价的关注点，好的教育过程是学生取得良好成绩的必备条件，需要教育评价来对其进行督促和监控。

三、关系思维及其在教育评价中的应用

(一)什么是关系思维

关系思维源于过程哲学中的"关系原理"，"关系原理"认为，现实事物具有普遍联系的性质，每一个事物都不是孤立地存在于宇宙，而是由该事物本身及该事物与其他事物间的关系共同构成而存在的，是事物和关系的集合体。事物是联系的过程，每一现实事态是由先前的、现实的和后继的关系构成的，先前的事物决定现实存在物的产生，现实存在物又为后续事态提供产生条件，世界上所有事物与其相关事物相互交融、相互渗透、相互影响。关系思维把世间万物预设为关系性的存在，从事物之间的复杂关系入手，以期对事物获得全面、真实的认识。关系思维强调世界上没有孤立的事物，事实上，它们总是存在于某种"关系"或者"场域"中。这种"关系""场域"可能是显性的，也可能是隐性的[2]。具体地说，就是"理解一个事物时，不是从此事物去理解此事物，而是从与此事物相关的他事物去理解此事物，即从一事物的存在去把握相关的他事物，或从他事物的存在去把握相关的一事物"[3]。根据关系，思维可以从主体本身的存在去把握客体，也可以从客体的存在去把握主体，还可以从一个

① 李荔.基于过程哲学的教学评价改革[J].教育与职业,2013(32):117-118.
② 曾素林,陈上仁,王从华.哲学思维方式变革视域下知识与经验的关系新探:从"实体思维"到"关系思维"[J].教育学术月刊,2015(10):10-14,46.
③ 王智.关系思维与关系属性[J].东岳论丛,2005(5):153-157.

客体的存在去把握另一个客体,从一个主体的存在去把握另一个主体。概言之,关系思维指从一事物与他事物的关系去把握关系中的事物,任何存在物都是一种关系性存在。

(二)关系思维的表现

关系思维是相对于实体思维的一种思维方式。实体思维否定事物之间的联系,预设事物之间都是非此即彼的对立关系,关系思维则不同,关系思维主要表现在以下方面:第一,人与人之间是对话性关系。教育中的任何人和事物都处于开放的状态,个体、文本、环境都不独立、封闭,他们在开放而又宽松的情境中对话、多向互动,在各种各样的关系中呈现不同层次的开放状态以达到人与人之间的"我—你"式交流以及"视界融合"。第二,以动态的视角去看待事物。任何事物都处于一个关系网之中,不论分析什么东西都应将其置于整体的背景之中,切不能以二元的视角来简单看待。学生的学习过程与最终的评价结果并不是线性对应的关系,影响学生考核、评价结果的因素不止学生自身,教师、课程、教学等都是可能性因素,以静止、孤立的思维去看待教育评价活动将会破坏教育的完整性和统一性,也会破坏个体发展的完整性与丰富性。

(三)教育评价为何需要关系思维

受实体思维的影响,教育评价在评价标准、评价指标、评价结果上表现出统一化、同质化的特征,在一定程度上影响评价的科学性和可信度。具体来说:第一,教育评价企图建立一个"放之四海而皆准"的评价标准,将标准毫无区分地套用在不同背景的学生身上,要求所有人都达到同一水准,不允许出现超出或不足的现象,这种追求模式化、一致化的做法抹杀了学生多样化、差异化的发展,扼杀了评价者的创造性发挥。第二,实体思维的"要素主义"倾向认为,人的能力整体由不同的素质实体构成并可以进行要素式分解,例如学生缺乏或需要什么能力或素质,就提出实施"××教育"[1],事实上这不仅割裂了教育的整体性,也忽视了教育要素之间的相互作用与联系,这一倾向同样影响着教育评价,在评价过程中,评价者很容易对学生进行孤立的要素分析,评价指标不仅相互独立、缺乏关联,而且指标与学生的背景联系不紧密,统一、无差别的指标不适合有差异的学生。第三,评价结果只有"合格—不合格""好—坏"

---

① 张向众.教育思维方式的变革及其趋向[J].云南师范大学学报(哲学社会科学版),2006(5):30-35.

之分。二元论将教育中的人、事物与各种教育活动和过程视为相互封闭、对立的关系，形成了"非此即彼"的思路，所以在解释评价结果时只会给出两种解释，而没有联系到丰富生动、流转多变的过程信息。基于以上三方面的不利影响，教育评价需要关系思维以综合考虑评价中的多方面因素，以全面地分析不同学生的差异化表现，给予学生科学的、有针对性的指导和建议，从而更好地发挥评价的发展功能。

（四）关系思维下的教育评价

在关系思维中，教育中的人、事物以及各种教育活动和过程是多种潜在因素缘起、显现的结果，每一教育活动、教育过程都以教育中的其他人、事物、教育活动和过程为根据，是无数潜在因素借助特定中介、在特定的时空里结合、显现、生成的。关系思维下的教育评价，有以下特点：第一，关注评价中的背景因素。过程哲学告诉我们，任何教育事件的生成都不是孤立的，都是宇宙中其他事件共同参与生成的，教育不仅以自身的形成存在，还与其他社会现象紧密联系，如经济、文化、政治等，尤其当我们将教育看成有机体时，它与其产生的环境的内在联系使它们更是无法分离，如果我们仅就教育而研究教育，不考虑教育所赖以产生的文化背景，将教育从其所处的环境中剥离出来，只在教育范围内分析研究，不与世界上的其他要素联系起来，那么我们仍没有站在关系思维的视野看待教育评价。同时，不同的文化背景会给学生带来不同的文化价值倾向和思维方式，如果在评价过程中能充分关注到这些因素那么将有可能成为评价的资源，帮助评价者更好地作出判断。第二，以关联的视角分析评价信息。获取评价信息的渠道本就是多样的，绝不仅是常见的问卷法一种，而且某一评价信息的含义也不是表面上那么简单，学生间不同的成长环境、不同的社会经历、评价环境的多变以及各种评价因素的相互作用都会影响评价活动，因此，评价信息的背后必然是多方面因素相互影响、相互关联的，以关联的视角分析评价信息一定程度上能够保证评价结论的全面性。总而言之，关系思维应体现在教育评价的每个环节，关注事物的多元性和复杂性，考虑事物之间的联系，突破实体思维带来的片面单一的缺点。

第二节　理解视角下的教育评价

理解是哲学诠释学的核心概念,是人的存在方式,是视域融合,也是主体的自我理解,理解视角下的教育评价则是以"理解"为切入口,从哲学诠释学出发来反思当下教育评价的弊端和局限,回应教育异质性给评价带来的影响。

一、对理解的理解

在哲学诠释学的视域下,"理解"是什么? 应当如何理解"理解"这一词? 站在不同的诠释学学者的角度,"理解"有不同的理解方式。

(一)理解是人的存在方式

海德格尔指出:"必须寻求一种特殊的在者来探寻存在的意义,这种在者的根本特色,是为自己本身的存在而存在。"①这种特殊的存在者就是人,海德格尔称之为"此在"。在此基础上,海德格尔指出,"理解"是与此在的存在一直形影不离的一种活动,它本身是此在的一个明确的特性,因而也就是此在存在的根本方式,即理解是人的存在方式,是人的此在之规定性。

人在理解中存在,或作为理解者或作为被理解者,在自我理解中,理解者和被理解者是合一的。作为理解者,在社会上,人基于自身的经历和视角去理解世间万物,形成自己的人生观和世界观,在与他人的相处中,由于对待同一事物的看法、观点可能不同,个体应当站在他人的角度尊重和理解他人与自己的不同之处,在理解中争取获得对事物的一致见解。作为被理解者,个体的思维方式、行为模式及形成原因大多是内隐的而不是外显的,要想能被他人理解,个体应通过对话的方式展示自己,在他者中发现自我,在自我中发现他者。人在理解中生成。每个个体的存在都离不开客观世界和主观世界,在这个二重世界,个体通过理解重构对自然的认识,重建与社会的关系,重新认识自我。通过理解客观世界和主观世界,人的价值观、世界观和人生观才会合理,否则人的生成将是分裂的、片面的。人的本质在理解中实现。人生伊始首先是自

---

① M.海德格尔.诗·语言·思[M].彭富春,译.北京:文化艺术出版社,1990:2.

然存在物。人的自然属性并不表明人的内在本质，它只是人成为人的可能性，不是现实性。自然需要说明，而人需要理解，人的本质具有生成性，是在自然属性基础上由潜在的可能变为现实，而理解就是人与动物的本质区别。理解是人类整个生活经验的基础，它作为人的一种能力指导着人类的生活实践，使人"与他人一起生活"成为可能。

（二）理解是最普遍的关系存在

加达默尔继承并发扬海德格尔的"理解"观点，认为理解的现象遍及人和世界的一切关系，理解的过程发生在人类生活的一切方面。因此，人与人、人与世界的最普遍的、最重要的关系是理解关系。

本体论解释学倡导认识的双方或多方互为主体，主张打破主客二分的对象化思维，"把他人看作主体，而不要看作客体"，即建立主体间性的理解关系。主体间性不同于主体性，它摆脱了主体性自我中心和孤立化的缺陷，强调通过交互达成主体之间的双向理解和宽容，强调民主和平等的关系。主体间性是人与人之间理解关系的前提，在主客对立的人际关系中，理解难以产生，这是因为一方试图支配着另一方导致很容易引起误解和矛盾。[①] 若以平等的人际关系为基础，双方学会倾听对方的观点，并视它们具有同等的价值和意义，而不再是谁听从于谁，或谁掌控着谁，理解才能应运而生。人与世界的理解关系，依照海德格尔的逻辑，是人以言说（建构文本）和体验的方式理解世界。世界是复杂的综合体，人无法直接获得对世界的认识和理解，人们通常通过阅读文本、与文本中描绘的世界进行对话来了解世界，然而，文本中的世界并非世界的真实面目，世界的本真通过文本也不能完全展示，因此，以言说的方式始终是间接、片面的，最终不能真正构成人与世界的理解关系。海德格尔把"此在"作为关注的焦点和理论的核心，认为"理解不再作为读者追寻作者原意的活动和过程被谈论，而是作为此在的存在方式被关注"[②]。在海德格尔看来，理解是此在本身的存在方式，并不是主体的行为方式。加达默尔是海德格尔的弟子，在他那里，海德格尔本体论诠释学理念得到了继承和发扬，加达默尔认为理解不是把自身置于某个过去传统的视域之中并试图重建历史视域，而是要探寻一种理解方式的共同点，"理解从来就不是一种对于某个被给定的

---

① 刘要悟，柴楠.从主体性、主体间性到他者性：教学交往的范式转型[J].教育研究，2015（2）：102-109.

② 彭启福.理解之思：诠释学初论[M].合肥：安徽人民出版社，2005：32.

'对象'的主观行为,而是属于效果历史,这就是说,理解是属于被理解东西的存在"①。在加达默尔看来,理解和解释是同一的,与应用也是同一的,理解是人类存在的根本性特质。从哲学的视角来说,理解不仅是认识手段,而且是人的存在方式。

(三)理解是主体间性的对话

加达默尔在探究"理解怎样得以可能"的解释学经验里找到了"我—你"对话,他将历史文本称之为"你",理解即"我"与"你"在传统之中相遇对话。一切理解和解释都必须通过对话发生,"我"和"你"在对话中超越自身原有的视域而进入一种探询新的意义的过程,在对话中相互开放,在相互倾听、相互回答中探询未曾料想到的可能性意义。②

对话从问题入手,并以问题为中心,每一个参与其中的主体都是从自身的视域出发,表达自己的观点,并与其他视域的主体交流意见,以获得对问题的一致解法。在交流过程中,双方处于平等的地位,没有哪一方占支配或被支配的地位,若只是某一方单方面输出观点,那对话就变成了训话,更不用谈理解二字。在平等的关系中,对话双方都能积极主动地参与对话,讨论问题,任何一方都不再以观察者的身份置身事外,平等的对话才会产生理解,相互平等的个体会在坚持自己观点的同时考虑对方所持观点背后的原因,会站在对方的角度去思考问题,最终双方达成共识,这一过程可以称之为理解的过程,即加达默尔提出的"视域融合"的过程。理解双方通过对话,在各自原有视域的基础上共同形成一个全新的视域,对话的最终目的是个体在相互理解中达成共识,个体理解他人,也被他人理解着,不再因误解而有隔阂。在自我理解中升华自我,个体在理解他人的同时也在反思自己,在反思的经验中扩大自身原有视域以达到一个新的自我。

(四)理解是主体性的自我理解

加达默尔曾说"一切理解都是自我理解",自我理解是一切理解的最终归属,理解他人、理解世界的同时也在理解自我。理解自我,就是不断排除误解和阻碍生命发展的各种因素,进而让自身生命意义的多种可能性变为现实。

---

① 加达默尔.真理与方法[M].洪汉鼎,译.上海:上海译文出版社,1990:8.
② 蒋平.哲学解释学对话理论对高校思想政治教育发展的启示[J].湖北社会科学,2012(3):195-198.

自我理解在对话中实现，"所有的自我理解都是在某个于此被理解的他物上实现的，并且包含了与这个他物的统一性和同一性"[①]。对话是理解的基本途径，在对话中，理解双方，交流思想，感受内心，并在此过程中加深对自我的认识；在对话中，双方互为一面镜子，映射出自己的不足和缺点，消除对自我的误解；在对话中，双方学习以尊重、包容的态度接纳基于不同视角的观点，以加深对世界意义的认识。自我理解在反思中实现，反思发生在每一活动之中，既包括表面的日常行为、说话方式等，还包括深层面的思想态度、价值观念等。反思的过程是审视自己的过程，在审视中，以客观理性的视角看待自己，评判自己，认识已产生的误解，反思如何反思。自我理解的原动力来自对意义的追求，对人自身的不完整性实现价值超越，而无论就社会的大发展和大变革的背景，还是人本身就是发展的一生而言，自我理解将一直处于变化之中。[②] 人生的意义丰富而深远，等待着个体主动探寻，对人生价值的渴望驱使着个体主动地理解自我，理解自我的意义和价值，个体在实现自我反思、自我理解后，走向自我认同。

二、理解视角下教育评价的特征

"理解"是互相平等的主体之间通过对话实现视域融合后达成的一种境界，理解视角下的教育评价因而呈现出评价主客体共同在场、评价主体视域融合、评价过程平等对话、评价意义生成的特征。

（一）评价主客体共同在场

在哲学解释学的语境中，"理解"不由解释主体掌控，而是一种具有主体间性的活动，是各个主体之间的相互作用和交融。胡塞尔现象学认为交互主体是"生活世界"中人与人之间理解、沟通和交往的前提，这些观点映射在教育评价领域就是要彰显学生的主体性，消除当前教育评价中所体现的主客二元对立的思维模式，将评价主客体置于同等地位，建构一种主体间性的关系。在主客对立的思维影响下，教师和学生处于对立的状态，教师控制着评价过程，学生只是作为"被评者"的身份而存在，丢失了主体性，也没有发言权、参与权。主体间性是对主客对立关系的扬弃，是一种平等交往、积极主动、和谐共生的

---

① 严平.走向解释学的真理[M].北京：东方出版社，1998：85-86.
② 肖龙海，曹宗清，赵海亮.论理解性教学的困顿与超越[J].教学与管理，2020(36)：1-5.

关系。在评价主客体共同在场的情境之中,学生不再被视为获取数据的来源和被评价的对象,而是具有独特的社会经验、差异的文化背景以及个性的思维方式的主体,而且在这一场域之中评价双方能够相互尊重对方的文化背景,通过沟通对话,站在对方的立场去理解对方的观点,包容对方与自身的不同之处。

(二)不同评价主体之间的视域融合

理解与“视域”紧密联系,“理解其实总是这样一些被误认为是独自存在的视域的融合过程”。[①] “视域”的英文是 horizon,意思是地平线,即向水平方向一眼望去后所观察到的区域。加达默尔对“视域”做出了解释:“视域就是看视的区域,这个区域囊括和包容了从某个立足点出发所能看到的一切。”[②]不同的个体在不同的社会文化背景中会形成不同的视域,个体之间由于视域不同,自然会对事物形成不同的见解。在教育评价中,这意味着在制定评价标准、实施评价活动以及得出评价结论的过程中,不同背景的评价主体可能会因为无法达成观点一致而产生分歧、矛盾或冲突,而且评价必须考虑不同主体的差异化需求,此时唯有理解才有可能促使不同主体之间达成视域融合,通过对话协商的方式尽可能观照每位评价主体的诉求,这样既能使评价走向真正的视域融合,也能体现民主平等的评价观念。最后需要指出的是,多元评价主体之间的视域融合,不是舍弃哪一个视域,也不是合并多个视域,而是在原有基础上融合成一个新的视域,是“和而不同”“重求同更重存异”。

(三)评价过程的平等对话

哲学解释学认为,理解即视域融合的过程,对话是实现视域融合的必经之路,若无对话,理解将成为无源之水、无本之木,对话成为师生达成“理解”的基本前提和必要条件。需要强调的是,这种对话绝不是流于形式的简单问答,而是双方的互相敞开,是情感的交流,是思想的碰撞。在评价过程中,师生之间、生生之间的对话交流应当不受背景因素的影响,不能因为哪个地区经济发达,或哪个文化占主流地位就赋予权重更大的话语权,不论身处何处,不论代表哪

---

① 加达默尔.真理与方法:哲学诠释学的基本特征[M].洪汉鼎,译.北京:商务印书馆,2017:433.

② 加达默尔.真理与方法:哲学诠释学的基本特征[M].洪汉鼎,译.北京:商务印书馆,2017:427-428.

种文化立场，凡是评价的参与者都应拥有同等分量的话语权，评价双方通过不断地对话与协商，减少意见分歧而形成一种评价共识。不仅如此，除了师生，所有的评价利益相关者都应当作为评价主体参与评价标准的确定、评价内容的选择以及评价结果的解释环节之中，充分自由地表达自身观点，同时也在接纳、认可他人不同的文化价值观，唯有如此，平等的对话才能真正实现，否则很有可能流于形式。评价过程中平等的对话是评价关系由对立转向平等的体现，也是评价结果符合客观事实、彰显价值平等的重要保证。

（四）评价意义的建构与生成

在教育评价活动中，由于在生活经历、文化背景、思想观念、认知方式等方面存在很大差异，教师与学生在进行对话和交流之前有着不同的视角、立场，对于同一问题会产生不同的理解，在评价双方头脑中建构出的意义也是不同的，而评价需要达成共识，因此，教师和学生必须求助于"同化"或"顺应"以理解对方。这一过程中，"无论是何种方式，最终都是在原有经验的基础上发生了量变（在原有知识框架内增加新知）或者质变（改变原有的知识框架），其结果自然是增加了新的知识，生成了新的意义"[①]。当教师和学生评价时能摆脱一己之见，能尝试理解对方的观点，能包容对方的视域，并由此拓宽了自身的视野，增加了知识量，评价就生成了新的意义。对教师而言，不再只是利用评价对学生进行鉴别或诊断，而是用评价促进学生发展；对学生而言，所能得到的反馈或信息更准确清晰，未来前往哪个方向更明确；对评价本身而言，评价的含义更丰富、更多元，评价的意义得以生成。

三、教育评价中理解的失落

当前教育评价中存在着诸多问题和弊端，以哲学解释学来观照，可以概括为"理解"的失落。"理解"的失落，使教育评价中本应具有的"理解"意蕴被强行夺去，遮蔽了教育评价的本真追求。

（一）静态预设的标准

教育评价标准主要用于衡量教育发展变化程度及其价值，它限定了三方面的内容：用什么来评价教育发展情况、选择哪些方面作为评价对象、如何评

---

① 童宏亮，徐洁."理解"视阈下的学生核心素养评价[J].教育科学论坛，2019(7):5-9.

价教育发展所达到的水平[①]。在当前的评价活动中,评价标准犹如一套规则、一把尺子,通过直观的分数衡量评价对象达到标准的程度,以量化分数论成败、以升入高一级学校为目的以及以卷面考试为选拔手段[②]的现象仍广泛存在,这样的教育评价标准呈现出静态、预设的特征。"静态"表现为评价标准具有确定性和一元化,无法适应动态变化的教育情境和不断发展成长的学生,从而难以保证评价的有效性。通常学校以试卷总分的60%划分及格线,却没有考虑过试卷难易程度的变化对及格率的影响。"预设"表现为教育评价标准预设评价对象具有"同质性",来自不同地区的学生使用同一套试卷,采用同一种评价标准。事实上,教育评价对象不论是学生群体、教师群体,还是其他群体,他们之间因社会经历、文化环境、思维方式等不同会产生很大差异,预设好的评价标准只适用于特定的群体,没有哪一套评价标准具有普适性而适用于所有群体。静态预设的评价标准背后是理解的失落,因为缺乏理解,评价标准很少考虑到评价对象的复杂性和差异性,也没有考虑到实施评价过程中的不确定性和不可预测性,导致评价标准一成不变。总之,预设的评价标准"一劳永逸"的做法既不可取也不正确,不仅不符合价值多元、人才多样的新时代社会的教育理念,也不能保障评价基本的科学性。

(二)主客对立的评价关系

在大多数教育评价中,评价过分强调为管理服务,评价者与被评价者的关系常常被等同于管理者与被管理者的关系,即领导管理学校、学校管理教师、教师管理学生这一类主客对立的关系。作为管理者,他们通常以权威者身份自居,从自身的专业视角、个人眼光出发制定评价的指标体系,并控制着教育评价过程。[③] 而被管理者,尤其是学生认为自己无权过问关于教育评价的事情,真实需求和实际感受得不到回应,从而打击了他们的积极性。在这种不平等的关系下,被评价者的主体地位被剥夺,严重阻碍了被评价者作为评价的直接受益者的积极性、主体性和创造性的发挥。教育评价作为教育系统的一部分,本应当秉持"以人为本""平等公正"的理念,事实上却背道而驰,缺失理解引发评价双方心理和行为上的对立,评价双方之间的关系变得僵持对立,使得

---

① 苏启敏.学生评价的民主意蕴[J].教育研究,2010(2):100-105.

② 李敏.武汉市基础教育学生评价的问题及其对策研究[D].武汉:华中师范大学,2014:12-15.

③ 蔡敏.论教育评价的主体多元化[J].教育研究与实验,2003(1):21-25.

评价者难以对结果背后的深层原因进行挖掘，进而影响评价发展性功能的发挥。

（三）对话缺失的评价过程

在哲学诠释学看来，对话是达成"理解"的必要条件，若无对话，"理解"将成为无源之水、无本之木。"评价不是外在于人的、纯客观的过程，而是参与评价的所有人，也是评价者与被评价对象通过不断的协商、对话和交流，不断协调教育价值观，缩短关于教育评价结果的意见分歧，而整合成的一种共同的、一致的共同看法。"[①]在前三代评价理论将评价者高高立起、过于追求科学客观的影响之下，教育评价轻视了深度对话的作用和意义。这种轻视一方面体现在评价主体之间：在评价过程中，如果把每一个评价主体的"心理场"看作是一个"坐标"，那么评价主体持有的价值标准就是"原点"，其观察和评判的各个维度就是"动点"。通常评价主体持有的价值观念，与其观察和评判的角度可以保持相对统一，但不同的评价主体价值观念、评判角度之间的差异与冲突不可避免。[②] 在确定评价标准或指标体系时会因价值差异引发观点冲突，然而面对冲突时，学校领导、教师等强势主体凭借自身拥有的话语权，直接跳过对话协商的环节"一锤定音"，导致评价片面化和单一化。在评价双方的互动上，所有评价参与者都服从与遵循既定的价值共识，评价者按照规定的标准履行职责与任务，学生等待着被评估，最后根据各项指标的统计，得出评价结果，在这过程中他们很少甚至没有真正意义上的对话[③]。内在情感是理解的桥梁，缺失互动对话的评价过程缺少情感交流，理解便无从发生。

（四）缺乏理解的评价结果

在科学主义取向下，教育评价被一大堆简单化、表象化、僵硬化的数据所代替，评价目的逐渐被评价手段的科学化和技术的完善所置换。评价者与评价情景相分离，被评价的对象从评价中剥离，保证评价的客观性。"这样，学生的生动活泼的个性被抽象成一组组僵硬的数字，学生在各个方面的发展和进

---

① 陈惠英.协商对话式外部评价的内涵与实施[J].中国教育学刊,2015(4):38-42.

② 杨小微.在评价过程中重建对话机制:以全日制义务教育学科课程标准(实验稿)的评价研究为例[J].课程·教材·教法,2004(5):14-18,29.

③ 熊杨敬.教育评价多元主体的共同建构:基于对话哲学的视域[J].教育研究与实验,2018(5):74-78.

步也被简化为可能的几个数量,教育的复杂性和学生状况的丰富性则被泯灭于其中。"①同时,一串串冷冰冰的数据和排名,将学生赤裸裸地放到了分数的天平上,使教育评价越来越外在化,缺乏对不同个体的理解,远离唤起人的内在需求、调动人的发展潜力、提升人的精神品格这一本真。2018年,我国首份《中国义务教育质量监测》对义务教育阶段学生德智体美和学校教育教学等状况进行了数据化呈现,从报告中可以直观感受到对数据的依赖,而缺乏对全国不同省份、不同地区、不同民族的学生进行针对性的解释,忽视了学生的文化背景、社会经历、个性特征等因素,使得教育和评价分离,评价中的"促进发展""改善教育现状"之本真意义逐渐丧失。参照同一标准,解释不同的评价结果,这一做法抛开了评价主体的个人思考、评价对象的背景,机械地解读每一个具有个人色彩的数据,没有持以理解、包容的心态去接纳差异性,这种功利主义的教育评价使教育的社会功用性在"有用"的价值天平上比重越来越大,而学生的情感体验、情感需求等内在价值逐渐被边缘化,评价成为"工具性教育"的附属品。

四、教育评价中理解的回归

由于"理解"在现实中遭受诸多"失落"之困,"理解"的回归毫无疑问成为教育评价的理性选择。理解的回归使得教育评价在评价标准、评价关系、实施过程和结果解释上都发生了相应的转变。

(一)基于共识的开放性评价标准

从教育评价标准的立场来看,评价标准的科学性是决定评价活动成败的关键因素。当前我国的教育评价标准多注重统一性和客观性,用同一把尺子、同一套标准去衡量个性迥异的学生个体。哲学诠释学认为,每个人都是处于某种传统和文化之中的历史存在者。"不断变化发展着的历史文化传统,决定了不同的'理解'者或同一'理解'者在不同时期有不同的'前见',不同的'前见'规定了'理解'者不同的'视域'。"②当一"视域"与其他"视域"相遇、交融

---

① 比尔·约翰逊.学生表现评定手册:场地设计和前景指南[M].李雁冰,等译.上海:华东师范大学出版社,2001:译者前言1.

② 吴琼,姚伟."理解"的失落与彰显:哲学解释学视角下教师评价的反思[J].教育科学,2010(6):60-64.

时，便达成"视域融合"，形成新的"理解"。教育评价标准中理解的回归即表现为评价标准是基于评价双方"视域融合"达成的共识，评价标准不再由某个权威专家或领导部门单方面制定，而是教育评价的利益相关者，尤其是学生，都参与进来，以对话为基础不断调整和更新，最终所有人达成共识后而制定。同时，评价标准应具有开放性，由于学生在成长环境、文化背景、思维方式、认知风格等方面存在较大差异，学生绝不拘泥于以往标准预设的一种方向，而是多方向发展，开放性的评价标准为不同的个体或同一个体的不同发展阶段设计不同的评价标准，允许并鼓励评价对象的多元化发展，在达成共识的基础上兼容差异性的存在。

（二）基于交互主体间性的评价关系

"人是在交往中，在与他人的相互作用、相互影响和相互联系中不断地获得自己的本质的。人与人之间的关系由主体性走向主体间性，从独断转向对话，从单子论转向人的共在。教育则是一种旨在通过教育主体之间交往和对话，在和谐共生中促进学生发展的'相互作用论'。"①基于此，评价关系应当是一种基于交互的主体间性的评价关系，具体可以从以下两点分析其内涵：第一，交互即交往互动，"理解"是一种"交往"，将交互融入评价之中体现了教育评价中理解的回归。在交往互动的过程中，"各层次评价主体之间的交织意味着人与人彼此是心怀对方并相互承认的"②。通过交往互动，学生的主体性得以体现，促进了评价双方的关系由"主客对立"转向"主体间性"。第二，主体间性即"我—你"平等。海德格尔和加达默尔主张打破主客二分的对象化思维，要将他人看作主体，而不是客体。换言之，评价者与被评价者都是评价主体，二者不是上下级的关系，也不是命令—服从的关系，而是相互尊重、平等的主体间性的关系，各主体间的"理解"是双向的，既指向评价者，也指向被评价者。"当所有评价参与者都同样以诚挚的态度观照于他者，视他人为'你'而非'它'时，各评价主体的主体间性关系在对话中随之产生。"③

---

① 潘玉驹.高校学生评价的"麦当劳化"及其超越[J].高等工程教育研究，2016(6):133-137.
② 熊杨敬.教育评价多元主体的共同建构：基于对话哲学的视域[J].教育研究与实验，2018(5):74-78.
③ 熊杨敬.教育评价多元主体的共同建构：基于对话哲学的视域[J].教育研究与实验，2018(5):74-78.

(三)基于真实对话的评价实施过程

第四代评价理论试图在对话、协商、理解中建构评价,认为应深入开展评价主体、评价双方间平等真实的对话交流。在评价实施过程中开展真实对话,就是在对话沟通中对受评者进行价值发现、价值尊重和价值引领,实现教育价值增值。[①] 在对话过程中,评价者认识到自身在评价过程中的价值,通过平等的对话表现对价值的尊重,评价者对自己进行合理的角色定位,理解和支持学生的多元价值选择,并以言语和行动表示支持。在价值发现和价值尊重的基础上,教育评价引导学生在多元价值观中进行澄清,帮助学生了解各种价值,并树立适合自己的价值观。在这一过程中,有两点值得注意:首先要厘清主体关系。"教育评价活动所涉及的相关评价人员之间并不是简单给予和规约关系,也不是单纯的利益互换关系,而是一种立足主体价值基点的群体间商谈关系。"[②]其次,充分尊重和接纳双方。评价者应慎用评价权力,充分尊重和关怀学生,要把学生的生命性、自主性发挥出来。当评价过程出现价值分歧或者有不同观点表达时,各参与方需关怀并尊重每一位质疑者,认真倾听并鼓励大家畅所欲言。通过对话,评价双方达成和而不同,走向更好的"理解",实现共同成长。

(四)基于意义认同的评价结果解释

一般而言,教育评价往往通过纸笔测验得出量化数据,再由评价者依据标准对数据进行解读,评价者对数据的解释角度单一,没有结合不同学生的文化背景、个性特征,这种方法只适合于那些可量化的指标、行为,而不适用于人文化的信息,如人的需要、目标、情感、价值等,是一种缺乏理解的结果解释。"达到理解的目标是导向某种认同。认同归于相互理解、共享知识、彼此信任、两相符合的主观际相互依存。"[③]从根本上说,理解就是对意义的认同、共识和行动的协调,评价结果的解释应从数据描述走向意义认同,以评价双方之间的共识和认同为前提,以交往互动为途径,在交往中,评价双方能对如何解释评价结果达成一致理解,并使自己的意向为对方所理解。

---

①　杨琪源.对话式教育评价研究[J].教学与管理,2018(18):122-124.

②　熊杨敬.教育评价多元主体的共同建构:基于对话哲学的视域[J].教育研究与实验,2018(5):74-78.

③　哈贝马斯.交往与社会进化[M].张博树,译.重庆:重庆出版社,1989:3.

第三节　基于异质性的教育评价实践指向

异质性影响着教育评价的科学性与精确性，要想有效发挥教育评价问题诊断、政策支撑、促进发展的功能，我们需要正视教育评价中异质性的存在，需要确立起发展导向的评价价值观，建构主体向度的评价标准，并开发出文化回应的评价工具，最后运用质性理解的评价结果，由此规避异质性可能导致的评价误差。

一、确立发展导向的评价价值观

评价价值观是人们在进行评价时所持有的态度、观点和立场，它影响教育评价活动的每个环节，关乎教育评价的发展方向，确立发展导向的评价价值观是开展教育评价活动的必要前提。

（一）评价价值观的确立是评价实施的基础

教育评价指根据一定的价值观，运用可操作的科学手段，通过系统地搜集信息、资料并进行分析、整理，对教育活动、教育过程和教育结果进行价值判断，从而为不断完善自我和教育决策提供可靠信息的过程。价值判断是教育评价活动的本质特征，教育评价本质上是一种价值行为，是"价值关涉"而非"价值无涉"的，在进行教育评价活动时，不同的主体基于自身的价值观会对同一事件做出不同的价值判断，为了保证教育评价实施过程的方向性，必须首先确立正确的评价价值观。

（二）发展导向的评价是评价改革的重要方向

当前我国基础教育要培养全面发展的个体，要健全"五育并举"的教育体系，《国家中长期教育改革和发展规划纲要》首次正式提出鼓励学生个性化发展，为每个学生提供"适合的教育"。"发展"成为我国教育的核心关键词，而在科学主义和技术理性的影响下，现代教育评价注重科学、客观和精确，获得精确的数字结果成为评价的唯一追求，评价过程重视共性因素，漠视个性因素；技术主导的教育评价"用度量自然的技术和方法来度量人，将导致技术的'价值去魅',并终会走向人文向度的失落"①。它像一个"筛子",筛选符合标准的个体,淘汰不合格的个体,学生的发展简化为一个个数字,用分数作为衡量学生发展的唯一尺度,教育的"育人"价值被"育分"的功利性目的所替代,评价促进学生发展的功能也没有得到发挥。因此,教育评价改革应摒弃分数导向的评价价值观,树立发展导向的评价价值观,让个体在评价中得到发展,为个体的终身发展负责。

(三)发展导向的评价的具体表现

结果导向的评价往往强调采用定量的方式,将所要评价的各方面分解为可量化的指标,得出一串串客观精确的数据,而评价作为一种价值判断活动,在结果上没有绝对好坏之分,不同的评价主体持有不同的价值观,对事物会有不同的判断,显然结果导向的评价不利于学生的发展。相反,发展导向的评价立足现实、面向未来,它不将评价结果与预定目标相比,而是与原有的基础或起始水平相比,看评价对象的进步情况。② 发展导向的评价强调不仅关注结果,更关注过程,它关注评价过程中不同学生的发展轨迹、不同个体的差异化表现以及背后的原因,从而全面了解学生,为其提出全面而有针对性的评价结论和发展建议。为了保证学生全面发展,发展导向的评价在评价指标上应当从不同的方面、不同的维度综合考虑,构建一个由共性与个性、结果与过程、定量与定性相结合的评价指标体系。教育评价的根本目的在于促进个体全面而有质量地发展,发展导向的评价更加突出评价的发展功能,视每个学生为有不同个性特点的主体,确保每位学生在评价中能发扬优势,弥补不足,得到适合自己的发展。

二、确立主体向度的评价标准

评价标准是人们在评价活动中应用于对象的价值尺度和界限,教育评价的对象是具有鲜明个性的学生,而不是无差别的产品,为了使学生的个性特点得到发掘,教育评价标准必须表现出观照学生主体性的特征。

---

① 吕鹏,朱德全.未来教育视域下教育评价的人文向度[J].现代远程教育研究,2019(1):40-45,65.
② 朱丽.从"选拔为先"到"素养为重":中国教学评价改革 40 年[J].全球教育展望,2018(8):37-47.

（一）主体向度的评价标准是对人的主体性的回应

主体性是人之为人的积极、自主的认识和行为方式的特征，是使个人成为主体并能主动控制和约束自己的基本性质。主体性具体表现为能动性、自主性、创造性和独特性等特征，人的主体性是人在社会实践活动中的重要体现，是作为主体发挥作用的最重要的展现，不仅是人全面发展的核心，更是现代教育的重要培养目标。主体向度的评价标准是由多元评价主体基于自身的"视域"，经过对话、协商，共同商讨制定的，在商讨的过程中，每一主体都能发挥自身的能动性、自主性和创造性，而不是服从于某一主体，因而，所讨论出的标准能够充分体现评价主体的个人意志。同时，主体向度的评价标准不是一成不变的，不同个体的主体性发展特点各不相同，同一个体在不同发展阶段，主体性的表现也存在差异，主体向度的评价标准会根据评价时间的不同、评价情境的变化以及评价对象的更换，做出相应的调整，以充分发挥个体各自的主体性，使其个性得以充分发展。

（二）主体向度的评价标准的特征

主体向度的评价标准表现出以下两方面的特征：第一，主体向度的评价标准具有多元性。教育的起点和终点都是"人"，教育评价系统中不同的人担任不同的角色，当教育评价的出发点和归宿回归人的主体价值，评价标准必然表现出多元的特征。在以往的教育评价中，政府作为唯一的评价主体，自上而下地控制着整个教育评价过程，学校、教师、学生本应成为评价主体却被客体化，在确定评价标准的过程中没有发挥自身的自主性和能动性，因而评价标准单一化。主体向度的评价标准尊重所有评价参与者的主体性，让每位评价利益相关者都参与评价标准的确定过程，也正因为评价利益相关者的立场不同、出发点不同，对于评价标准持有不同的看法，评价标准呈现多元化的特性。第二，主体向度的评价标准是基于协商达成的一种共识。受"评价为管理服务"观念的影响，教育评价具有很强的控制性，评价标准往往依据社会的需求而制定，一定程度上体现了评价的霸权思维。同时，管理观念容易造成评价关系的不对等，导致在制定评价标准的过程中评价者掌握决定权，"上级"的评价者不会主动倾听"下级"的声音和诉求，可见，这种评价标准缺少对话，缺少对主体的观照，是一种单向决定的标准。主体向度的评价标准则不同，它强调多元主体的参与和协商，由评价者和被评价者共同发挥自身的自主性、能动性，相互交流观点和思想，最终达成共识。

(三)建构主体向度的评价标准的要求

主体向度明确了评价标准的方向,在建构评价标准时,不论是什么身份的评价参与者都应注意以下两点要求:

第一,注重多元和协同。一方面,评价标准应由多元价值主体共同协商制定,站在不同立场的评价利益相关者都应成为评价主体,表达各自的价值诉求,发挥主体作用。教育评价中评价主体应至少包含四类人员:(1)教育决策者。这些人利用评价信息制定未来的政策,检查以往政策的正确性。(2)教育教学活动的实施者。他们身处教学一线,通过评价及时发现教学中的不足,并采取有效的行动。(3)学生。学生是学校一切教育活动的直接参与者和体验者,他们十分有必要参与评价并表达身为学生的想法。(4)评价信息的使用者。这一群体范围广泛,可以是家长,也可以是用人单位等,他们可以从自身的视角对教育质量提出合理的要求。另一方面,技术理性和价值理性需要协同。一直以来,由于标准对共性的青睐,技术理性成为工业化大生产时代的主导理性,评价标准整齐划一,却未顾及多元主体的需求。[①] 评价标准应以尊重评价主体的生命价值为导向,协同技术理性和价值理性两种价值取向。

第二,体现对生命的观照。科学的评价必须与主体生命的发展同步,建构主体向度的评价标准必须体现对主体生命的观照。学生作为学校教育流水线上的"标准件"已成过去式,今天的学生是栩栩如生、思想深刻、特色鲜明的人。人的成长,就其纵向而言,本然具有过程性和发展性;就生命呈现状态而言,有浮出水面的显性品质与潜存水底的隐性品质;如果凝聚为商数来表示,就有志商、情商、智商、语商等各种因素的综合。学生个体生命的独特性,需要我们运用更加富有前瞻性的评价来对待,突破种种固化评价标准,以激励人的新进步、新发展和新成长。

三、文化回应的评价工具开发

教育评价通常借助评价工具来了解评价对象的发展情况,而评价对象是来自不同文化背景的学生,不同的文化背景会使学生有不同的思维方式、价值观念和行为模式,也使得学生适合不同的评价工具,因此在开发评价工具时要

---

① 吕鹏,朱德全.未来教育视域下教育评价的人文向度[J].现代远程教育研究,2019(1):40-45,65.

回应多元文化,回应文化差异。

(一)什么是文化回应

"文化回应"最早出现在"文化回应性教学"这一理念之中,文化回应性教学的提出是为了解决美国不同种族学生的文化背景和语言经历与主流文化之间的不一致而造成少数族裔学生学习困难这一问题,关乎教育公平。简言之,文化回应指关注文化背景,回应文化需求。

文化回应有以下三个方面的主张。

第一,文化回应主张关注文化因素。文化是个复杂的集合体,作为一套由信念、态度、习惯和价值观所构成的系统,就像一面透镜或过滤器,影响着人们以不同的方式去看待这个世界,并对这个世界做出不同的反应。文化不仅给我们的生活提供意义和规范,它还决定着我们如何去思维和行动。[①] 人是文化的存在,生活在特定的文化背景之中,便会形成特定的文化思维方式和价值观念。因此,对于个体的分析,必定离不开文化因素,若将个体从文化中抽离,人便从具体的人变成抽象的人,失去个人特色。

第二,文化回应尊重多元文化。现代社会是个多元文化并存的社会,包含主流文化、民族文化、乡土文化等,社会通常给予主流文化更多的关注,而造成对其他文化的忽视,甚至文化偏见。事实上,每种文化都有其独特的优势和价值,我们应该尊重、理解、包容每一种文化。

第三,文化回应强调各文化间的平等,以接纳、认同和包容的态度去看待文化间的差异。不论是文化回应性教学还是文化回应性评价,都应该以个体独特的文化背景和生活经历为前提来设计教学活动或评价活动,根据不同学生群体的文化差异,有针对性地安排不同的环节,以提高学生的兴趣和参与课堂的积极性。

(二)为何要文化回应

加拿大教育学者 Kieran Egan 指出:"文化对于个体发展的重要性,犹如水对于鱼的关系。文化既为个体的发展提供了背景和可能,同时也是对个体发展的限制。如果一个人要想摆脱某种文化对自己的限制,他就必须深刻了解这种文化。可以说,只有站在某种文化的'顶点',个体才有可能摆脱该文化

---

① 夏正江.简析文化回应性教学:兼评文化与教学的关系[J].全球教育展望,2007(3):54-62,71.

对自己的局限。这意味着,要想从某种文化中摆脱出来,个体首先必须充分地吸收该文化。当我们对一种文化不了解时,我们注定会成为它的'囚徒'。自由来自真正的掌握。"[1]可见,文化与个体的发展密不可分,然而当前的教育评价却没有意识到这一点,当下教育评价追求无差别的评价实施过程,对于不同地区的学生群体、同一地区的不同学生群体,还有处于弱势地位的学生群体,都用统一的理念和实践来对他们进行评价,而不注重不同学生群体之间的文化差异,这种做法非但不会消减教育的不公平现象,反而会扩大教育的不公平。在教育评价标准的编制和运用上,往往是由教育评价专家主导,将学生、教师、学校等与具体的经验、文化的复杂性、情境的多样性相分离,以减少复杂性,使教育过程中各种要素和相互关联的作用过程变成各自独立的变量,并在此基础上建构一个标准,把学生的表现与该标准作对比,判断他们的质量高低,这种缺少文化回应的评价标准脱离了评价情境,会影响到评价后续的一系列环节,最终导致评价无法发挥指挥棒的作用。教育评价回应文化,是促进教育公平的重要路径,也是尊重多元文化差异的重要表现。

(三)评价工具开发如何回应文化

评价工具开发的适配性关系到评价的有效性,为了帮助评价对象在评价中能真实地呈现其知识和技能而不受其机能缺陷或者是语言、文化的影响,在评价工具的设计和评价的实施过程中,就要充分关注文化因素给评价带来的影响,采取一定的调适措施,回应评价过程对不同群体的适应性。

首先,评价工具类型多样化。对于来自不同民族和文化背景的群体,他们的价值观念、思维方式等会被烙下文化印记,彰显自身民族和文化的特色,在开发评价工具时应顾及不同群体间的差异,重点关注不同群体的特殊需求,开发出多类型的评价工具,以保证评价的有效性。

其次,评价工具语言具有适宜性。关注学生的语言差异,特别是少数民族双语学校中学生的语言障碍。这些学生虽然在双语学校学习,但在汉语上明显存在弱势,如果统一采用汉语的调查工具(除了语文学科)进行评价,学生在评价结果上的差异可能在很大程度上来自其汉语水平的差异而不是学业水平的差异。因此,在呈现语言上,评价工具可以针对少数民族地区的学生进行一定的调适,例如运用当地少数民族语言进行恰当的解释或注释,这也能减少由少数民族文化差异而导致学生对测试项目产生的认知偏差。即便评价对象与

---

① EGAN K.Individual development and the curriculum[M].London:Routledge,2014:78.

评价工具的语言一致,评价也应根据评价对象认知能力的差异对评价工具的语言进行调整,以便评价对象更好地理解。

最后,评价工具呈现方式应多元化。评价者需要充分考虑那些有着肢体机能或其他感官缺陷的学生的特殊需要,通过大字体印刷、盲文的方式呈现评价测试项目,在评价的实施过程中,针对特殊需要的群体进行一定评价过程的调适,如对肢体缺陷的学生适当延长评价时间或者提供语音输入辅助,为情感或注意力障碍的学生提供多间隔分段测试等[①]。在开发评价工具过程中,关注评价对象的文化背景,采取一定的措施,彰显评价过程的适应性,不仅是教育评价科学性与精确性的要求,同时也是"以人为本"的教育理论在评价中的体现。

四、观照差异的评价实施过程

过程公平是教育公平的重要内容,在教育评价活动中,过程公平表现为在实施评价的过程中,平等对待每一位学生,观照学生之间的差异。

(一)评价实施过程为什么要观照差异

差异性,也称异质性、不同性,存在于教育评价中的评价对象、评价情境、评价过程之间,具体表现为以下方面:

第一,我国地域辽阔,各地经济、教育发展水平各异。已有研究表明经济发展水平与教育质量之间的正向关系,如 PISA 中家庭的社会经济状况(SES)与学业成就的关系十分密切,城乡教育质量差异从其根源上说是经济发展差异,我国教育评价绝不可能撇开各地的社会经济发展水平而单一地评价教育发展情况。

第二,我国是一个多民族国家,部分少数民族地区的教育发展、学校管理、课程教学、教材资源等也有着较大的差异。在语言上,我国新疆、西藏地区的部分学校使用双语教学,截至 2015 年,新疆南疆四地州学前和中小学接受双语教育和民考汉的学生数达到 127.62 万人,占少数民族在校生(196.57 万人)的 64.92%[②],双语学生在汉语使用上较之其他汉语地区学生就有着较大的差

---

① BOLT S E,THURLOW M L. Five of the most frequently allowed testing accommodations in state policy[J].Remedial and special education,2004,25(3):141-152.

② 新疆维吾尔自治区教育厅.南疆双语教育质量提升专项行动计划(2016—2020)[EB/OL].[2020-09-01].http://www.xjedu.gov.cn/xjjyt/jyzt/syjx/zxgg/2016/100638.htm.

距。在文化上,由于不同地域文化的多样性与差异性,学生的日常概念会直接导致学生对相关测评项目的理解,如对于雷电这个概念,苗族人认为雷电是神灵发怒,而雷电这一概念的本质是因为云层累积的正负电荷剧烈中和所产生的电光、雷声、热量。[①] 在这种情况下,教育质量的差异可能很大程度上是语言或者文化的差异而并非教育质量的实质差异,这也要求在教育评价中加以区别对待。

第三,特殊需要儿童的差异化评价需求。根据2015年教育部公布的《国家中长期教育改革与发展规划纲要》实施五周年特殊教育发展情况的报告,"'十三五'期间,我国将实现残疾学生高中阶段免费,推进残疾学生随班就读"。到2019年,部分省市实施残疾学生从小学到高中免费教育[②],十四五时期,我国将"继续对家庭经济困难残疾学生实行高中阶段免费教育"[③]。同时,在普通学校教育中,还存在部分在学习方面有着特殊需要的儿童,他们虽然不在特殊学校学习,但是存在一定的学习困难。如何在教育质量评价中对这部分学生进行差异对待,也是教育质量评价设计和实施所面临的一个重要课题。在近些年的高考中,我国为残疾学生参加高考提供了条件。2017年中残联、教育部联合发布《残疾人参加普通高等学校招生全国统一考试管理规定》,细化了我国残疾人报名参加普通高考的具体实施方法及具体便利的服务支持,视障人群可以依照规定并结合自身需求,申请盲文试卷、大字试卷来参加统一高考[④]。然而,我国还有相当多的残疾学生和有着特殊需要的学生在教育质量评价中是被排除在外的。因此,我国基础教育的发展面临着经济水平、文化差异、特殊群体等多方面的差异,这就客观地要求教育评价关注差异性,并采取有用的措施来回应差异性的存在。

(二)评价过程差异化实施的原则

评价过程差异化是对我国教育异质性特征的回应,在具体实施过程中应

---

① 廖伯琴,李晓岩,黄建毅,等.我国民族地区理科教学质量监测体系建构探索[J].全球教育展望,2016(5):30-39.

② 国务院新闻办公室.平等、参与、共享:新中国残疾人权益保障70年[EB/OL].[2022-07-25].https://www.gov.cn/zhengce/2019-07/25/content_5414945.htm.

③ 国务院办公厅.国务院办公厅关于转发教育部等部门"十四五"特殊教育发展提升行动计划的通知[EB/OL].[2022-10-25].https://www.gov.cn/zhengce/content/2022-01/25/content_5670341.htm.

④ 田霖,韦小满.我国残疾人参加普通高考的问题与对策[J].中国特殊教育,2015(11):3-7,42.

遵循发展、针对和有效三方面的原则。

第一，发展性原则。评价的最终目的在于发掘学生的优点，帮助学生扬长避短，促进学生进步和发展，因而评价过程的实施应秉持促进学生发展的原则。在评价过程中不仅要关注学生成长的独特性、尊重学生的差异性，而且要把学生之间的差异当作教育评价的资源和财富去开发；不仅要关注学生发展的潜在性，善于发现学生的发展可能性，还要将潜在性、可能性变成现实。评价应从比较学生与他人的不足转向发现学生的优势和长处，从判断学生发展程度高低转向诊断学生的发展潜力，促进学生的主动发展。

第二，针对性原则。由于地域位置、经济发展、文化背景等方面的差异，学生在思维方式、价值观念、行为模式上表现出很大的不同，这就要求评价过程应具有针对性。针对性地实施评价过程能够最大程度上发现每个学生的闪光点，同时一定程度上保证了公平性，也避免了评价的同质化。

第三，有效性原则。有效性指评价过程使用的评价工具和评价方法能在多大程度上有效实现对学生的测评。有效性评价过程差异化实施的前提，若评价过程失去有效性，最终评价过程差异化的初衷也失去了意义。不论评价过程采用何种评价工具，如何调整评价方法以适应学生的不同特点，必须先保证能真实反映学生的实际情况，只有真实有效，评价才能承担"指挥棒"的作用，为教育发展指明方向。

(三)观照差异的评价实施的具体措施

针对不同学生的差异化需要，要帮助他们在评价中真实地呈现自身知识和技能，在评价实施的过程中就要采取一定的调适措施，突出评价过程的适应性。

第一，调整作答方式。评价者要充分考虑那些有着肢体机能或其他感官缺陷的学生的特殊需要，在评价的实施过程中，针对特殊需要群体进行一定的评价过程的调适，如在高考中，对于视力障碍的学生，试题要避免完成画图任务，作答方式以填空题或选择题为主；对于肢体缺陷的学生，可以让抄写员代为誊写答案，或者以口述的方式完成答题。

第二，调整评价时间。为肢体缺陷的学生延长时间，提供休息以及拆分成多天进行学业评价，为情感或注意力障碍的学生提供多间隔分段测试[①]。

---

① BOLT S E,THURLOW M L. Five of the most frequently allowed testing accommodations in state policy[J].Remedial and special education,2004,25(3):141-152.

第三,提供辅助技术。随着科学进步和教育发展,辅助技术与教育活动的结合越来越紧密,因此在评价领域受到欢迎。辅助技术主要是为了帮助特殊需要群体正常完成评价,尽量减少因残障带来的影响,如用电脑答题、提供语言输入辅助,美国明尼苏达大学国家教育成果中心(NCEO)详细总结了可以为特殊需要学生的学业评价提供的辅助技术设备,例如放大设备计算器、消声器、改造的书写工具等。

五、质性理解的评价结果运用

教育评价最终是为了促进学生的发展,而学生又是各具特点的鲜活生命体,为了使学生能得到更好的全面而有个性的发展,教育评价应当侧重运用质性理解的评价结果。

(一)从量化解释走向质性理解

自20世纪80年代以来,测量在教育评价中大行其道,不论是学生的学习成绩、教师的教学,还是人的研究能力、学习能力、思想品德、行为方式等都量化为数据,由于具有客观、统一、高效等优点,一直广受教育评价者的青睐,其背后的思想支撑是桑代克的经典论断——"凡是存在的东西必然有其数量,凡是有数量的东西必然能够度量"。这种对量化的过分追求,不仅无法从本质上保证客观性,还会丢失教育中最有意义、最根本的内容。同时,"量化"研究容易越俎代庖,直接倾轧教育评价资料的收集、分析过程以及评价结果的呈现方式,由此带来的是通俗易懂的质性描述的生存空间越来越小[1]。"人的实践行为最根本的是一种理解行为,获得对他人、对一切文本意义的理解,理解是人类生活的最基本经验,理解与解释是人类生活的存在方式。人们在理解中获得和创造出指导行为的意义准则,理解本身就是实践的,其根本目的就是要告诉人们,行为实践是一个意义理解与创造的过程,人的行为意义是自由的、开放的、相对的,是理解中的创造。"[2]与量化解释相比,质性的评价方式更侧重于理解,关注的是人的兴趣、需要、情感、价值、个性、思想、品德等方面,而评价这些方面常常以"理解"的方式进行。从这个意义上讲,与量化的方式相比,质

---

① 童宏亮."理解"的迷失与回归:哲学诠释学视域下学生评价的反思[J].浙江师范大学学报(社会科学版),2020(3):111-117.

② 张能为.理解的实践:伽达默尔实践哲学研究[M].北京:人民出版社,2002:111.

性理解更适合教育评价。当然,这并不是彻底否定量化的结果呈现。"量化在教育评价中的运用不在于多少,而在于评价者量化评价素养的高低和对量化评价尺度的把握。实现量化方法与质化方法的有机统一,不在于深究两种方法的比例孰多孰少,而是要围绕教育评价的初衷,以'人'的价值为核心,在技术理性与价值理性之间取得平衡,从而实现评价方法的合理化。"①

(二)质性理解的评价结果的运用要求

质性理解的评价结果在运用时有以下两点要求:

第一,根据研究问题的不同特点,选择多样的质性结果呈现方式。评价结果通常情况下采用计量表述、图表表述的形式呈现,计量表述是评价结果的定量表示方法,用数据对评价对象的基本情况进行表述。但量化呈现方式容易忽视评价对象的独特性、差异性和主体性,因而教育评价提倡侧重以质性的方式呈现结果,并且形式多样,有档案袋评价、师生互评、同学互评、表现性评价等。

第二,注意发挥评价的改进功能。对于学生而言,要关注学生全方面的发展状况,根据学生的具体情况,判断学生存在的优势和不足,在此基础上提出具体的、有针对性的改进建议,并通过分析指导来促进学生的发展。对学校和教师来说,能够了解学生发展的重要信息,对教育教学现状做出诊断,并提供参考性的意见和建议,促进学校教育的改进。对教育行政部门来说,质性的结果呈现方式更加易于理解,更具有针对性,进而有助于科学诊断教育教学过程中存在的问题和原因,了解优势与不足,为进一步促进教育发展提供信息和建议。对整个国家来讲,质性理解的评价结果与量化评价结果互为补充,能更加全面准确地把握当下教育发展状况,明确教育变革方向,深化教育评价。

(三)质性理解的评价结果的运用措施

第一,对评价者进行质性评价的相关培训。一直以来,量化评价以简单高效、切实可行的优点受到大多评价者的青睐,而质性评价因费时、相对复杂的缺点导致评价者对其了解很少,在开展评价时便不会选择使用。倘若想使评价结果从量化解释走向质性理解,则必须对评价者进行以质性评价为主题的全面、深入的培训,培训内容不仅包括了解质性评价的相关知识,还包括如何

---

① 吕鹏,朱德全.未来教育视域下教育评价的人文向度[J].现代远程教育研究,2019(1):
40-45,65.

恰当使用质性评价,即从理论和实操两方面共同进行培训。评价者在掌握质性评价的特点、适用范围、意义以及具体操作方法后便会根据研究问题的特点考虑是否需要使用质性评价方法,并向质性评价倾斜。

　　第二,增进评价双方之间的深入交流。质性评价重视评价对象的主体性、独特性,强调评价过程以及过程中深层信息的发掘,加强评价过程中双方之间的对话交流有利于质性评价优点的发挥,同时评价双方的对话交流也是质性理解的评价结果运用的必要保证,通过深入的对话,评价者能够进入学生的内心世界,真实了解学生的所思所想,并能对想深入了解的问题继续刨根问底,进而对学生做出真实且有针对性的评价。

第六章　基于异质性的教育评价抽样与权重设计

　　根据不同的评价任务和评价目的，教育评价通常采用抽样的方式选取部分评价对象，通过对样本的分析来推断评价对象总体的状况。抽样是影响教育评价科学性与有效性的重要因素，观照异质性的教育评价需要增强样本对不同群体的代表性，扩大样本对总体的覆盖面，同时关注权重的设计，根据不同的评价对象设计不同的权重。另外，评价抽样还需要把抽样误差控制在合理的范围内，充分考虑样本容量、抽样方法、估计量以及总体内在差异等因素的影响。

第一节　教育评价抽样的基本理论

　　抽样指从评价对象的总体中抽取部分评价对象，并依据样本特征推断总体特征的过程。通过抽样所得到的结论不仅反映部分个体的情况，更能推断出这些个体所处的总体的特征。在大规模或者区域教育评价中，通常采用多种抽样的方法以推断某一国家（地区）或者区域的教育发展现状。根据样本抽取方式的不同，教育评价抽样可以分为两类：概率抽样和非概率抽样。

一、教育评价抽样的基本概念

　　抽样是从总体中抽取样本的过程，通过对样本的分析和估计，推断总体特性。教育评价的抽样是根据评价目的，在教育评价总体中抽取部分个体进而推断总体教育发展状况的过程。

（一）总体与个体

总体是教育评价对象的全体，是依据特定的评价目的确定的具有共同特征的个体总和。教育评价总体中的每个要素（成员）称为个体，指需要分析与研究的教育评价总体中的每一个特定的主体。教育评价的总体具有同质性、大量性和差异性三个主要特征。同质性指教育评价总体中的各个单位具有某种共同的属性，这种共同的属性符合教育评价的目的指向；大量性指教育评价总体中包含的总体单位有一定的数量，是由多个具有某一相同性质的个体所结合起来的整体；差异性指教育评价总体的各单位之间有一个或若干个可变的性质或者数量标识，从而表现出差异性，但这种差异性是在总体所具有的共同属性之下的差异性，差异性的存在对构成总体的基本属性不造成影响，如学生学业发展评价中，学生的性别、年龄等信息的差异性，并不影响构成评价总体的"学生"这一基本属性。在国际大规模教育评价中，PISA 测试的总体是以年龄来确定的，即评价总体是参与国家（地区）就读于各类教育机构（包括普通教育与职业教育、全日制与非全日制、公立和私立等各种类型）15 岁 3 个月～16 岁 2 个月的在校生，各个国家（地区）每一个在此年龄范围内的学生即为个体，与学生的年级无关，而 TIMSS 评价总体是以年级来确定的，为参与国家或地区四年级和八年级学生，各个参与国家或地区就读于四年级和八年级的每一个学生即为个体，与学生的年龄无关。

为了对教育评价总体进行合适的描述和推断，按照总体的特征将其区分为期望目标总体、抽样目标总体和被排除总体。期望目标总体是由符合教育评价目的的所有具有相同性质或特征的个体所组成的集合，也是抽样判断的目标所在，评价者能通过抽样来认识其数量特征。抽样目标总体是排除总体中某些个体之后形成的总体。在教育评价实践中，由于对特殊需要群体的忽视或者资源的限制，需要排除总体中的某些元素，由此形成的总体即为抽样目标总体。被排除的总体指不包含在抽样目标总体中的元素，如有学生因肢体或情感障碍确实无法完成相关评价任务，则需要被排除，即为被排除的总体。在 PISA 中，评价采取两阶段抽样，允许在第一阶段抽样时排除特殊教育学校和非测验语言教学的学校（如部分利用外语教学的国际学校），但排除率不得超过 2%。

（二）抽样框

抽样框又称抽样范围，指总体中所有抽样单位的名单，是对目标总体的个体进行界定、识别和连接的工具。抽样框由抽样单元构成，抽样单元可以是由个体组成的集合，也可以是总体中的个体。一个科学的抽样框有两个基本标准：一是与目标总体保持一致，即抽样框中的单位与目标总体中的单位能够完全一一对应，以确保样本对总体的代表性；二是能够提供与评价目的有关的尽量准确、完整的辅助信息。抽样框包含一些重要辅助信息，如总体中抽样单元或个体规模的度量等，这些信息有助于在抽样中明确评价单位、进行分层或采用比率估计和回归估计，从而提高抽样的效率。例如，PISA 测试的抽样框为参测国家（地区）符合 PISA 标准的所有在校生，如果需要在某市的全体学生中抽出 200 名学生作为样本，则该市全体符合 PISA 年龄要求的学生的名单是本次抽样框的名单。

（三）样本

在教育评价中，根据特定的评价目的，同时考虑相关限制条件，评价者往往无法对总体中所有个体进行观测和分析，而是在总体中抽取部分个体作为观察和分析对象，根据样本的数据推断总体的特征。样本，即从总体中抽取的、对总体具有一定代表性的部分个体，样本是总体的代表和缩影。教育评价通常从一个总体中抽取样本，根据部分样本的实际资料对全部总体的数量特征作出推论估计。在 PISA 测试中，每个参测国家或地区至少抽取 150 所学校，如果学校数少于 150 所，则所有学校均被抽取。就每所学校的目标群体规模而言，一般来说，采用计算机测试的国家或地区为 42 名学生，采用纸质测试的国家或地区为 35 名学生。如果某个学校符合标准的学生人数少于目标群体规模，则所有学生均被纳入样本范围。总的来说，采用计算机测试的国家或地区至少需 5250 名样本学生，采用纸质测试的国家至少需要 4500 名样本学生，如果低于这个数量，则需要全部参加测试。[①]

（四）样本容量

样本中所包含的个体数量称为样本容量，常用 n 表示。样本容量与总体容量之比称为抽样比，常用 f 表示。抽样时，需要多大的样本容量要根据总体的情况、抽样要求、抽样方法和估计方法确定。确定样本总量分以下三个步骤。

---

① 王玥,赵丽娟.PISA测量技术在我国区域教育质量监测与评价中的应用：以"北京市义务教育阶段学生学习生活状况调查项目"为例[J].中国考试,2021(9)：54-61.

第一步,按照简单随机抽样时有限总体的样本量计算公式计算最小样本量。

$$n = \frac{ss}{1 + \frac{ss - 1}{N}}$$

其中,n 为简单随机抽样时有限总体的样本量,N 为总体规模,ss 为无限总体的样本量。ss 计算公式为

$$ss = \frac{Z_{\alpha/2}^2 P(1 - P)}{\Delta^2}$$

其中,α 为置信度,$Z_{\alpha/2}$ 为标准正态分布上右侧面积为 $\alpha/2$ 时的 Z 值,P 为要估计的总体比率,Δ 为抽样误差,允许的误差越小,所需样本量越大。

第二步,根据简单随机抽样的最小样本量计算实际样本量,公式为 $nc = n \times deff$。其中,nc 为两阶段分层抽样的实际样本量,n 为简单随机抽样的最小样本量,$deff$ 为两阶段分层抽样的设计效率。

第三步,按照人数比例进行分配,得到计划抽取样本量,保证抽样的可靠性。

二、概率抽样的基本理论

根据教育评价的抽样对象被抽取的概率是否一致,教育评价中的抽样可以分为概率抽样和非概率抽样。

(一)什么是概率抽样

在教育评价过程中,为了减少样本所带来的实际误差,保证随机选择样本的客观性,达到利用样本推断总体参数的目的,往往采用概率抽样的方法。概率抽样又称随机抽样,是以概率理论为依据,通过随机化的操作程序取得样本,避免抽样过程中人为因素的影响,保证样本的代表性和客观性。[①] 概率抽样是在社会科学领域采用最多的一种抽样方式。

概率抽样的基本规则在于,从总体中抽取的样本可以估计总体的参数值,

---

① 张丹慧、张生、刘红云.基础教育质量监测:抽样设计与数据分析[M].北京:北京师范大学出版社,2019:3.

即如果总体的参数值已知，通过大量随机抽样，便可以预测有多少比例的样本统计值会落在参数值固定的分布范围内。尽管随机抽取的样本一般不会和总体完全一致，但教育评价者通过大数定律计算和控制相应的抽样误差，能够较为准确地说明样本的统计值在多大程度上适合总体。

(二)概率抽样的原理

概率抽样以概率理论和随机原则为依据来抽取样本，是使总体中的每一个单位都有一个事先已知的非零概率被抽中的抽样。概率抽样通过对样本的统计值的描述来勾画总体的面貌，总体中的每一个个体被抽取的机会均等，即被抽样的概率一样，并且个体与个体之间彼此独立。概率抽样之所以能够保证样本对总体的代表性，其原理就在于它能够很好地按总体内在结构中所蕴含的各种随机事件的概率来构成样本，使样本成为总体的缩影[①]。以掷硬币为例，对于掷硬币的结果来说，有正面和反面两种情况。每次具体的随机抽样只会有一种结果，即出现正面或者反面的概率为100%，随着随机抽样的次数增多，抽样结果趋向于正反两种情况出现的次数各为50%，即趋向于总体内在结构中所蕴含的随机事件的概率。

在教育评价的概率抽样中，需要满足三个方面的要求——随机性、可行性和信息性，即教育评价总体中的所有个体都有同样被抽取的机会，具体采用的抽取方法在实际操作中是可行的，同时，通过抽样所得到的样本能够尽可能反映出分析时所期望的各种信息。

(三)概率抽样具体方法

概率抽样是以概率理论和随机原则为依据来抽取样本的，具体的抽样方法包括简单随机抽样、分层抽样、系统抽样、整群抽样。

1.简单随机抽样

简单随机抽样是随机抽样最基本的抽样方法，是其他概率抽样的基础，是指直接从总体中抽取个体的过程，在这抽取的过程中不带有任何非随机的色彩。具体来讲，设一个总体含有 N 个个体，从中逐个不放回地抽取 n 个个体作为样本($n \leqslant N$)，如果每次抽取时总体内的每个个体被抽到的机会都相等就叫做简单随机抽样，所抽取的样本叫做简单随机样本。简单随机抽样的具体抽样方法如下：首先将总体的 N 个单元从 1 到 N 编号，每个单元对应一个

---

① 风笑天.社会研究方法[M].5 版.北京:中国人民大学出版社,2018:119.

号码,如果抽到该号码,则对应那个单元入样。抽签法和随机数字表法是选出 n 个单元入样的常用方法。以抽签法为例,某学校共有学生 500 人,现采用简单随机抽样的办法,抽取 50 人进行学业成就测试,评价者首先给每位学生都编上号(从 001 到 500),抽样框编好后,将 500 位学生的序号写在 500 张纸条上并放入容器中,充分混合后,随机抽出 50 张纸条,按照 50 张纸条上的号码找总体名单中对应的 50 位同学。随机数目表法是指把总体中的每个个体都标上号,以随机数目表为基础,先在随机数目表上随机选取数的起点,然后按表上所示的数号进行取样。

简单随机抽样方法简便易行,能够保证样本的代表性,适合数量较少且异质性较低的总体。如果总体的数量较大,评价者将每个个体编号就会费时费力,同时若总体的异质性较大,则会导致较大的抽样误差。

2.分层抽样

分层抽样又称类型抽样或配额抽样,将总体的所有个体按照一定的标准或者某种特征(年龄、职业、地域等)划分为若干层次或者类型,然后根据事先确定好的样本大小以及各层次类型在总体中的占比,采用简单随机抽样的方法抽取一定数目的样本数量。例如,"北京市义务教育阶段学生学习生活状况调查项目"参考 PISA 经验并结合北京市特点,采用两阶段分层抽样设计方法。第一阶段按照 PPS(概率比例规模抽样)的方法在各区中抽取学校,外部分层变量为地域(城市/县镇/农村),内部分层变量为办学水平(优质/较好/一般)和学校规模等,抽样工具由项目组自主研发;第二阶段采用简单随机的抽样方法在学校内抽取学生,兼顾学生所在班级、户籍类型、性别等因素。最终样本覆盖全市各区不同类型、不同地域、不同办学水平的学校,使得样本分布符合总体情况,保证了样本的代表性。

分层抽样具有独特的特点,在实际教育评价中应用非常广泛,其价值表现如下:

(1)分层抽样可以提高估计的精度,分层抽样估计量的方差只与层内方差有关,而与层间方差无关。教育评价者通过对总体进行分层,尽可能减少层内差异,扩大层间差异,提高估计的精度。通过分层,各层内元素之间的变异程度变小,各个层内的方差变小,因而在样本规模相同时,分层抽样的抽样误差往往要比简单随机抽样的抽样误差要小。[①]

(2)抽样的目的是不仅要对总体目标量进行估计,而且还对各层的目标量

---

① 风笑天.社会研究方法[M].5 版.北京:中国人民大学出版社,2018:131.

进行估计,便于了解总体内不同层次的情况,以及能够对总体中的不同层次进行单独的比较及研究。

(3)分层随机抽样适用于总体成分混杂且成分之间差异性较大的情况,分层抽样容许教育评价者对样本容量进行更多的控制。但是,分层抽样要求教育评价者对总体各个层次的情况有较多了解和研究,否则很难进行抽样分析。

3.系统抽样

系统抽样又称等距抽样、机械抽样或者间隔抽样,是简单随机抽样方法的一种改进。系统抽样将总体中的所有个体按照一定的顺序编号,再根据样本容量与总体中个体数目的比值确定抽样间隔,使组数与样本数一致,然后按照这一固定间隔抽取样本。

系统抽样的具体步骤如下:

(1)将总体中的各个单位按某一标准编上序号。

(2)确定抽样间隔,即用总体个数除以样本个数。假设总体是 N,样本容量是 n,抽样间隔是 K,抽样比率的计算公式为 k(抽样间距)$=N$(总体规模)$/n$(样本规模)。比如,从 4000 个个体中抽取 100 个样本,抽样间隔为 40。

(3)在第一个抽样间距中,采用抽签法或者随机数目表法抽取一个个体,作为抽样的起点,依次按照抽样间隔抽取个体。

(4)最后,抽取的个体构成了这个总体的样本容量。

比如,要在某小学 1000 名学生中抽取容量为 100 的学生样本。首先,将 1000 名学生依次编号,求得抽样间距为 $K=10$,每隔 10 名学生抽 1 名。其次,在 $1\sim10$ 号的学生中采用随机抽样的方法抽取一个样本单位,比如抽到的序号为 7,那么就以 7 为第一个编号,随后做等距抽样,每隔 10 名抽一个,即 $7,17,27,\cdots,997$,总共 100 个号码。对应的 100 位学生构成样本容量。

系统抽样能在总体范围内系统地抽取样本,使抽取的样本比较分散,能够保证样本具有一定的代表性。若总体规模较大,系统抽样要比简单随机抽样简便易行。然而,当总体的排列顺序与抽样间隔具有周期性或者有某种次序的高低排列时,系统抽样会导致严重的抽样误差。例如,要对某小学学生的阅读能力进行评价,每个班的名单是按照学生的学习成绩由高到低排列。当所抽到的随机起点号靠前时,该样本就由各个班级的优秀学生组成;当所抽到的最初起点号靠后时,样本就会由各班中成绩较差的学生组成。此时,样本便无法反映总体的全面情况,具有严重的抽样误差。在此情境中,则需要打乱按成绩排序的名单,或者按照姓氏进行排列。

4.整群抽样

整群抽样又称为聚类抽样,指将总体中各单位归并成若干个互不交叉、互不重复的集合,称之为群,然后以群为抽样单位抽取样本的一种抽样方式。在教育评价中,为了不打乱原有的教学单位,不影响正常的教学秩序,亦可以采用整群抽样的方法,选取多个整体班级作为教育评价的对象。假设某区八年级一共有 16000 名学生,400 个班级,现要抽取 800 名学生作为样本,此时就不需要从总体中随机抽取学生,而可以在全区 400 个班级中,采用简单随机抽样、系统随机抽样或者分层抽样的方法抽取若干个班级,这若干个班级的全部学生构成 800 个样本。整群抽样,还可运用于某单位符合抽样条件的总数少于规定的最少抽样数的情况,如在 PISA 中规定被抽取学校的抽样学生不少于 35 人,如部分小规模学校符合年龄要求的学生少于 35 人,则这些学生全部被抽取。

整群抽样的方法可以节省人力、物力和时间,降低评价信息收集的成本,扩大抽样的范围。但应用整群抽样时,要求各群有较好的代表性,即群内各单位的差异要大,群间差异要小。整群抽样的缺点是不同群之间的差异较大,由此而引起的抽样误差往往大于简单随机抽样,由于整群抽样所得样本的个体相对集中、所涉及的范围相对较小,在很多情况下样本的代表性降低,使得结果的偏差较大。例如,在选择班级作为整群抽样的对象时,不同班级学生之间学习成绩、智力水平、性别等存在差异,其代表性不如个别取样且在统计上存在一定缺陷。

具体而言,整群抽样的步骤如下:(1)根据评价目的,确定分群的标准;(2)将评价总体分为若干个互补重叠的部分,每个部分为一个群;(3)根据样本容量,确定应该抽取的群数;(4)采用简单随机抽样或系统抽样方法,从所有群中抽取确定数量的群,构成评价样本。

三、非概率抽样的基本理论

在教育评价中,非概率抽样也是样本抽取的重要方法,常用的非概率抽样方法有方便抽样、定额抽样和目的抽样等。

(一)什么是非概率抽样

非概率抽样是与概率抽样相对应的概念,又称不等概率抽样或者非随机抽样。非概率抽样是教育评价者根据自己的方便、主观判断或者其他条件抽取样本的方法,而非遵循概率均等的原则来抽取样本。非概率抽样简单易行、成本低、省时间,在统计上也比概率抽样简单。但因为非概率抽样不是严格按随机抽样原则来抽取样本,无法排除抽样者的主观性,无法控制和客观地测量样本代表性,所以失去了大数定律的存在基础,无法正确地说明样本的统计值在多大程度上适合于总体,样本不具有推论总体的性质。虽然根据样本的评价结果能够在一定程度上说明总体的特征,但由于样本的代表性无法得到保障,有时会产生难以估计的抽样误差。因此,非概率抽样大多运用于探索性调查中,以及总体边界不清难以实施概率抽样的研究和调查,在实际应用中,非概率抽样往往与概率抽样结合使用。

(二)非概率抽样的具体方法

1.方便抽样

方便抽样是教育评价者根据实际情况,选择容易和方便获取信息的形式,从评价总体中抽取样本的方法。方便抽样依据方便的原则,由评价者自行确定样本,这种抽样方法通常受到评价者收集数据的时间、空间等因素的影响。比如,为了评价某小学学生课外负担的情况,评价者到最近的教室和图书阅览室向正在学习的学生发放调查问卷,该过程并不能保证总体中的每个成员都具有同等被抽取的可能。方便抽样的特点是容易实施,调查成本低,但无法保证样本对总体的代表性,即抽取的样本无法代表有明确定义的总体,将样本的分析结论推广到总体时需要慎重。

2.定额抽样

定额抽样也称配额抽样,是非概率抽样中最常见的一种抽样方法,这种方法从不同目标总体层中抽取一定数量的元素,使样本中成员的各项特征以及比例都尽可能地接近总体。其具体步骤如下:

(1)根据可能影响研究变量的因素对总体进行分层,找出不同特征的个体在总体中的占比;

(2)根据划分结果和各类个体在总体中的比例,采用方便抽样或者主观抽样的方法选择样本,使样本中各成员的比例都尽量与总体一致。

定额抽样先"分层"(事先确定每层的样本量)再"判断"(在每层中以判断抽样的方法选取抽样个体),整个过程所产生的费用不高,易于实施,能满足总体比例的要求。但定额抽样中的个体不是按随机原则抽出来的,具有较大的主观性,所得到的样本在每一层中都不一定具有代表性,容易掩盖不可忽略的偏差。

定额抽样包括独立控制配额抽样和相互控制配额抽样。独立控制配额抽样指根据总体的不同特性,对具有某个特性的调查样本分别规定单独分配数额,而不规定必须同时具有两种或两种以上特性的样本数额,评价者有比较大的自由去选择总体中的样本[1];相互控制配额抽样,指将抽样单位按两个或两个及以上标准进行复合分组,然后对样本容量进行交叉分配,互相控制,可以克服独立控制配额抽样的样本单位重复被抽取的缺陷[2]。

3.目的抽样

目的抽样又称立意抽样或者判断抽样,是教育评价者根据评价目的和自己的主观分析,选择那些最适于该项目的教育评价对象。这种抽样方法多应用于总体小而内部差异大的情况,所得到的结果往往与教育质量监测者自身的理论修养、实际经验和对总体的熟悉程度有关。比如,要对某区域小学生的课业负担情况进行评估,评价者选择自己熟悉的几所小学作为样本进行调查。

目的抽样简便易行,教育评价者根据目的和特殊需要选择评价对象,能够充分发挥主观能动性。当教育评价者对评价总体的情况比较熟悉,相关的研究经验比较丰富时,便能够充分利用调查样本的已知资料进行评估。目的抽样适合总体规模较小且评价者对总体的有关特征具有相当了解的情况。但是目的抽样结果受评价人员的倾向性影响大,仍然属于一种非概率抽样,一旦教育评价者出现主观判断上的偏差,则很容易引起抽样误差,所得的样本往往难以具有代表性。

第二节 观照异质性的教育质量评价抽样方法

抽样样本应该对总体具有较强的代表性,才能保证教育评价结果真正代表某个国家(地区)教育发展的真实水平。观照教育的异质性存在,教育评价抽样更需要考虑样本对不同群体的代表性、抽样中的误差和抽样时的精度等各个方面。在观照异质性的教育质量评价抽样中常用多阶段整群抽样法和两阶段 PPS 抽样法。

---

[1] 风笑天.社会研究方法[M].5 版.北京:中国人民大学出版社,2018:4.
[2] 武小悦,刘琦.应用统计学[M].长沙:国防科技大学出版社,2009:368.

一、观照异质性的教育质量评价抽样基本要求

在教育评价中，由于异质性的存在，客观要求增强样本对总体的代表性，扩大样本容量，减少抽样误差，提高抽样精度，保证抽样的准确性与代表性。

(一)增强评价样本的代表性

评价样本的代表性指的是评价样本对于总体的代表性，是评价结果全面反映教育整体发展状况的重要因素。由于评价总体本身具有异质性，即在评价总体中存在一个或若干个有一定差异的单位，这些具有差异的单位（群体）构成了评价总体，因此，评价样本的代表性还体现为样本对不同差异单位（群体）的代表性。事实上，评价样本对不同差异单位的代表性与对总体的代表性是统一的，只有增强了评价样本对不同差异单位（群体）的代表性，才能体现对总体的代表性，进而得到总体参数的无偏估计。当前，教育评价忽视对评价对象间的差异性处理，在评价标准的确定、评价对象的取样、评价工具的设计、评价过程的实施以及评价数据的分析处理上，采取同样方式对待所有评价对象，或者将那些特殊需要学生排除在外，这一做法可能导致评价取样上的失真，不利于评价具有差异的学生群体的真实水平。

评价样本应该对总体具有较强的代表性，这样才能保证评价真正体现差异性学生群体的真实水平。在进行评价取样之前，需要充分分析评价对象的组成。在区域教育评价中，需充分考虑城乡地域差异、经济发展水平差异。在学校评价中，需考虑性别差异、家庭背景差异等。另外，随着融合教育的发展，特殊需要儿童随班就读比例越来越高，特殊需要儿童参与教育评价不仅是保障其合法权益的必然要求，也是提高教育评价公平性与科学性的切实需要。保障特殊需要学生参与教育评价已成为国际趋势，PISA、NAEP 在特殊需要学生的判定与排除以及提供合理便利等方面形成了诸多经验。根据学生来源不同，PISA 将特殊需要学生分为在特殊教育学校就读的学生和在融合学校就读的学生；根据需要类型的不同，特殊需要学生被分为存在功能性残疾的学生，存在认知、行为或情绪障碍的学生与语言能力不足的学生。PISA 的监测对象是 15 周岁的在校学生，监测采取两阶段抽样，在第一阶段采用概率比例规模抽样，抽取有 15 周岁在校生的样本学校，然后在样本学校中随机抽取一定规模的样本学生。PISA 允许在第一阶段抽样时排除特殊教育学校和非测验语言教学的学校（如部分利用外语教学的国际学校）。但是，在这一阶段被

排除的特殊需要学生不得超过总体的 2%[①]。在第二阶段抽样中,学校需根据一定的标准,判断在融合学校就读的特殊需要学生是否参与监测。PISA 从 2003 年开始对特殊需要学生的参与做出了明确规定,第二阶段因特殊需要而被排除的学生比例要保持在 3% 以下。[②] 我国教育评价的设计与实施需要全面考虑不同类型的特殊需要学生,这是增强评价样本代表性的客观要求。

(二)扩大样本对总体的覆盖面

样本规模又称样本容量,是指样本中所含个案多少,确定样本规模是教育评价必须考虑的重要因素之一。教育评价者不仅需要以样本整体为单位来计算平均数、标准差、相关系数等统计量,更需要将样本中的个案按照不同的指标划分成不同的类别,进而分析不同类别之间的差别以及不同变量之间的关系。在一项评价中要保证所划分的每个子类别都有一定数量的个案,就要扩大整个样本的规模,扩大样本对总体的覆盖面。例如,教育评价需要考虑学生异质性的因素,在计算不同学生群体(有着严重智力缺陷和缺乏一定语言技能的学生或者有视听障碍的学生等)的平均数、标准差时,所需要的样本规模就需要进一步扩大。在 PISA 测试中,为了有效估计学生成绩,学生样本的选择必须依据既定的和专业认可的科学抽样原则,以确保样本能够代表参与国家的全部目标人口。

(三)提高抽样的精度

在通过抽样开展的教育评价中,当样本描述的结果与总体事实出现差异时,便会产生误差,通常分为抽样误差和非抽样误差。抽样精度是随机抽样中用来度量抽样误差大小的量,在教育评价中,抽样精度是反映评价抽样质量高低的重要指标,对评价中的回归预测质量、完善抽样结论的表达具有重要作用。一般而言,影响抽样精度的因素主要有以下几个方面:第一,样本单位数的多少。在其他条件相同的情况下,抽取的样本越多,即样本单位数越多,样本越能反映总体的特征,抽样精度就越高。第二,抽样方法。抽样方法不同,抽样误差也不同,导致不同的抽样精度。第三,抽样的组织形式。抽样调查的

---

① 李刚,辛涛.大型教育质量监测项目对特殊教育需要学生的关注及其启示:以 PISA、NAEP、NAPLAN 为例[J].中国特殊教育,2019(2):3-8.

② SAMUEL P,DELUCA M,EVANS P. Students with special educational needs within PISA[J].Assessment in education principles policy and practice,2018,26(6):1-11.

组织形式不同，其抽样误差就会不同，而且同一组织形式的合理程度也会影响抽样误差，形成不同的抽样精度。在不同的抽样环境中，选择合适的抽样组织形式，能对误差进行准确的预算与控制。在教育评价中，要提高抽样精度，可以采用以下方法：(1)增加样本数量。样本数量是影响抽样准确性的非常重要因素之一，不同的样本数量包含信息量是不一样的，得出的推断结果也不一样，抽取的样本数量越多，推断也会更加准确。(2)提高概率度。抽样误差的大小与极限误差的相对程度就是概率度，提高概率度可以提高两者之间的相对程度，相对程度越大，推断准确性就越高。(3)扩大置信区间。置信区间越大，预测数据落在置信区间范围内的概率就越大，推测的准确性也越高，然而也需要注意，置信区间的范围是有度的，如果无限扩大，就失去了统计学的意义。

二、多阶段抽样及其运用

前文已述，教育评价的总体包含若干具有差异的单位或群体，采用简单随机抽样法，难以体现样本对于总体的代表性，多阶段抽样是比较常用的抽样方法。

(一)什么是多阶段抽样

1.多阶段抽样的含义

多阶段抽样，也称为多级抽样或多阶抽样，指在抽取样本时分为两个及两个以上的阶段从总体中抽取样本的一种取样方法。多阶段抽样的基本思路是将抽样过程分为两个或多个阶段来进行，在不同的阶段可以使用不同的具体抽样方法，它能够将各种抽样方法结合使用。具体而言，多阶段抽样是先将总体划分为若干个子总体，即一阶单位，再将一阶单位进一步划分为若干个更小的单位，为二阶单位，照此继续下去划分为更小的单位，依次成为三阶单位、四阶单位等。多阶段抽样区别于简单随机抽样，也区别于分层抽样与整群抽样，适用于总体较为广泛无法直接抽取样本的情况，以及总体中对象的层次类型较多，不要求有具体的包括所有总体单位的抽样框的情况，因而比较容易进行。但是，由于多阶段抽样在每个阶段都会产生抽样误差，经过多阶段的抽样后，样本误差会比较大，同时，因为分了不同的阶段，从样本对总体的估计较为复杂。

在教育评价中，尤其是大规模或者是区域的教育评价中，由于总体的范围较广、总体内部的类型多样，如按照学校所在的地域分，可以分为城市学校、农村学校,或者是东部地区学校、中部地区学校、西部地区学校;按照学校规模分,可以分为大规模学校、中规模学校以及小规模学校。另外,还可以根据经济发展水平和学校层次进行划分。因此,多阶段抽样是教育评价中采用较为广泛的一种方法。通过采用多阶段抽样,教育评价既可以对学校层面和学生层面的发展水平与特点进行分析研究,也可以采用多水平分析的方法同时对学生发展水平和学校发展水平进行分析研究。

2.多阶段整群抽样的优点

在教育评价抽样中,如评价总体范围较大、分布较广、单位数较多,则很难用初级抽样直接抽出评价样本。例如,要对某区域中学生学科核心素养进行评价,若采用简单随机抽样,则需要编制总体单位全部学生名录的抽样框,这样的工作量是相当烦琐的,较难实现。若用多阶段抽样,抽样工作可以按现有的行政区域划分各个阶段抽样单位,就能简化抽样框的编制,便于样本抽取,能够为最终抽取样本提供极大便利。具体而言,多阶段抽样具有如下几个方面的优点:第一,便于组织抽样。当评价总体量大、分布广泛时,往往无法编制总体单元的抽样框,也无法实施随机抽样,亦难以对总体中的所有单元进行有序排列并等距抽取,采用多阶段抽样则可以避免上述问题。第二,多阶段抽样可使用多种抽样方法,方式灵活多样。在多阶段抽样的不同阶段,评价者既可以采用同一种抽样方法,也可以采取不同的抽样方法,还可以综合运用多种抽样方法。例如,在二阶段抽样中,第一阶段采取随机抽样抽取一阶单位,在第二阶段抽样可以继续采用随机抽样,也可以采用整群抽样的方式来确定抽样样本。第三,多阶段抽样可以提高估计精度。在教育评价中,样本点是否均衡是影响抽样估计精度的重要因素,采用多阶段抽样能够根据各阶段单位的分布情况,确定不同的抽样比,确保样本单位分布较广,提高样本的代表性,有利于提高抽样估计精度。

(二)多阶段抽样的分类

根据抽样阶段的划分次数,可以将多阶段抽样分为二阶段抽样、三阶段抽样、四阶段抽样等。二阶段抽样是多阶段抽样中最简单的抽样方法,也是最常见、运用最广泛的抽样方法,是多阶段抽样的基础,三级及以上阶段抽样属于两阶段抽样的延伸和复杂化。事实上,二阶段抽样的基本原理和操作步骤已经充分体现出多阶段抽样的性质和特点,根据一阶单位大小是否相等,二阶段抽样可以分为一阶单位大小相等的二阶段抽样和一阶单位大小不等的二阶段抽样。

对于具体采用几阶段抽样，则需要根据抽样的目的、需要和具体情况来综合考虑和判断，主要考虑以下两个因素：第一，各个抽样阶段中子总体的同质性程度。同质程度越高的子总体，采用的抽样阶段则相对少，如果同质性程度较低，就需要增加抽样阶段。例如，要对某市的初中学校学生进行学业水平评价，如果该市不同区域经济发展、教育水平差异较大，且不同区域内部的学校之间亦存在较大的差异，则需要增加抽样阶段，按照区域—学校—班级—学校的阶段来抽样；如果在该区域内所有学校发展水平差异不大，则只需要在第一阶段抽取学校，第二阶段抽取学生，即采用二阶段抽样即可。第二，要考虑实际的经费和人力、物力等情况，抽样的阶段越多，所需要的时间、经费就越多。

(三)多阶段抽样的步骤

第一阶段，将总体分为若干个一阶抽样单位，从中抽取若干样本单位。

第二阶段，在抽取的样本单位(一阶单位)中，再抽取若干个二阶单位。

第三阶段，在抽中的二阶单位中进一步抽取若干个三阶单位。

……

经过各阶段的层层抽取，最终得到具体的抽样样本，在以上的各阶段中，可以综合运用简单随机抽样、等距抽样、比例抽样等多种抽样方法。

例如，要对某市中小学生学业发展水平进行评价，采取三阶段抽样的具体步骤如下：

第一阶段，根据某市各区域的经济、教育发展水平，充分考虑各区学校数量、学校地域、层次，在各区内部确定要抽取的学校。如根据各区学校数量占本市学校数的比例，按照比例确定各区抽取的学校数，然后根据学校的地域、层次，确定具体的学校。

第二阶段，在抽取的学校中抽取部分班级。在抽取班级时，要考虑班级学生的性别比例，以及学生的学业发展水平。

第三阶段，在抽取的班级中，采用随机抽样或者整群抽样来抽取具体的学生个体。

三、两阶段 PPS 抽样法及其运用

两阶段 PPS 抽样法是一种常用的不等概率抽样的方法，该抽样方法广泛应用于整群抽样以及多阶段抽样中，对提高抽样的估计精度、减少抽样误差、增强样本的代表性起着积极作用。

(一)什么是 PPS 抽样法

PPS 抽样法指概率与元素的规模大小成比例的抽样(probability proportionate to size sampling),是一种常用的不等概率抽样方法。使用辅助信息使每个单位均可按其规模大小成比例地被抽取,其原理的内涵可以理解为用阶段性的不等概率换取最终的等概率。

PPS 抽样法考虑了总体中每个单元的差异,初级抽样单位被抽中的概率取决于其初级抽样单位规模的大小,初级抽样单位规模越大,被抽中的机会就越大,初级抽样单位规模越小,被抽中的概率就越小。正是经过了两个阶段的不等概率抽样,总体中的每个个体都具有同等被抽取的可能性,这样一大一小的抽取也平衡了各个群体规模差异所带来的误差。

(二)PPS 抽样法的价值

不等概率抽样法广泛应用于整群抽样以及多阶段抽样中,它通过改进估计量的设计,进而减少偏差或者估计误差,对提高抽样的估计精度,减少抽样误差,增强样本的代表性起着积极作用。

在实际问题中,当评价者遇到总体单元与抽样总体的单元不一致时,可以采用不等概率抽样的方法。在 PISA 测试中,除了俄罗斯联邦,所有国家(地区)都采取两阶段分层抽样设计。第一阶段采用 PPS 抽样法,PPS 抽样使得人数多的学校在第一阶段抽样时被抽中的概率大于人数少的学校,这样就能解决第二阶段抽样时人数大的学校的每个学生被抽中的概率小的问题。由此,PPS 抽样方法使得无论人数多还是人数少的学校,每位学生都具有同等被抽取的可能性,所选择的样本对总体的代表性也较大。例如,某学校欲调查学生的家庭情况对学生学业成绩的影响,决定采取 PPS 抽样方法。此时,总体是全校学生的家庭,在这些家庭中大多数只有一个孩子在该学校就读,也有些家庭有两个或两个以上的孩子在该学校就读,那么有两个孩子在该学校就读的家庭入样的概率是只有一个孩子在该校就读的家庭入样概率的两倍。因此,为了使每个家庭被抽取的概率相等,可以对每个学生的家庭在该校就读的学生人数进行登记,使每个家庭的入样概率与该家庭在此校就读的学生人数成反比。大单位入样的概率大,小单位入样的概率小,这样一大一小的抽取,能减少抽取的偏差,大大提高估计的精度。

然而,PPS 抽样法也具有一定的局限性,在实际操作中,要求评价者对各个评价元素有所了解,在评价前需要知道每个群的规模数量,才能确定群在总体中的比例，如果各个群的数据难以获得，便无法运用 PPS 抽样。

（三）PPS 抽样的步骤

一般而言，PPS 抽样包括确定初级抽样单位、确定被抽取的初级单位、在选取的初级抽样单位中选择具体个案三个阶段。在具体的抽样操作中，评价实施者可以根据实际情况合理安排具体的步骤。举例子说明 PPS 抽样的步骤：两个行政区内共有 20 所基础教育阶段学校 2200 名学生，要从中抽取 5 所学校的 30 名学生进行一项评价调查，采用 PPS 抽样的具体步骤包括如下五个环节。

第一环节，是对抽样总体的定义与描述。包括罗列样本设计的特征，对理想目标总体、抽样目标总体和排除总体的文字语言描述与界定，对所有理想目标总体中的学校列表表示，应用目标总体中的学生列表，整理理想目标总体、定义目标总体和不包含的总体。在 20 所学校 2200 名学生的理想目标总体中，经调查，有 2 所特殊教育学校，这 2 所学校被排除在抽样总体外。那么，定义的目标总体只包含 18 所学校 2000 名学生。

第二环节，确定分层和样本分配方案。首先，选择分层变量。分层变量有两个：学校所在区域和学校规模，结合起来组成四个层：区域 1 大学校、区域 1 小学校、区域 2 大学校、区域 2 小学校。其次，按照分层描述理想总体、定义总体和排除总体。最后，确定样本在每层中的分布。按照第一环节中确定的抽样方式与每个阶段的样本抽取方式和样本量，确定样本的分布情况。第一阶段在四个分层中按照学生人数比例抽取 5 所学校，在第一层中抽取的学校数为 $5 \times (800/2000) = 2$ 个，在其他三层中抽取的学校数为 $5 \times (400/2000) = 1$。层 1 的学生人数为 60，层 2 的学生人数为 30，层 3 的学生人数为 30，层 4 的学生人数为 30。

第三环节，确定标记变量。确定标记变量是为了分析样本是否具有代表性，按照标记变量描述的总体中学校和学生的分布情况与最后抽取的样本学校和学生的分布情况进行比较。这一环节是按照感兴趣的标记变量描述定义的目标总体特征。可以按照学校规模、学校性质、学校类型等学校层面变量或学生分布。

第四环节，建立抽样框。首先，分层呈现总体的信息，按照学校规模不低于 30 的原则，将学生人数小于 30 的学校与相近的学校合并；其次，分配选票，在每一层中，对定义目标总体中的学校分配选票，每个学校分配的选票数量等于学校的学生数。

第五环节,抽取学校和学生样本。第一步是抽取学校样本。在层 1 中,有 800 人,需要抽取 2 所学校,计算出抽样间距为 800/2＝400,在抽样间距内随机生成一个数,用这个随机数作为随机起点,按照抽样间距求得第二个被抽到的选票号;在层 2 中,学生总数为 400,在抽样间距 400 中随机生成一个数即可。第二步是抽取学生样本。在每个被抽取的学校中采用简单随机抽样的方式抽取 30 个学生样本。

第三节　观照异质性的教育质量评价抽样权重与误差估计

在教育评价中,权重的确定对评价的结果具有重要影响,科学的指标权重、合理的权重设计可以提高抽样的估计精度,减少抽样误差。观照异质性的教育质量评价抽样权重与误差估计通常采用主观赋权法、客观赋权法和主客观综合集成赋权法进行权重设计,在抽样中,还要注意控制各个阶段都可能产生的抽样误差。本节将对权重及其设计方法和误差估计进行分析。

一、权重及其设计的重要性

在教育评价中,权重的设计合理与否,对评价结果的科学性与合理性起着至关重要的作用,科学确定权重是教育评价中的关键环节。

(一)什么是权重

为达成相应的评价目标,评价者往往会设计多个指标来对评价对象进行评价,然而,各个评价指标对评价对象的作用并不是同等重要的。因此,为了体现各个评价指标在评价指标体系中的作用、地位以及重要程度,在确定评价指标体系之后,就必须对各指标赋予不同的权重。权重也称权或权数,指以某种数量形式对比、权衡被评价事物总体中诸因素相对重要程度的量值。[1] 具体而言,权重是表示某一指标项在指标系统中的重要程度,即在其他指标项不变的

---

[1]　邱均平,王碧云,汤建民.教育评价学:理论·方法·实践[M].北京:科学出版社,2016:165.

情况下，这一指标项的变化对结果的影响。不同的指标赋予何种权重，主要由如下几个方面的因素决定：第一，教育评价者对各评价指标的重视程度不同，即教育评价者从自身评价的价值观出发，对评价指标重要程度的判断，反映了教育评价者的主观差异。第二，各指标在教育评价中所起的作用不同，即基于充分的理论和实证研究，不同的评价指标在教育评价体系中客观地发挥着不同的作用，有的评价指标对于评价对象或评价目的达成的作用强于其他指标，这反映了各评价指标之间的客观差异。第三，教育评价各指标的可靠程度不同，主要表现为不同指标所提供的信息的真实性与有效性不同，如部分指标提供的信息真实性与有效性不足，则赋予较低的权重，否则就可能影响评价结果，这反映了各指标所提供信息的可靠性差异。

一般而言，权重有两种表现形式，一是用绝对数表示，一是用相对数表示，就两者之间的关系来看，相对数是用绝对数计算出来的百分数或千分数表示的，又称为比重。因此，就其实质而言，权重是一个结构相对数。在教育评价中，权重值的确定直接影响评价的结果，其变动可能引起被评价对象优劣顺序的改变。针对同一组指标数据，如赋予不同的权重，则会导致截然不同甚至相反的评价结论，因此，合理确定指标权重对评价结果的运用有着重要意义。

(二)权重设计的原则

科学的权重赋值对评价结果起着至关重要的作用，若某一指标的权重发生变化，就会在很大程度上影响评价结果。在确定指标的权重时，需要遵循如下基本原则：第一，权重的取值范围应尽量方便于教育评价数据的计算。权重的总值一般取1、10等整数，当教育评价指标的数据较为接近时，权重的取值范围可适当增大，同时兼顾评价标准体现本身的系统性。第二，教育评价指标权重的分配应反复听取多方意见并灵活处理，避免为了取得一致意见而草率做出决定，以提升权重分配的合理性。第三，教育评价指标权重的分配可运用多种不同的方法，通过多种赋权方法的综合运用与优势互补，提升权重设置的科学性。第四，教育评价权重的分配方式应该体现完整性。一般而言，可采取从粗到细的赋值方式，即先对指标大类进行权重分配，然后再对指标大类对应的具体指标进一步赋权，把大类所得的权重分配到各个指标，如此，既能保持指标大类的权重，又能从整体上保持具体评价指标的协调和评价的合理性。

(三)确定权重的步骤

确定指标的权重有多种不同的方法，因方法不同，确定权重的步骤有所差异。一般而言,根据评价指标的分级,确定权重有如下三个基本的步骤:第一,确定权重的形式和总值,即确定是用绝对数表示还是用相对数表示权重,进而确定权重的总值,如采用相对数表示权重,则总值一般设计为100%。第二,采用多种方法确定评价指标体系中一级指标的权重。第三,确定二级指标及其下位指标的权重。一方面采取多种方法分配二级指标的权重,另一方面将二级指标所对应一级指标的权重分配到各二级指标中,如某一评价指标体系有三级指标、四级指标及更细化指标,则采取此步骤同样的方法分配权重。

二、关注异质性的教育评价权重设计方法

针对教育评价中群体的异质性,教育评价的指标权重既包括评价指标本身的权重设计,也包括考虑评价样本对总体中相应群体的代表性,确定针对差异化群体的权重。

(一)针对评价指标的权重设计

目前国内外关于评价指标权系数的确定方法有数十种之多,根据计算权系数时原始数据来源以及计算过程的不同,这些方法大致可分为三大类:主观赋权法、客观赋权法和主客观综合集成赋权法。

1.主观赋权法

主观赋权法也称经验赋权法、定性赋权法,是专家根据个人研究和经验对评价指标重要程度的主观判断。主观赋权法具体包括专家咨询法、层次分析法、模糊分析法、二项系数法、环比评分等,其基本原理是对较重要的评价指标赋予较高的权重,各评价指标的权重由专家根据自己的经验来确定。主观赋权方法可以让专家根据经验对评价指标的重要程度进行排序和分配,能够较为合理地确定各指标的权重,简便易行。但主观赋权法具有一定的主观随意性,选取的专家不同,得出的权系数也不同,即权重的合理性受到专家主观认识和经验的影响。因此,在使用主观赋权法时,可通过增加专家数量、科学选择咨询专家等办法提高赋权的科学性与合理性。

运用专家咨询法这一主观赋权法时,基本思路如下:邀请一批对所评价现象有深入了解的教育专家或其他专家,让他们各自独立地对评价体系中的一级指标、二级指标及细化指标赋予权重,然后将专家意见集中起来,求出每个指标权重的平均值和方差。由于每位专家对各评价指标重要程度的认识不完全一致,所赋权重可能会有差异,如通过均值和方差分析观察到专家之间意见

的离散程度较大，即专家意见过于分散，则可以进行第二次甚至更多次的专家咨询，直至专家意见趋向一致，并以最后一次各专家权重的平均值作为评价指标的权重。

2.客观赋权法

客观赋权法也称为数学赋权法、定量赋权法，是以一定的理论和经验为基础，通过对数据的统计分析确定权重的方法。客观赋权法不依赖人的主观经验和主观判断，具有较强的数学理论依据，常见的客观赋权法包括熵权法、主成分分析法、多目标规划法、均方差法、变异系数法等。其中，主成分分析法是常用的一种赋权方法，这种方法的独到之处在于，通过多云统计分析方法，能够消除指标样本之间的相关关系，在保持样本主要信息量的前提下，提取少量有代表性的主要指标。[①]

相对于主观赋权法，客观赋权法更具有科学性，对指标权重的赋值有数据支撑，可以排除赋权过程中个人主观性的影响。然而，客观赋权法建立在原始数据的数学分析基础之上，原始数据收集科学与否会影响权重的计算，其通用性和可参与性比较差，难以体现评价者个人的评价价值观和评价意图，如指标权重不能体现评价者对不同属性指标的重视程度。通过客观赋权法确定的权重可能会与评价指标实际重要程度相差较大，容易出现"重要指标的权重系数小而不重要指标的权重指标系数大"的不合理现象。同时，客观赋权法的计算方法较为复杂，操作难度较大。

3.主客观综合赋权法

主客观综合赋权法即综合运用主观赋权法和客观赋权法来对评价指标进行权重的分配，将两种赋权方法结合能够弥补单一赋权方法带来的不足。主客观综合赋权法结合了主、客观两类赋权方法各自的特点和优势，兼顾了评价主体的偏好和评价客体的客观真实性，把主观和客观两类权重信息结合起来，既充分反映了评价主体对评价客体各属性或指标的偏好程度，又能够充分利用各属性或指标提供的客观数据信息，最后使得评价指标权重设计更加科学，更具有说服力。

在具体运用主客观综合赋权法时，一般是将两种赋权方法组合使用，如将专家咨询法和熵权法组合使用，或者将专家咨询法和主成分分析法组合使用，具体的使用方法则需要根据具体的评价情景确定。

---

① 张玉田,等.学校教育评价[M].北京:中央民族学院出版社,1987:33-42.

（二）针对差异群体的权重设计

在教育评价中，尤其是大规模的教育评价中，由于不同的评价对象对于总体的代表性不同，亦需要针对不同的群体来设计相应的权重，主要包括学校的权重设计和学生的权重设计。

1.学校的权重设计

通过抽样的方法抽取部分学校进行评价时，由于学校类别多样，被抽取的不同类别的学校对于总体的代表性不同，对不同区域教育质量进行比较分析和研究，就需要对学校进行加权，以减少抽取学校对于总体代表性不同而导致的对评价结果的影响。例如，在教育评价中，存在农村学校和城市学校、大规模学校和中小规模学校、普通学校和融合教育学校、汉语学校和双语民族地区学校等，在对评价数据进行分析时，就需要根据这些不同学校的比例来确定合理的权重。具体而言，对学校的权重设计要充分考虑如下两个方面的因素：第一，评价数据分析的目的，如在进行总体描述或推断时，可以直接进行数据分析，但如果需要进行地域、不同类别的比较时，就需要根据样本特征赋予不同的权重。第二，不同类型学校在总体学校中所占的比例，即代表性，不同类型学校在总体学校中所占的比例不同，其对总体的代表性也不同，这要求根据不同的比例对不同学校确定合适的权重。

2.学生的权重设计

与学校的权重设计一致，对学生的权重设计也需要充分考虑不同群体学生对总体学生的代表性，如男女性别学生，农村学校学生和城市学校学生，大规模学校学生和中小规模学校学生，只有确定不同学生群体的权重，才能进行有效的评价数据分析和研究。

一般而言，学校权重设计和学生权重设计是统一进行的。在国际大规模教育评价中，为了增强各个国家的可比性，在评价数据库中均提供了多种权重供研究者根据特定的情况进行选择应用。在 PISA 测试中，由于学校有多种不同的类型，学生样本也是随机选择的，被抽取的学生对总体学生的代表性不同，为了确保每个被抽样的学生代表总体中的适当数量的学生，则需要对学校和学生单独赋予权重。在 PISA、TIMSS 和 PIRLS 中，针对学校和学生有下列加权方法：总体学生权重（total student weight）、学生参议院权重（student senate weight）、学生众议院权重（student house weight）、学校权重（school weight）。针对不同的分析目的，可以采用不同的权重。例如，student senate weight 主要用于跨国（地区）分析研究，每个国家的加权样本容量均为 500，避免不同国家人数差异过大而导致抽样不均的问题，而学生众议院权重（student house weight）能够确保加权样本与每个国家（地区）的实际样本量相对应。

在"北京市义务教育阶段学生学习生活状况调查"项目中，项目组借鉴了PISA测量技术，抽取的学校和学生进行了权重的设计。具体的操作如下：

第一步，确定设计权重。设计权重是根据抽样设计得到的，分为两个阶段，包含学校设计权重和学生设计权重，每个样本学生的设计权重是学校和学生两部分设计权重的乘积。

第二步，确定无回答的调整权重。评价中不可避免地出现无回答现象，在无回答情况下，如果不对原有的设计权重进行调整，则无回答单位的权重就会丧失，总体的规模就会被低估，从而导致总体参数估计出现严重偏差。在实际计算中，人们经常构造调整层，使同一层的回答单元和无回答单元的背景尽量相似，从而可以用回答单元代替无回答单元，以提高目标变量的估计精度。

第三步，确定最终的权重和权重标准化。最终的权重是设计权重和无回答调整权重的乘积。权重标准化是将最终的权重乘一个比率，该比率是参加测试的学生总数与该年级权重总和的商，这种线性转换可以使总的权重等于观测值总数。①

三、观照异质性的教育质量评估误差估计

在教育质量评估中，不可避免地会出现抽样误差的问题，教育评价者需要采用一定的办法控制影响抽样误差的因素，通过优化评估设计、样本量、抽样程序等方法对抽样误差进行估计。

（一）什么是抽样误差

抽样误差指由于随机抽样的偶然因素样本各单位的结构不足以代表总体各单位的结构，引起抽样指标和全局指标的绝对离差。抽样误差是随机抽样所特有的误差，不是由调查失误所引起的。在教育评价中，抽样误差是由抽样的非全面性和随机性引起的偶然误差，是样本不能代表总体而产生的误差。抽样误差的表现形式一般有三种：抽样实际误差、抽样标准误差和抽样极限误

---

① 王玥，赵丽娟.PISA测量技术在我国区域教育质量监测与评价中的应用：以"北京市义务教育阶段学生学习生活状况调查项目"为例[J].中国考试，2021（9）：54-61.

差。抽样实际误差指抽样估计值与总体指标值之间的离差,当估计值比总体的指标大时,实际误差为正,当估计值比总体指标值小时,实际误差为负,若估计量无偏,则有可能实际误差的和为零。由于抽样实际误差并不可知,抽样标准误差则是衡量抽样误差大小的核心指标,是对总体指标作出区间估计的一个重要因素。抽样标准误差,即抽样标准误,是抽样分布或抽样估计值的标准差,抽样分布的标准差越小,估计量的抽样分布就越集中,通过样本估计总体的误差就越小。抽样极限误差是以样本估计总体在某种概率意义下所允许的最大误差范围,是某一次抽样中,抽样估计量所允许的最高值或最低值与总体指标之间的绝对差值。[①]

(二)抽样误差来源

1.样本容量

样本容量是影响抽样误差大小最直接的因素,与置信度和置信区间密切相关,并会影响抽样的可靠性及准确性。当样本容量等于总体容量时,抽样误差为 0。一次抽样的样本容量需要评价者根据总体的异质性与实际人力、物力等情况进行权衡,样本容量过大会造成不必要的浪费,过小则达不到要求,因此样本容量既要满足统计学上的要求,也要符合实际的人力、物力等情况。

2.总体内在差异

总体内在差异是影响抽样误差的重要因素之一,表示总体内在差异程度的指标是总体方差或者总体的标准差,总体的方差越大,各评价单位标志值之间的差异越大,可能产生的样本估计值之间的差异就越大,抽样分布越分散,则抽样标准误越大。当总体方差为 0,总体内各调查单位标志值之间无差异,则不存在抽样误差,标准误也为 0。

3.抽样方法

不同的抽样方法会产生抽样误差,如简单随机抽样、分层抽样、系统抽样、整群抽样的误差是不同的,评价者需要根据实际情况和需要选择最佳的抽样方法。

4.估计量

估计量的差异会有不同的抽样分布,继而会产生不同的抽样误差。恰当的估计量可以在控制误差方面起到积极作用。

---

① 李金昌.应用抽样技术[M].3 版.北京:科学出版社,2015:28-29.

（三）抽样误差估计

在教育评价中，一般采用抽样方法抽取部分样本来估计整体，抽样误差不可避免，针对复杂样本的方差估计方法通常有随机组法、重复样本法和线性化方法等。大规模的教育评价项目通常采用重复样本法来计算抽样误差，该方法的原理是将样本视为一个总体，从这个新总体中抽取不同的子样本，并用这些子样本的同构参数估计量去估计方差，具体有刀切法（jackknife method）、自助法（bootstrap method）、平衡半样本法（balanced repeated replication method，BRR）等。

第七章　基于异质性的教育评价工具设计与实施过程

教育评价主要采用学科测验和背景调查的方式对学生的学业水平以及相关影响因素进行评估,以反映学生和地区教育发展的现状,推动教育领域的持续改进。教育评价工具的研制与运用,直接影响评价过程的有效性与评价结果的可靠性。本章将基于异质性视角阐明学科测试题与背景调查工具研制需要关注的关键因素和实施建议,提出学科测试题与背景调查工具面对不同地区、环境和特殊学生群体的调适措施。

第一节　基于异质性的学科测试题设计

学科测试是教育评价的重要手段,科学的学科测试题设计能有效反映学生学业成就表现,对有效实现评价的激励、诊断、选拔和评定功能具有重要价值。面对不同群体和不同地区的学生,学科测试题的设计除了要具有普适性的特征,也需要观照差异的存在,由此,学科测试题才能真正有效地发挥评价的作用。

一、学科测试工具与学科课程标准的一致性

一致性是基于标准的学生学业成就评价的核心和基础,是衡量基于标准的评价执行程度的依据。在教育评价中,学科课程标准为学科评价工具的设计指明了方向和思路,保持学科测试工具与学科课程标准的一致性也是学科测试工具设计的基本要求。

　　从语义学角度看，一致性指两个或两个以上事物之间的匹配关系，保持一致性使得各部分或因素之间相互协调、呼应、紧密合作。① 在基础教育中，分析评价与课程标准的一致性需要运用一致性分析范式，即判断、分析课程系统各个要素之间吻合程度的理念、程序与方法的总和②，从一致性分析范式来看待学科测试与课程标准之间的关系，学科测试与课程标准一致性指的是学生的学业成就测试和课程标准之间高度贴合，学业成就评价要以学科课程标准为依据。学科课程标准规定了对学生学习的期望与要求，一致性视角下的学科测试能够反映学生当前的学习状态与标准期望之间的差距，为后续学生的学习及教师的教学提供改进方向和发展建议。另外，"如果学生学业成就评价指向于问责，那么它同样必须以课程标准为依据，否则通过评价获得的、作为问责的依据的学生学业成就数据很可能不是学校教育的结果，而依据这种数据实施的问责显然有失公平"③。因此，将一致性理念落实到学科测试题的命制和编纂中，能使所编制的学科测试题符合课程标准的要求。实现学生学业成就与课程标准的一致性有多种途径，韦伯模式以内容重点为核心，从知识种类一致性、知识深度一致性、知识广度一致性、分布平衡性四个维度评价学业成就测验与课程标准内容要素的匹配程度。④ 知识种类一致性关注评价项目所涉及的内容、主题范畴与课程内容标准中描述的内容与主题范畴是否一致，这就要求评价和课程内容标准中有相对应的内容主题范畴，以此来保证学科测试题和课程内容标准在知识种类上是一致的。知识深度一致性是用来考察完成评价任务所需的认知要求与课程标准中期望学生应当知道什么和应当做什么的目标是否相一致，关注的是学习内容认知要求。知识种类一致性和深度一致性只关注到课程标准中规定的知识内容及认知要求。知识广度的一致性则关注课程标准中所涉及的知识跨度与学生为了正确回答评价项目所需的知识跨度是否相一致，即评价和内容标准中知识深度的一致。知识广度的一致性标准要求课程标准中的各个项目与评价项目相对应，即课程标准中知识

① 崔允漷，夏雪梅.试论基于课程标准的学生学业成就评价[J].课程·教材·教法，2007（1）：13-18.

② 刘学智，马云鹏.美国"SEC"一致性分析范式的诠释与启示：基础教育中评价与课程标准一致性的视角[J].比较教育研究，2007（5）：64-68.

③ 崔允漷，王少非，夏雪梅.基于标准的学生学业成就评价[M].上海：华东师范大学出版社，2008：109-110.

④ 田一，张咏梅，彭香.学业质量监测与课程标准一致性研究[J].上海教育科研，2016（9）：40-45.

跨度和评价中知识跨度的一致,评价活动需要在课程标准中的合理知识跨度内开展。分布平衡性即知识样本平衡性一致性标准,指的是评价内容和课程标准中的内容的分布和权重一致,如评价内容和课程标准中的内容分布一样、同等重要。"知识广度和种类的一致性标准仅仅考虑课程内容标准中目标的数目与评价项目相对应,评价项目并没有考虑课程内容目标是如何分布的,样本知识的平衡性一致标准则标明了评价项目对应课程内容目标的分布程度。"①总之,在命制学科测试题时,应该注意到所命制的学科测试题在知识种类、知识深度、知识广度、知识样本与课程标准的一致性问题,根据课程标准编制在知识内容、认知需求、知识权重及分布上合理的学科测试题。

评价与课程标准一致性不仅能提高学科测试工具的有效性,还能在此基础上实现更深层次的目的:促进学生获得高质量的学业成就,实现评价工具的价值。一致性是衡量评价与课程标准匹配的手段与依据,是衡量基于标准的评价执行程度的依据,也是衡量学科测试题质量高低的一个重要指标。保持学科测试工具与课程标准的一致性,能够使学科测试题的命题标准化和规范化,进而提高学科测试题对学生水平评估结果的可靠性与真实性,实现学科测试促进学生发展的目的。

课程标准是国家对基础教育领域整体发展规划的质量要求,为学生学习、教师教学、学业质量评价提出了要求,是课程实施、教材开发、教学以及评价的基本依据。基于课程标准的学科测试题开发,首先需要对课程标准的基本理念和内容维度与学业质量标准进行深入分析与解读,基于课程标准的学生学业成就评价必定是要求评价的内容与课程标准严格匹配,这也就回答了评价"评什么"的问题②,然而,从课程标准到具体"评什么"需要评价者对课程标准进行解读与分解,即在理解课程标准完整内涵的基础上,对课程标准的核心素养、课程总目标、分阶段目标、学业质量标准、课程内容等模块进行分析和研究,将其转化为评价情景和评价任务,进而设计评价工具。

二、学科测试题命制的基本要求

学科测试题编制是教育评价工作的重要环节,学科测试题的命制需要遵

---

① 刘学智.论评价与课程标准一致性的建构:美国的经验[J].全球教育展望,2006(9):35-39.
② 汪贤泽.基于课程标准的学业成就评价程序研究[D].上海:华东师范大学,2008:70.

循试题编制的科学原则,保证试题的等值性、公平性和有效性。

(一)等值性

"在一定条件下,用不同测量工具测事物的相同指标,通常得到不同的数值,将这不同数值进行转换,使之可相互比较,这一过程称为等值。"[①]测验等值指将测量指标在不同版本测验中的对应参数统一在同一量尺上的过程,让使用不同考试版本的学生的成绩不受影响,测验等值的研究与实现对于考试的公平性、题库建设、教学质量评价和计算机化自适应测验都具有重要的意义,不仅有助于准确评估学生的学习现状和教育目标的达成情况,还有助于研究者全面考查学生发展的影响因素,为教育政策的制定提供客观依据。在国际大规模教育评价中,由于受到经济、文化、语言以及教育发展背景的影响,不同国家(地区)学生使用的测试题语言亦不同,要在不同国家(地区)之间进行横向的分析比较,测验工具的等值性就显得更加重要,只有测试工具对于所有参与国家(地区)的学生来说测试的是同样的内容,评价结果才具有可信性和可比较性,也才能确保教育评价的效度。因此,运用等值技术把作答不同题本的学生的测试分数链接(linking)在同一量尺上,将一个测验的不同版本的分数统一在一个量表上[②],可让来自不同地域和文化背景、使用不同语言版本测试题的学生的评价结果具有可比性,实现教育评价的公平性。

(二)公平性

经济合作与发展组织(OECD)在 2012 年出版的《教育的平等和质量:支持弱势学生和学校》一书中指出教育公平包括两个方面的定义:一是公平(fairness);二是全纳(inclusion)。[③] 公平性是基础教育质量评价不可回避的根本问题。学科测试题的公平性是实现教育评价公平的重要支撑,学科测试题是否公平决定了评价者能否全面客观地收集到监测对象的真实信息,最终实现监测促进教育质量提高和均衡发展、服务教育决策的目的。具体而言,学科测试题的公平性表现在如下几个方面:明确的测验目标、差异性的测验内容、偏向性和无效信息的排除。首先,明确的测评目标是"公平性"测验设计的

---

① 吴锐.含题组测验的 IRT 等值问题研究[D].南昌:江西师范大学,2007:6.

② 李毅,等.管理研究方法[M].北京:经济日报出版社,2020:6.

③ 刘玥,游森.教育质量监测工具的公平性研究[J].中国教育学刊,2019(8):24-28.

前提。教育目标的明确和遵守是教育供给与接受双方的一种契约[①],明确的测验目标可以让学生清楚如何选择教学资源,应该付出怎样的努力;测验设计者根据目标选择合适的试题对学生进行评估,明确的目标所带来的教育契约精神给人们带来"公平性"的体验。其次,测验的内容需要根据差异进行筛选。考虑到考生群体所具有的不同民族、性别、种族、语言背景及身体状况,测验内容应当与不同地区民族的生活习俗、语言文化相适应,根据差异调整试题内容以保证测验内容对于所有的子群体都公正有效。最后,在编制学科测试题时也需要对无效信息和偏向性干扰进行排除。在 NAEP 的测试题编制过程中,评估组安排了 26 位不同身份的成员编制学科测试题,以保障测试题能代表来自不同宗教、种族、性别和文化领域的意见,同时设置全国教育考试服务中心(ETS),根据《ETS 质量与公平性标准》审核试题确保监测内容不受任何文化和种族偏见的影响。另外,试题设计委员会对 NAEP 试题内容的偏向性和敏感性进行审核,确认题目在内容和表述上没有任何冒犯某一特定种族、社会团体。它从多个维度综合考虑,确保监测内容不受任何文化和种族偏见影响对象的公平性。[②]

总之,公平的评价工具在整个评价过程的每一个环节中都考虑不同子群体的特点。明确并坚持"公平性"原则,试题编制者需要从观念上排除社会文化、教育文化、考试文化等习惯性的影响,加强日常的学习与研究,从而尽量减少教育与测评中的随意性。

(三)有效性

有效性指某项测试所能测量出的其所要测量内容的程度,指测量手段的准确性,即在测量想要测试属性时的准确程度。有效性用效度来衡量,具有效度的学科测试题要求测验在性质上和收集方法上与评价目标所依据的标准保持一致,由此,学科测试题才能够达到预期的评价要求。在学科试题的命制中,影响试题有效性的因素有以下几方面:第一,评价者对评价对象属性的把握程度。评价者对评价对象的基本内涵把握得越清楚且理论定义得越准确,操作定义就能够在经验层次上准确反映评价对象的属性及特征,所编制的评价工具就会具有较高的有效性。第二,试题的数量。从内容效度的角度来讲,

---

① 包雷,胡扬洋.教育测评中试题编制的公平性:由一道"测心脏"的物理题说开去[J].教育测量与评价,2018(2):12-17,32.

② 刘玥,游森.教育质量监测工具的公平性研究[J].中国教育学刊,2019(8):24-28.

如果学科测试题的数量合理又能很好地反映课程标准的内容,那么试卷有效性高,而如果试题的数量过多,学科测试题可能就不能有效地反映教科书的内容。第三,学科测试题的难度和区分度。难度指测试的难易程度,区分度指测试的鉴别能力,如果学科测试题的难度和区分度不合理,就说明测试题不具备区分评价对象优劣的能力,无法使评价对象表现真实的水平,学科测试题也就失去了效度。第四,评价对象的群体特征。不同的地区与学生有不同的群体特征和个体差异,应根据受试者的特征灵活调整测试题,保证试题测试能有效测量出学生真实水平与实际能力。学科测试题的设计要根据评价对象群体年龄、性别、能力、个体差异等方面的具体特征,采取差异化的处理措施。要提高学科测试题的效度,需要评价者深入研究学科测试题评价内容的属性,将评价内容操作化,同时考虑受试者的实际水平,编制具有合理难度与区分度的学科测试题。

三、针对异质性群体的差异化学科测试题设计

受社会文化背景和经济发展状况影响,在不同地区,不同文化、环境影响下的学生群体的发展存在差异,为测量出所有学生群体的真实水平,需要基于课程标准研制区域学业质量标准,根据实际情况调整试题的难度、区分度、题型表达以适应不同学生的发展情况,保证测试的公平性、有效性。

(一)针对异质性群体的差异化学科测试题设计的基本思路

1.基于课程标准的学科测试标准灵活调整

课程标准是根据学生身心发展的特点和知识水平以及发展学生智力的需要,对学生完成一定阶段学习活动之后,其在核心素养上的具体学业质量要求的描述。课程标准规定了各门课程的性质、目标、内容框架、学业质量标准,提出了教学建议和评价建议,是教材编写、教学、评估和考试命题的依据,体现了国家对不同阶段的学生在学科核心素养上的基本要求。课程标准具有普适性,对不同区域群体的个性差异与文化背景差异难以兼顾,因此,评价者需要基于课程标准对学科测试题进行灵活的调整,以推进区域学业质量标准的研制,进而编制合理的学科测试题。区域学业质量标准不同于课程标准,是课程标准的进一步细化,它对课程标准进行深入的解读和分析,使课程目标的要求进一步细化,能更具体、更明确,体现出较强的全面性、可操作性和对教学的指

导性、示范性,关注群体和个体学生的学业质量情况①。课程标准为学科测试题的编制提供了基本的方向指引,指导学科测试题的命制和教学评价的实施,而区域学业质量标准则为不同区域学科测试题的命制与教学评价提供了弹性空间,有利于教师在明晰课程标准具体课程目标与学业质量标准的前提下,根据地区差异与学生情况灵活调整测试标准与要求,保障学业水平测试的有效性。

2.基于同样考查要点的题型调整

在学科测试中,题型调整指习题或者题目的类型发生变化。考试中常见的测试题目类型有选择题、填空题、判断题、主观题等,不同题型有不同的考查功能和适用范围,适应不同的考查需要,对被试者的思维能力、认知水平、言语表达等方面提出了不同的测试要求。学科测试的最终目的是对学生在具体学习内容领域的熟练程度或能力进行有效的推断,测验学生的实际能力水平。采用一种最适合、有效、高效的项目类型来测量目标结果,需要在测验条件的实际限制与测验双向细目表所规定的内容覆盖率和认知水平要求之间达到平衡。② 不同地区对学生的学业要求水平存在差异,评价者还需要根据地区的测验目标设置差异化的题目类型,学科测试题要根据测验目的和学生群体特点合理选择题型,如 NAEP 2009 为了考查学生的理解和观察实践的综合能力,除了设置基本的考查理解能力的题目,还设置了一些动手操作或交互式计算机任务③。同时,评价者还需要考虑为特殊需要儿童提供题型调整上的合理便利,即根据特殊需要儿童的类型提供题型的合理调适。在进行题型调整时,评价者也需要对不同题型的相关性进行分析,保证不同题型对同一内容的测量是等效的。另外,对同一内容的不同题型答案长短以及自由作答的程度越相近,测验分数的相关性就越高,答案长短以及自由作答的程度相距越大,测验分数的相关性就越低④。总之,基于同样考查要点的题型调整能最终实现形式与内容的完美结合,诊断出学生真实的能力水平。

3.基于学生差异的题目难度调整

难度是评价题目的重要指标,也是影响学科测试题效度的重要因素。学

① 杨文娟.优质教育长出来:质量导向的区域教育发展的整体联动[M].北京:光明日报出版社,2019:111-118.

② 雅普·希尔伦斯,塞斯·格拉斯,萨利·托马斯.教育评价与监测:一种系统的方法[M].边玉芳,曾平飞,王烨晖,译.北京:教育科学出版社,2017:110-112.

③ 李刚,辛涛.大型教育质量监测项目对特殊教育需要学生的关注及其启示:以 PISA、NAEP、NAPLAN 为例[J].中国特殊教育,2019(2):3-8.

④ 王孝玲.教育测量[M].上海:华东师范大学出版社,2005:187.

科测试题的难度既受到评价内容本身的影响，也与评价对象的因素密切相关，在大规模测试中，受试学生自身的知识和能力水平、生活环境以及教师教学能力水平不同，从而使得一道题对于不同学习背景的学生来说难度不同。要发挥教育评价促进发展的功能，评价者需要基于学生的差异对题目的难度进行适当的调整。通过深度调研学生的具体情况，对学科测试题的作答状况得出尽可能精确的预估，根据不同测验对象的现实状况调整试题的难度。基于评价对象差异的题目难度调整也是国际大规模教育评价中普遍采用的策略。例如，PISA针对部分国家（地区）设计了低难度的试题本，这既能够测试出学生的真实水平，为这些国家（地区）提供精确的反馈信息，又避免学生在使用难度较大试题本时自信心和积极性受到打击。在基于学生差异进行试题难度调整时，需要开展充分的研究，基于充足的证据，进而决定是否采用题目难度调整措施。例如，南非东亚教育质量监测（SACMEQ）考虑到各成员国的教育体制不同，入学时间有较大的差异，教育部负责人在学科测试题编制和标准划定时会规避区域发展不平衡导致学生群体发展水平差距较大的情况，在试卷编制的过程中根据"政策开发阶段—政策评价阶段—政策研究阶段"针对个别地区情况调整试题难度，加强了该监测对不同参与国家教育质量的解释力。

（二）针对异质性群体的差异化学科测试题设计的过程

1.试题前期准备

试题前期准备包括确定测验目的、解读课程标准、分析学生差异、确定命题组成员四个步骤。在教育评价中，对评价目的和评价对象的研究是确定知识点广度和深度的重要依据，在明确评价目的和评价对象基础上进一步研读课程标准，尤其关注课程标准中的课程目标和学业质量标准，进而在规定测试范畴内确定测试的目的范围。差异化学科测试题设计是根据一定的评价目的，在一定要求（课标要求）之上，设置具有等值性的差异化试卷或考试方式来诊断学生的学习水平，评定不同地区、不同发展水平和特殊情况学生的学业水平、情意、状态的过程。因此，在试题编制前期，需要从整体上分析学生群体的差异性，设计试题开发工具，选择相应的试题分析模型。同时需要成立试题编制小组，确定试题编制人员，增强试题命制成员的覆盖面和代表性。

2.试题初步命制

试题初步命制包括确定试题的内容与容量、合理安排题型与难度、设计问题及编写答案、建设题库五个步骤。在试题命制前期要立足基础，根据双向细目表确定试题内容，保证试卷对考查知识的覆盖面，试卷分值合理分配到各单元,考试的内容和要求要与《课程标准》《考试说明》的规定保持一致。其次,要从整体上把握试卷题型结构,确定试卷设计题量及各占分值,充分挖掘不同题型的功能与层次,体现命题风格与命题的倾向性。在试题初步命制过程中,试题命制组成员需要对学生情况内部进行细致的分析,概括归纳出学生不同的发展情况及区间层次,根据测量不变性原理设置出具有等值性的多样化的题目,对众多题目实行等值分析并整理形成一套试题库,对题库进行加工整理,提供给不同发展情况的地区和差异化儿童来使用,同时要增强题库的安全性、实用性与灵活性。

3.试题适宜性调整

试题适宜性调整包括调整试题格式、审查题目、试测题目三个步骤。不同区域的学生生活环境不同,生活习惯也有一定差异,对于同一件事情的理解可能会带有各民族和地域的特色,在设计试题时要因地制宜。因此,从试题设计的背景来看,试题内容要联系学生的生活实际,注重学生的主体性,做好试题的适宜性分析,杜绝试题的"偏"。适宜性调整即试题的设计在尊重课程标准、教材和考试说明的基础上要体现差异,以及在呈现方式上要体现差异。在完成试卷编制后需要对试题进行全面的审查,学科测试题要体现"以纲为本"筛选语义清楚、简明扼要、答案明确和没有争议的试题,还需要针对不同地方的测试对象、不同层次的教育水平、不同年龄的学生差异更换题目或调整试题的内容、形式。在题目审查无误之后可进行小范围样本试题,如进行试题功能偏差(DIF)检验,最终形成的试题册要适合不同地区经济、文化、教育和儿童发展差异,发挥学业成就评价试题的诊断作用。

4.试题定稿

通过建立和形成学科测试题库,并对测试题的适宜性进行分析之后,就可以编排出具有地区差异性并符合学生个性化和差异化发展的差异性学科测试题,即学科测试可以定稿使用。

以上主要是对如何设计针对异质性群体的差异化学科测试题设计过程的描述,在具体的学科测试题开发过程中,还需要注意试题开发的具体要求和相关细节,只有这样才能开发出一套科学合理的测试题。

第二节　基于异质性的背景调查工具开发

　　学业成就测试能获得学生发展的量化数据，背景调查能收集影响学生学业成就的质性材料，背景调查工具的开发和使用也要基于异质性视角，使背景调查工具适应不同地区和不同学习环境的差异性，实现跨区域比较与分析。

一、背景调查对于教育质量监测的价值

　　背景调查是通过设计调查工具对学生、教师和学校的相关背景与环境进行调查，收集有关人口统计学报告类别、社会经济地位、公共政策背景因素以及特定学科的背景资料等方面的信息。背景调查能解释学生学业发展水平，探究影响学生发展的因素，是保障教育公平性的重要体现。

（一）解释学业发展水平

　　学业水平测试是通过测试获得学生发展水平与能力状态的量化数据，背景调查则是对影响学生学业发展水平与状态的外部环境和背景探究质性依据，以深入解释学生学业发展水平及其影响因素。例如，PISA 对学生阅读、数学和科学三个领域的知识掌握和应用能力（素养）进行评估的同时，还通过问卷调查收集了学生个体、家庭、学校和社会等影响学生学业发展的各种信息，收集到的质性材料能解释学生学业发展水平以及造成学生差异产生的原因，进而科学解释各国（地区）教育质量发展现状，为各国教育改革提供更多可靠信息。同样，NAEP 在测试的同时也通过对学生、教师和学校的背景调查，收集有关人口发展、社会经济发展、社会文化背景等方面的信息[①]，在获得相关背景信息后，对所获得的与学生学业发展相关背景资料的监测数据进行分析，采用多水平模型（multi-level model）分析影响学生学业成就的各种因素（包括家庭、学校、社区），并通过方差分析（ANOVA）得出导致成就差异来源中各种因素的贡献量，为学生发展水平及获得的学习结果作出更科学合理的解释。

────────────

① 　陈晨.基础教育质量监测中的公平性问题：美国 NAEP 的政策与实践[J].外国中小学教育,2011(2):11-15.

(二)探究影响发展的因素

影响人发展的因素包括遗传、教育、家庭、环境等,这些因素共同影响学生成就和发展进步。探求影响学生学业发展的因素,关注学生学业发展的过程,是新时代教育评价改革的重要思路,即不仅关注对学生学习结果的评价,也需要关注学生的学习过程,对学生的学习过程进行评价。在对学生的学业水平进行测试之后,进一步采用背景调查问卷来对能力测试进行补充,综合收集学生群体中每一个独特个体的生长环境信息,了解个体学生学习发展过程中的生活状态、家庭背景、态度状态等差异化情况,获取包括有关学校和学生课外学习条件的信息,有助于揭示学习框架条件与学生能力发展之间的关系,能全面综合了解学生发展的情况,科学合理解释不同学生发展产生差异的原因,从而准确分析影响个体发展的因素。PISA 2015"也以问卷的形式从多个维度收集分析了参与测试学生的背景信息,比如参与国(地区)学生的生活满意度(life satisfaction)、作业焦虑(schoolwork-related anxiety)、学校归属(school belonging)、旷课(student truancy)等方面,探究学生发展情况"[1]。PISA 通过对学生背景变量的收集,对研究结果进行合理和差异化的分析,发现不同家庭背景、职业和教育状况、社会经济背景和移民背景会造成学生能力水平发展存在相关差距,为教育系统影响学生发展因素提供了重要的反馈。

(三)体现教育评价的公平性

一方面,教育评价的公平性体现为评价对象的全面性,即应当全面地分析对象的特征,考虑到考生群体所具有的不同民族、性别、种族、语言背景及身体发展的差异性。背景调查是对学业成就测试评价的补充,能全面客观地收集学生在不同成长背景下的特征信息,从学生差异化的社会经济背景、个人成长环境等方面解释学生发展水平,探究影响学生发展的因素;背景调查能提升评价对象全面性、评价信息客观性,进而在解释学生能力水平上消除一些潜在的误差来源,最大程度上公平公正地评价教育质量状况。另一方面,教育评价公平性体现为评价过程的公平性,包括测验设计、开发、施测、评分、分数合成、分数解释等环节都应考虑不同子群体的特点,背景调查为学生学业成就测试所得分数提供了新的解释与说明,以实现评价结果的公平性。综上所述,教育评价公平

---

① 严文法,刘雯,李彦花.全球基础教育质量评估变化趋势及其对我国基础教育质量监测的启示:以 PISA、TIMSS、NAEP 为例[J].外国教育研究,2020(9):75-86.

性的实现不仅要全面分析评价对象,还需要根据不同地区和学生差异实施差异化的数据处理,由此,相关教育行政部门才能根据学生学业成就数据和背景调查变量,综合考虑之后制定相应的政策,通过教育评价的公平性促进教育公平。

二、项目反应理论在背景调查工具开发中的应用

项目反应理论(item response theory)也称潜在特质理论或潜在特质模型,是一种现代心理测量理论,其意义在于指导项目筛选和编制测验,能指导背景调查工具的开发与设计。

(一)项目反应理论概述

项目反应理论起源于 20 世纪 30 年代,是一种新兴的现代教育与心理测验理论。1952 年,美国测量学专家洛德(Lord)在自己的博士论文中首次提出项目反应模型,标志着该理论的诞生。项目反应理论首先确定项目特征曲线的形态,项目特征曲线上以支配人某种行动潜在特质的量表分数为自变量,以被试在试题上正确做到的概率为因变量,所求的因变量对自变量的回归线,亦即被试在试题上正确作答的概率对其能力水平的回归线。项目曲线的形态以数学形式表达被试能力与其对测验题正确作答概念之间的关系,这就是项目反应模型,它可以根据被试在项目上的行为反应来判断被试能力和预测被试的反应。项目反应理论的基本假设是被试在测验项目上的反应和成绩与它们的潜在特质有特殊的关系,即假设被试有一种"潜在特质",在测验中,被试的潜在特征是无法直接测试出来的,只能用测验总分对这种潜力进行估算。项目反应理论是在观察分析测验反应基础上提出的一种统计构想,能通过项目反应理论建立的恒久性项目参数实现不同测量量表的分数的统一,即"某个测试对象是否具有能成功完成一些特定类型认知任务的能力"。[①] 项目反应理论通过项目反应曲线综合各种项目资料,使评价者综合直观地看出项目难度、鉴别度等项目分析的特征,从而起到指导项目筛选、编制测验和比较分数等作用。

项目反应理论(IRT)是在经典测量理论(CTT)的基础上发展起来的经典测量理论。在实践中,经典测量理论基于样本所获得的项目统计量,测试结果

---

① 罗伯特·M.桑代克,特雷西·桑代克-克莱斯特.教育评价:教育和心理学中的测量与评估(第 8 版)[M].方群,吴瑞芬,陈志新,译.北京:商务印书馆,2018:119.

容易受到样本变动的影响,即经典测量理论的参数对学生样本群体的依赖性很大,学生的能力量表和试卷难度量表之间的关系是不一致的,往往无法进行直接的比较。而项目反应理论将学生能力与试卷题目的情况(难度、区分度等)进行综合考虑,而不是两个单独计算准确率的过程,由此规避了经典测量理论的局限性。同时,在项目反应理论中,被试的测验分数不再依赖项目的难度,使得不同测试之间的比较得以实现,因此在实际应用中,该理论可以向测试的编制者提供各项项目及测验在其分数量表上具有较大区分能力的位置。在题库建设上,项目反应理论在项目参数的获得、标准参照项测验项目的选择、常模的建立等方面具有不变性,因此各被试团体所得的项目参数具有可比性,对题库的建设意义重大。经典测量理论虽然不够严谨,但是浅显易懂,易于掌握,方便在实际测验情境中实施;项目反应理论严谨缜密,更适用于大规模教育监测和大样本检测数据资料的分析。

(二)项目反应理论对背景调查工具开发的价值

背景调查工具的选择直接影响调查数据的有效性和监测结果的真实性,在大规模的教育评价中,由于评价对象所处文化环境差异和群体特殊性较强,评价对象能力水平参差不齐,能力参数量表与项目难度参数量表的一致性难以保证,基于经典测量理论所研制的评价工具对于具有异质性的评价对象而言并不适合,即通过统一测量量表所获得的测验信息不仅难以进行数据比较,而且还受不同环境背景的被试样本的变动的影响。项目反应理论用项目和测验的信息函数来表示对被试能力估计的测量精准度,为被试能力估计提供了测量精准度指标,这使得同一个测试可为不同能力水平的被试提供不同的信息量,在测量实施之前就能够知道各个项目对不同能力估计的精确度,进而可根据对能力水平估计的测量精准度的目标来编制测验。因此,项目反应理论指导下的工具编制能将能力参数与项目难度参数定义在同一量表上,比如对能力已知的被试分配难度一致的问题,通过项目反应模型预测被试的表现,之后从题库中选出难度与之相当的项目进行新一轮测试。不同地区的学生个体有着不同的语言环境、发展背景,在问卷中的表达方式和对题型的适应性都有所差别,项目反应理论指导下设计出的调查问卷能在问卷呈现之前对学生进行能力水平评估,根据学生表现选择与之能力相适应的测验项目,这能有效应对因地区环境、个人差异而造成的项目设计不合理和评价偏差,而且可以采用不同的题型和差异化呈现方式对学生进行评估,使能力估计更精准。项目反应理论的使用,还能为问卷题库的建设提供便利,题库中的问卷能充分考虑群体差异性和个性化表达。它可以使同一个项目施测于能力全距分布不同的被试样本，即使是对不同条件背景下的异质性群体使用同一项目，亦可以得出具有区分度的测验结果。同时，题库中所有的项目都符合项目反应模型，这使任何一部分项目对同一个被试施测所估计出的被试能力都是该被试真实能力的无偏估计值，这一性质称之为能力参数不变性，这一特性让使用不同项目的被试之间的能力比较成为可能，可以获得科学合理的评价结果。总之，项目反应理论的使用可设置与受测者能力匹配的问卷问题，以减少测量的误差，可以对每个受测者对每个项目作出的不同反应进行数据分析和比较，提供更可靠而有价值的题目和回答。该理论的应用克服了背景调查问卷中许多调查项目对低能力的受测者、障碍学生来说太难、项目难度和区分度难以统一的困境，减少了被试在许多项目中因猜测、回避而产生的测量误差，使大规模教育监测背景下不同地区不同背景学生的比较分析成为可能。[①]

(三)项目反应理论在调查工具开发中的应用

1.等值、题库和自适应测验(equating and item banks，adaptive testing)

项目反应理论可用于题库建设，题库由测量相同潜在特质但难度和其他特性有所不同的几百道题项组成，新的测试可以从题库中抽取组合，对个体的测试可以从题库中一道道地抽取，以便尽快降低估计测量误差，这被称为自适应测验，它可以很方便地用于大规模测验项目。在背景问卷题目选择中，设计出具有等值性的背景调查题目，使问卷题目可以有不同的呈现和表达形式，能够很方便地对相同潜在特质的不同问卷回答进行量纲等值化，可以直接比较参与获得不同问卷题目的学生情况。

2.差别性题项运作(differential item functioning)

在标准化测试中，不同背景的人常常会面临相同的测量工具，即不同的学生可能会使用到相同的问卷。然而，一个重要的问题是，有着相同反应水平但不同背景(如性别、社会经济背景、民族)的人对测试题项是否会有相同的反应概率。如果反应概率并不相同，这个测试就被称为在题项运作上展现出了差别性。运用项目反应原理，能够实现差别性题项运作，在群体间功能有差异的题项使用功能无差异的题项进行替换。

---

① 许世红，黄小平，王家美.基础教育质量监测研究[M].广州：广东高等教育出版社，2016：73-76.

3.计算机自适应测试(CAT)

项目反应理论与迅猛且广泛适用的计算机技术结合,促进了计算机自适应测试的发展。自适应测试指通过对试题任务的难度作出快速调整,以适应测试对象的能力水平。[①] 在背景调查中采用网络化调查形式和线上问卷呈现方式,同时运用统一的评分标准和程序对不同班级的学生或者学生在一个背景调查维度的各个不同模块上的表现进行评估,不仅能对学生学业发展水平作出科学解释,还能够比较不同学校、地区学生的水平。项目反应理论与计算机自适应技术合成的 IRT-CAT 测验(自适应测验)的实现,不仅为不同地区、不同文化背景的学生跨区域背景调查提供了便利,还做到了因人而"测"、因人而"试"、因人施"测"。

三、针对异质群体的背景调查的调查工具开发

科学的调查工具是评价结果有效、可信的基础,群体的差异性决定了调查工具的多样化。在对异质性群体进行背景调查时,要对调查工具进行调整,需要基于测量不变性原理调整测量工具的内容、形式。

(一)测量不变性原理及其运用

公平的测验与评价应该在测验的设计、开发、施测、计分、汇报、解释等方面对受测者一致,以保证受测者的测验分数差异体现所测概念水平的差异,而非其他无关因素所导致。在教育评价中,评价者通过审查整个测试过程,努力保证能力水平相同的被试得到相同的测验分数,保证测验公平。但实际上,测验可能对特定性别、文化背景、民族、经济背景的被试群体更加有利,此时认为测验存在偏差,这就是测量偏差(measurement bias),它是一种测量过程中的系统误差。测验偏差表现为测验分析所使用的各种统计模型在不同人群中模型参数存在差异,它关注的是测验的心理计量特征(题目难度、区分度、正确作答概率)是否存在群体间差异,若测验无测量偏差,测验具有测量不变性(measurement invariance)。测量不变性作为跨组别量表测量实质性研究的逻辑起点和先决条件,已成为验证量表中概念在不同组别之间是否具有不变

---

① 罗伯特·M.桑代克,特雷西·桑代克-克莱斯特.教育评价:教育和心理学中的测量与评估(第 8 版)[M].方群,吴瑞芬,陈志新,译.北京:商务印书馆,2018:124-125.

性的通用手段和方法。[①] 大规模教育评价项目中的学生子群体来自不同的地区，受不同经济社会文化背景影响，能力水平存在较大差异，因此测量工具要满足测量不变性原理，使测验工具开发与使用在测验各个阶段对全体学生而言有相同的效度，保证测验公平。满足测量不变性的背景调查统计模型能保证模型参数在不同人群中保持一致，即能保证测量工具所测量的结果是对异质性学生内在潜质的真实反映。满足测量不变性的背景调查问卷的设计既能满足问卷题目符合个体差异性的认知水平和理解能力的要求，也能保证不同个体获得的不同问卷项目具体等值性，使评价结果可比。等值的测量工具是对学生进行对比分析的前提条件，是科学解释评价结果、促进评价公平性的重要保障。

(二)调查工具内容调整

测验的心理计量特征，即题目的难度、区分度、正确作答概率，在异质性群体中是存在测量差异的。基于测量不变性原理，可以对调查工具进行内容调整，避免测量偏差。部分背景调查问卷采用相同测验项目和统计模型来设计调查内容，通过收集到的学生背景信息来做分析和比较，在操作中忽视了测量工具适应性问题，即测量工具忽视群体差异，造成系统误差不能提供正确的反馈信息。例如，在背景调查中，根据"家庭是否有汽车"这一题项的回答情况来判断不同地区不同文化背景学生的家庭经济情况，就是不合适的。在中国文化背景下，是否有车可以成为衡量家庭经济情况的重要指标，但在美国和其他发达国家，特殊的地理环境和高度发达的汽车工业发展水平让汽车成为生活必需品，因此"家庭是否有汽车"不能作为评估部分国家学生家庭经济情况的指标。对于不同文化背景和经济发展水平地区家庭经济情况的衡量也有不同的判断标准和依据，需要设计具有相同测量目标且测验内容无偏差的差异化问卷题目，使调查工具在真实收集不同群体被试的背景信息的同时消除模型参数中的差异。在大规模或区域的教育评价中，学生差异巨大，生长环境各异，背景调查工具的内容需要进行调整，要根据文化背景和地区情况差异化设计测量内容，设计出与各地文化背景和发展现状相适应的调查工具供差异化群体使用，减少测量偏差，使所获得的信息具有可比性。

---

① 魏修建,郑广文.测量不变性研究综述与理论框架[J].系统工程,2015(3):64-71.

（三）测验工具形式调整

背景调查中测量内容的选择影响测量工具的有效性，测验工具形式的使用影响测验的准确性。不同测验形式具有不同功能与意义，对于部分特殊儿童群体而言，主流的纸质问卷和电子版问卷限制了特殊儿童的表达，差异化的问卷呈现方式是保证评价真实准确的前提。在美国，国家为大约 10％ 的需要特殊服务学生提供个别化教育计划（individualed education plan，IEP），NAEP 也于 1996 年专门为特殊需要学生制定了适应性政策（adaptions and accommodations）。这两项适应性政策都为特殊群体和缺陷儿童提供各种便利设备和措施。比如，为有视觉障碍的考生定制特大字体的问卷，将普通问卷翻译成盲文，给几乎完全没有视力的考生提供撰写作答员，将问卷翻译成各种语言给母语非英语的考生。测验工具形式调整除了改变测试的呈现形式，还能调整测验环境，例如对某些有神经障碍的注意力不易集中学生，测试时会把他们安排在小教室里或一对一地作答。测验工具形式的调整能避免由于客观条件的限制使这一部分考生不能发挥其实际的学业水平，力图消除一些潜在的误差来源，最大程度上公平公正地监测教育质量。大规模教育质量评价项目面向不同地区和差异化的学生，背景问卷的设计形式也需要照顾不同学生的地区条件和特殊情况，测验呈现形式调整所需的成本也比较高，对地区经济发展水平要求较高，需要先进的设备和技术做支撑。当然也有一些不需要花费的措施，如有些学生阅读速度比较慢会给他们延长作答时间，有些学生的记忆力不好会允许其使用字典，还包括为学生口头读题、借用助手将学生的回答誊写在答题纸上等。

第三节　基于异质性的教育评价过程调适

教育评价的公平性体现在评价起点公平、评价过程公平、评价结果公平三个方面。合理的评价工具设计是教育评价公平性得以保证的前提，科学的实施过程是评价公平得以实现的重要保障。在教育评价的实施过程中，不仅要在以生为本的理念指导下对评价工具进行调整，也需要对评价的实施过程进行调适。

一、为什么需要对评价过程进行调适

过程调适指评价实施的过程中，根据学生特殊情况和地区发展差距调整评价方式、评价时间、评价形式，或提供合理便利，确保评价的真实性和有效性。过程调适能够充分关照不同群体的差异性及其特殊需要，对体现以人为本、尊重差异的教育理念具有重要的功能和意义。

（一）确保评价对象表现出真实水平

大规模教育评价项目在具体实施过程中，如果对所有学生使用同样的评价工具、施加同样的评价过程，测验就可能对特定性别、文化背景、民族、经济背景的被试群体更加有利，而部分有着特殊需要学生的真实水平会被限制表达，评价的真实性和可靠性就难以保证。过程调适是根据学生特殊情况和个性要求做出的适应性调整，让测验结果不受与测量概念（某一测验所要测量的全部知识、技能及能力等）无关的考生个体特征（如残疾、性别、种族、民族等）的影响。过程调适能让障碍学生在外界支持下进行正确表达，让特殊学生在外界帮助下顺利完成测验。从过程调适对考试测验成绩的影响来看，元分析发现普通学生即使接受过程调适合理便利，对其测验表现的影响可忽略不计，而特殊教育需要学生接受后其测验成绩不会高于普通学生[①]。换言之，对特殊学生群体进行过程调适并不会损害普通学生的权益，还能够评估参与测试的特殊需要学生的真实水平。从学生对特殊评价手段和过程的感知来看，研究指出被调查的学生普遍赞同为特殊教育需要学生提供合理便利是公正的，能够测试出不同群体和特殊群体的真实水平。因此，过程调适能确保评价对象表现出真实的水平，保障教育测验公平、平等。

（二）充分考虑评价对象的差异性

教育评价必须要做到以人为本、尊重差异，充分考虑评价对象的差异性能明确国家教育发展质量、状况与主要问题，对提高评价的公平性与科学性具有重要的意义。学生受到不同国家、地区之间教育体制、文化背景的影响，形成了特定的文化背景、文化思维方式和行为模式。同时，受遗传因素和环境等因

---

① 张万烽，钮文英.美国身心障碍学生考试调整策略成效之后设分析[J].特殊教育研究学刊,2010(3):27-50.

素的影响,不同地区种族、民族中都包括一定数量的特殊需要学生和残疾学生,在教育评价过程中,这部分学生群体由于语言、肢体等身体其他方面的障碍而不能正常顺利地书写或表达。在教育评价中,如果以统一的模式和标准对具有差异性的学生进行测试和调查,学生真实水平被限制表达,测量数据存在偏差,收集到的监测数据就无法正确解释国际教育发展质量。真实的教育评价结果依赖真实评价信息的收集,这就要求评价过程要体现对学生差异的尊重,教育评价应充分考虑到特殊学生和其他异质性群体的差异,通过对特殊学生能力发展水平的调查,采取改变评价时间、形式等调适性措施来进行测量。

二、如何决定是否需要采取过程调适

评价过程的调适需要基于具体的教育教学实践情况,着眼于教学实际,在使用过程调适之前充分分析过程调适的必要性,判断学生是否有效地接受了调适性教学,调查地区是否有合适的调适性工具资源。

(一)学生是否接受调适性教学措施

调适性教学以满足所有学生自身发展的需求为主要宗旨,要求根据每一个儿童独一无二的个人特点、兴趣、能力和学习需要,设计各种类型的个别化的教育计划,教育体系的设置与教学方案的实施也应该充分考虑不同特点与需求之间的广泛差异。[①] 在对评价过程进行过程调适时,首先需要考虑学生是否接受调适性教学措施,即在实际的教学过程中,教育者是否为不同学生群体提供了个性化帮助和合理便利。如学生接受了个性化帮助,就有必要采用个性化的评价过程,让评价符合教学过程的实施过程,发挥评价的诊断和发展性功能,真正实现"如何学、如何评"的理念。例如,美国的普通学校会为特殊需要学生提供咨询以及额外的教导与帮助,会开设专门的辅导课和教学服务,并对有视听障碍的学生采用多媒体教学。在评价学生能力时,亦会根据教学实际为接受多媒体教学的障碍学生提供个性化的网络测试,为有行为障碍的学生设计更容易操作的纸笔测验。对特殊儿童的调适性教学,既体现了"因材施教"的育人观念,也对"因学而评"提出了要求。教育评价的根本目的就是更好地促进学生成长,教学实际效果需要靠教育评价来诊断,因此,对教育评价

---

① 吴遵民.终身教育研究手册[M].上海:上海教育出版社,2019:37.

进行过程调适,是为了公平公正地测量出学生的真实水平,诊断教学效果,指导教学改革。

(二)调适性教学对学生学习是否有效

有效的调适性教学就是在充分了解学生不同的发展阶段、认识水平和兴趣特点等情况后实行的个性化教育、针对性教学。调适性教学对学生的学习有效,教学评价才有开展的价值和意义,因此,对调适性教学的有效性进行评估是确定是否适用调适性评价的前提。如学生在经历调适性教学后,其学业水平或相关学习过程发生了积极的改变,在教育评价时,就需要针对这部分学生采取有针对性的评价过程调适,反之,如果学生接受调适性教学后未发生积极的变化,则需要考虑调适性教学是否有效,需要对是否实施评价过程调适进行慎重考虑。

(三)调适性措施是否允许被运用于评价中

任何一项评价活动都有着特定的评价目的和评价任务,在考虑是否需要实施评价过程调适时,亦需要考虑具体评价活动的性质和特征,以及为达成评价目的,相关的调适性措施是否被允许使用。例如,对于部分有严格时间限制的评价项目,评价时间调适则不被允许使用,否则,就无法达成评价目的,亦无法实现评价促进发展的功能。对评价的过程调适是在监控到不同的差异化群体学生的学习状况(如对学生学习需求的诊断)之后而作出的差异化评价决策,在具体实施过程中,评价的过程调适不能对一般学生的学业水平、评价结果产生不良影响,只有不影响监测结果公平公正的调适性措施才能被运用于评价中。

(四)是否有合适的调适手段可供使用

合适的调适手段是过程调适有效开展的重要保障。受社会生产力与经济文化发展水平影响,各个国家和地区对教育领域的资金投入和资源供给情况各异,因此调适手段的选择要考虑到地区教育发展水平。在具体实施的过程中,先进的信息化设备和专业化的教师队伍是进行评价过程调适的重要条件。例如,NAEP在教育监测实施中特别关注学生群体的差异,对于身体有特殊情况如手臂受损的学生提供电脑一对一作答,对阅读障碍学生采用电子设备宣读考试说明。而对于经济发展和网络信息发展落后的农村地区学校,则无法为特殊儿童或残障学生提供外界支持的先进电子设施和网络链接条件,即使拥有设备支持,也没有专业的师资队伍作保障。教育发展探索出许多调适性手段和方法,但并不是所有的调适性措施都可以在任何的教育情境和环境背景中去使用,具体的教育实践要立足于地区的发展实际,着眼于学校的情况和发展的背景,只有与地区要求、环境、师资发展情况相匹配,过程调适才具有针对性,才能发挥它促进学生发展的现实功能。

三、常见的评价过程调适类型

在教育评价的过程调适中,常见的调适手段主要有调整评价工具、调整评价时间、优化评价形式。

(一)评价工具调适

由于不同地区有着不同的发展背景及经济发展状况,所拥有的教育资源以及教育设备情况参差不齐。在过程调适中,考虑到学生的差异和地区的差异,应有针对性地选择使用不同的评价工具和方式对学生进行差异化的评价。过程调适的评价工具大概有以下几种:(1)利用电脑一对一作答,为在日常测验中使用计算机辅助的学生和临时手臂受伤的学生提供计算机辅助措施,学校提供这一措施需经监测管理方同意,并关闭拼写与语法检测、网络链接等可能提高学生测验表现的功能。(2)对于阅读障碍的学生,利用电子设备宣读考试说明。(3)对于部分学生群体,不用答题卡,直接在纸质册上作答。(4)为有视力障碍和阅读障碍的学生提供大字体版本的测验,为视障学生提供盲文呈现测试、盲文回答,为听力障碍的学生采用手语呈现试题和手语作答的测试手段,为存在书写困难的学生提供电子格式材料。

(二)评价时间调适

评价时间调适,包括延长时间、提供休息时间和拆分成多阶段评价。延长评价时间,主要针对没有严格时间限制的评价项目,当特殊需要学生因肢体障碍无法在规定时间内完成所有评价项目时,可以适当延长评价的时间,当然,评价时间的延长也需要有一定的限度。提供休息时间,即为参加评价的身体有残缺且无法久坐、长时间握笔和集中注意力的儿童提供中场休息时间。分阶段测试,是将整个评价活动分为多个不同的阶段,让学生分次完成整个评价项目。

（三）评价形式调适

评价形式调适主要针对部分特殊需要儿童无法完成纸笔测试而采取的评价过程调适措施，对于有肢体障碍的特殊需要儿童，由于他们无法正常通过纸笔测试进行作答，则可以为其提供口头作答、语音输入或抄写员誊写的作答形式，以帮助这部分评价对象顺利完成评价活动。

四、信息技术在评价过程调适中的应用

信息化和数字化是 21 世纪以来世界科技和文化革命性发展的标志，教育作为科技和文化事业中至关重要的一环，也因为这两者的出现而具有了更丰富的教学内容、更便捷的评价手段、更人性化的教学过程和更精确的评价反馈，信息技术不仅在教育领域具有广阔的发展前景，更在过程调适的具体实践中展现出鲜活的生命力。

（一）信息技术在评价过程调适中的作用

迅速发展的数字化与信息技术对国际基础教育评估也产生了深刻的影响，所有的国际基础教育评估都在近十年内越来越表现出对电子信息、互联网等现代科学技术的重视，这不仅体现在对学生有关理解和操作能力的评估与测量上，也体现在测量手段本身的革新上。信息技术的利用一方面为教育监测的过程调适提供手段与平台，另一方面也在评测覆盖范围广的情况下高效公平地评价不同地区学生的水平，使跨区域比较成为可能。在信息技术广泛应用之前，纸笔测验一直是教育测量的主流方式，基于纸笔测试的传统测量具有操作成本低、适应范围广、公平度相对较好等显著优点，但随着智能化的发展，数字世界在现实世界中的占比正在逐步扩大，不能在信息世界中自我导航的人可能无法充分参与未来的社会、经济和文化生活。基于新兴科学技术测评手段的不断优化，技术支持的评价过程和手段优势也不断显现，尤其是在大规模教育评价的过程调适中，信息技术拉近了不同地区和不同环境条件下人们的距离，促进了地区间的交流与互动。计算机能在此背景下为个性化差别化的过程调适提供手段和工具，不仅能够更加高效、便捷地评估学生的水平与能力，而且在学生个体差距背景下人工智能的赋分能比人工评级更具有科学性和针对性，使教育监测更加公平可靠。更重要的是，基于信息评估的大数据能够提供空前庞大的数据支撑和空前快速的数据处理，这对于基础教育评价

来说十分重要,因为样本占总体的比例越高,评价结果就越具有可靠性。

(二)常见的信息技术方法的运用

如今,在以数字化、网络化、多媒体化和智能化为特点的信息技术时代,信息技术的使用不仅为教育评价提供了多样化的手段和方式,为庞大的数据处理与分析提供技术支持,也能促进教育评价更加科学合理。信息技术的应用范围十分广泛,在教育评价中发挥巨大功能。一方面,借助信息化手段,从整体上加强教育监测的信息化建设。"通过智能化数据管理机制、数据共享与应用的权限以及数据的保密和安全体系建设,整合构建国家主导、分级共享的教育监测信息化管理平台,带动各级监测机构的信息化建设水平,实现互通互联。"另一方面,利用人工智能技术,进一步实现监测评价的精准化,并推动基于监测结果的个性化提升方案。例如,依托题库建设和知识图谱等技术,结合历史测评数据,搭建有针对性的智能组题工具,使监测题目更加科学。依托声纹识别和图像识别等技术,搭建评价对象识别、评价过程跟踪、评价结果定位与个性化提升方案工具等,实现过程性精准评价和个性化诊断分析。同时,大数据技术能打破数据壁垒,推进各级监测结果的运用。结合各级监测体系在结果应用中的侧重点,采用大数据技术及深度学习技术建立各级数据分析模型,能形成监测与评价结果智能诊断及预警分析,为区域提供自动化科学的数据分析结果,合理解释区域发展现状情况,并运用智能技术实现数据模型的精准推送,辅助不同地区和不同背景环境的学校有效开展监测结果运用工作。

第八章　基于异质性的教育评价结果报告

教育评价结果报告作为整个教育评价活动的总结，具有独特的意义与价值。正如前几章对教育评价中异质性的探讨，评价结果报告也应对异质性这一问题加以回应，其中不仅要对已有问题进行解释与阐明，更重要的是指向实践，最终落脚于教育质量的提升。本章我们将探讨教育评价结果报告的功能、特点与类型，思考如何增强评价结果报告对异质群体的有效性以及能通过哪些方法来提高评价结果报告的实际效用，通过以上内容或许将会增强相关主体对异质性的关注，形成新的教育评价价值取向。

第一节　教育评价结果报告的功能、特点与类型

教育评价结果报告是对整个教育评价活动过程的客观呈现与全面记录，也是教育评价结果的重要表现形式。尽管教育评价结果报告处于整个教育评价过程的终端，却是教育评价过程中不可或缺的一环。[①] 本节旨在分析教育评价结果的功能与特点，并阐明教育评价结果报告的类型。

一、教育评价结果报告的功能

教育评价结果报告能够清晰地反映教育质量现状、明确教育发展中的问题以及寻求影响教育发展的相关因素，还能为教育决策提供依据与参考，其内在的功能与价值对教育评价活动具有重要的意义。

---

① 刘磊，邹昊.教育评估报告撰写要义[J].上海教育评估研究，2020(2)：61-64.

（一）解释现状，反映教育质量客观现实

教育评价结果报告包含整个教育评价活动较为完整翔实的信息资料，可以解释学生的学业发展状况、教育发展的差异状况、相关政策的执行情况，从多层面反映教育发展质量的现实情况。

第一，学生的发展状况。关注学生的成长与发展是教育评价活动的重要理念，学习者的发展状况是教育发展质量的核心指标，撰写教育评价结果报告的一个基本目的便是了解学生的发展状况。教育评价结果报告基于多元评价主体、多维度评价内容、科学的评价方式，借助客观的、量化的数据对学生个体与总体发展水平进行描述，能够较为客观全面地展现学生在学业成绩、情感态度、身心健康等各个方面的表现。例如，我国 2020 年发布的义务教育质量监测语文学习的报告，通过质量监测获取的大量数据呈现了义务教育阶段四年级和八年级学生在语文学习等方面的发展情况，其中"四年级、八年级学生语文成绩全国均值为 504 分、503 分，81.7% 的四年级学生和 79.3% 的八年级学生语文学业表现达到中等及以上水平"[①]，展现了我国义务教育阶段学生语文学习的质量状况，对解释中小学生发展现状和了解国家义务教育质量具有重要意义。

第二，教育发展的差异状况。教育评价在某种程度上就是基于一定的评价标准对差异性做出判断，这种差异可以表现为个体差异、群体差异、地区差异等。教育发展的差异状况是反映教育质量的一个层面，因此，教育评价结果报告的一个重要内容即展现教育发展的差异状况。如我国 2020 年发布的义务教育质量监测艺术学习的报告呈现了不同省份四年级和八年级学生音乐表现的差异，其中"上海、北京、福建、浙江、吉林四年级学生 2019 年音乐表现较好，北京、上海、浙江、福建、湖北八年级学生 2019 年音乐表现较好"[②]。再如 PISA 每一轮评估后形成的 PISA 结果报告，呈现详细的国家（地区）之间的质量对比分析，包括学生性别差异分析、地区差异分析等内容。在 PISA 2015 科学素养的测试中，相关研究结果表明我国中学生在科学学习中认知和非认知层面存在显著性别差异，这为教学改进、课程建设与实施等提供了一定指向。[③]

[①]　教育部基础教育质量监测中心.2019 年国家义务教育质量监测：语文学习质量监测结果报告[R].教育部基础教育质量监测中心，2020：3.

[②]　教育部基础教育质量监测中心.2019 年国家义务教育质量监测：艺术学习质量监测结果报告[R].教育部基础教育质量监测中心，2020：2.

[③]　伍远岳，郭元祥.中学生科学学习的性别差异与课程应对：基于 PISA 2015 中国四省市的数据分析[J].华东师范大学学报（教育科学版），2019（5）：115-127.

第三，相关政策的执行情况。一项教育政策从产生到落地扎根是一个持续发展的过程，顶层设计的指向与政策在实践中的执行情况是否一致，仅从经验或认识层面无法进行有力的回应，教育评价结果报告可以为了解政策执行情况提供有用信息。一方面，教育评价结果报告本身具有对政策的理解。例如，从评价主体是否多元、评价内容是否多维以及评价方式是否科学等方面能够体现出评价活动是否符合综合素质评价的理念。另一方面，教育评价结果报告对教育质量的评估能够检验相关政策措施的实施效果。例如，国家基础教育质量评价中的课程实施监测，相关研究通过收集近 15 万张学生课程表所形成的调查结果在一定程度上反映了国家课程落实状况，明晰了国家课程方案实施过程中的现存问题以及未来走向。①

(二)明确问题，探明影响教育发展因素

将教育的发展状况与个体因素、家庭因素、学校因素、社会因素等进行分析，明确教育发展中存在的问题以及影响教育发展的因素是教育评价结果报告的一个重要组成部分。

第一，明确教育发展中存在的问题。教育评价报告应具有问题导向，体现为提出具有针对性的问题，并对问题进行分析。我国教育部基础教育质量监测中心发布的首份《中国义务教育质量监测报告》在监测学生德智体美劳发展状况的同时，也对课程、教师、学校、家庭等影响学生发展的关键因素进行监测分析，明确当前义务教育存在的重智育轻体育美育、学生综合实践能力相对缺乏、课业负担偏重等问题，监测报告对社会广泛关注的教育热点难点问题进行了有力回应。例如，报告中显示"四年级学生参加数学和语文校外辅导班的比例分别为 43.8%、37.4%"，"四年级学生表示在数学学习上感到很有压力的人数比例为 49.4%"②。再如，在 PISA 2018 中，我国四省市学生在学科素养测试中取得令人瞩目的成绩，但结果数据表明我国学生校内学习时间以及课外补习时间均位于前列，学生学业负担仍然较重。③

---

① 雷浩.打开"黑箱"：从近 15 万张学生课程表看国家课程实施现状与走向[J].教育研究，2020(5):49-58.

② 教育部基础教育质量监测中心.我国首份《中国义务教育质量监测报告》发布[EB/OL].[2020-07-24].http://www.moe.gov.cn/jyb_xwfb/gzdt_gzdt/s5987/201807/t20180724_343663.html.

③ 李刚，辛涛，赵茜.从四省市 PISA 2018 结果看我国基础教育发展的经验与挑战[J].中国教育学刊，2020(1):7-12.

第二,分析影响教育发展的因素。教育评价结果报告仅仅反映教育发展客观现状是不够的,还需要在客观描述的基础上探究教育发展与其他因素的关联。目前,国际大规模教育评价大多会关注影响学业成就的背景因素,PISA 开发了学生问卷、家长问卷、教师问卷以及校长问卷等,调查影响学业发展的相关因素,通过背景因素数据分析影响学业发展的原因。[①] 如 PISA 2015 将校长的教育领导作为一个重要测评内容,有研究者基于中国四省市的数据进行分析,发现校长在教育领导中的时间投入对学校科学成绩具有影响,并且校长的教育领导对学校科学成绩的影响在不同学业水平学校间存在差异。[②]

(三)支持决策,为教育决策提供证据

教育评价具有一定的目的指向,教育评价活动本身与教育决策之间便存在密切关联,教育评价结果报告可以为教育决策提供支撑与证据。

第一,教育评价结果报告能够为教育决策提供反映教育质量客观现实的实证数据,提高决策的科学性。《教育部关于加强新时代教育科学研究工作的意见》强调,"要发挥大数据分析在政策研制中的作用,注重监测评估中的成效追踪与问题预警,切实提高教育决策科学化水平"。建立国家教育质量监测体系,为政府管理与决策提供信息支撑是基础教育评价发展的必然要求。科学的教育决策以科学有效的信息为支撑,传统的教育决策主要凭借教育管理者的已有经验,容易出现教育政策的针对性与实效性较低等问题;教育评价结果报告可以为教育政策的制定提供关于学生能力发展、教育资源和教育发展差异等数据信息,报告所呈现的内容、数据以及结论与建议等有利于政府部门整体把握教育发展状况,是做出教育决策、提升教育质量的重要依据。例如,相关研究对义务教育阶段国家课程实施现状开展全国性大规模调查,所形成的结果能够为国家课程政策调整提供证据支持。[③]

第二,教育评价结果报告能为政策调整与改进提供证据。教育评价结果报告包含教育评价全过程完整的情况信息,既有对教育工作现状的研判,也有

①　袁建林,刘红云.国际大规模教育评价的经验与趋势:以 PISA 为例[J].中小学信息技术教育,2016(7):20-23.

②　宁波.校长的教育领导对于学校科学成绩的影响:基于 PISA 2015 中国四省市数据的实证研究[J].教育发展研究,2019(22):23-31.

③　雷浩.打开"黑箱":从近 15 万张学生课程表看国家课程实施现状与走向[J].教育研究,2020(5):49-58.

对问题的分析和建议意见，可以作为政策调整与改进的依据和参考。目前像 TIMSS、PIRLS、PISA 等国际大规模教育评价项目具有提供国家或地区教育发展在世界范围内所处位置的作用，可以使参与测试的国家了解本国教育发展的优势与不足，其中蕴含的排名效应产生明显的政策导向。如德国在 PISA 2000 的测试中，阅读、科学与数学三个科目的分数均低于 OECD 平均水平，这一结果对德国教育发展产生了巨大的冲击，为此德国进行了包括建立全国统一的教育标准、增加教育投入、加强教师培训等一系列教育改革，以期提升国家教育质量和在 PISA 测试中的成绩。①

二、教育评价结果报告的特点

(一)多样性

第一，类型多样。类型多样指的是评价主体基于不同的评价目的、评价内容以及报告受众等形成多元的教育评价报告。从报告所涵盖的内容层级来看，分为国家层面的评价报告、各地区的评价报告、学校层面的评价报告、教师以及学生个体层面的评价报告。例如，教育质量监测中心基于评价结果形成多份国家、区县监测报告，发布了我国首份《中国义务教育质量监测报告》，它属于国家层面总的评价报告。② 又如湖南省综合国家监测的湖南数据和省监测数据发布的《湖南省义务教育质量监测报告（2015—2017）》，③属于省级评价报告。从学科类型来看，主要分为各个学科的评价报告，例如我国 2020 年发布的义务教育质量监测语文学习和艺术学习的结果报告。从报告的应用来看，可以分为以政策导向为主的咨询报告以及相关研究型报告等。

第二，呈现形式多样。教育评价结果报告大多以文字描述为主，除了这一形式，也可以用图片、表格等形式呈现，如 PISA 2018 结果报告中用大量图表展示调查数据信息以及我国教育质量监测报告中的图表信息。若单一地用文字表达，容易产生难以把握关键信息的情况，采用多样的呈现形式能更加清晰

① 陈剑琦."国际学生评价项目"引发德国教改[J].比较教育研究,2004(11):92-94.

② 辛涛,贾瑜.国际视野与本土探索:"国际学生评估项目"的作用及启示[J].教育研究, 2019(12):9-16.

③ 湖南省教育厅.湖南省义务教育质量监测报告(2015—2017)[EB/OL].[2022-12-20]. http://jyt.hunan.gov.cn/sjyt/xxgk/2017zwgk/jydd/zxddbg/201812/t20181220_5242 694.html.

地展现教育评价对象的现状,便于各主体及时提取有用信息,增强教育评价结果报告的使用价值。

(二)全面性

教育评价结果报告的全面性体现在两方面。第一,教育评价结果报告将结果性报告与过程性报告相结合,对于评价结果的解释更加全面。教育评价报告兼顾了结果质量与过程质量,通过评价报告既能了解评价对象在群体中所处的相对位置,从整体上把握教育质量状况,同时也能关注评价对象的起点与动态发展变化。第二,评价报告在分析方式上也具有全面性。评价报告综合运用多种分析方式,通过现状分析获取教育质量情况;通过差异分析对不同评价对象的发展情况进行比较,例如对学生学业成就的性别差异与地域差异的分析;通过相关分析探究学生学业成就表现与影响学生发展的关键因素的关系,既关注学生个体因素,也将家庭、教师、学校等因素纳入其中。

教育评价结果报告的全面性这一特征能够使评价结果更加多元,为整个教育评价的有效性提供支撑,有利于提升教育评价结果报告的可信度,体现出教育评价活动的客观性与科学性。

(三)深刻性

教育评价结果报告的深刻性主要指报告中对评价数据进行深度的挖掘与分析。

深刻性这一特征首先表现为数据挖掘的深刻。在教育评价过程中不仅收集可量化的数据,同时也收集描述性的质性数据,为评价结果报告提供了有力的数据支撑。其次,深刻性意味着对现状描述的深刻。报告包含学生发展状况、教育发展差异状况以及相关政策执行情况,将横向分析与纵向分析相结合,全方位了解教育质量现状。最后,体现为原因剖析的深刻。针对大量、丰富的教育评价数据,评价结果报告从心理学、经济学、社会学等多个学科视角进行分析,以此来深入解释影响教育质量的原因。

教育评价结果报告具有反映教育质量总体情况、明确教育发展中的问题以及影响教育发展因素、为教育决策提供支撑和证据的功能,这就决定了评价结果报告对数据的分析不能流于表面,仅仅对评价数据做简单的收集与整理并不能充分实现评价报告应有的功能与价值。评价报告的深刻性有助于合理解释教育评价结果,对于提升与完善教育质量评价具有重要的作用。

（四）关联性

第一，教育评价报告的内在关联性。内在关联性即教育评价结果报告具有逻辑上的一致性，教育评价报告中教育发展的现状、存在的问题以及影响因素、提出的对策建议彼此存在关联，而不是孤立存在的。例如，在教育评价结果中将学生的发展现状与家庭因素进行关联分析，探究学生个体发展与教育要素之间的关系。这种内在关联性是教育评价结果报告质量的重要方面。

第二，教育评价结果报告的外在关联性。外在关联性体现在教育评价结果与政策导向、社会各主体对教育评价结果的理解等方面均存在着关联，充分地认识教育评价结果报告的外在关联性有利于产生积极的政策导向，提高人们对教育评价结果的理解度。

三、教育评价结果报告的类型

随着教育评价活动的不断深入与拓展，评价结果报告的类型也更加丰富多样。从目前常见的评价结果报告来看，不仅有学业质量报告、背景调查报告，同时还有学业质量与背景调查关联报告。

（一）学业质量报告

学业质量指学生在不同的课程领域中所表现出来的身心发展程度和状态，是学生通过课程学习过程在认知、情感、技能等方面所表现出来的变化程度和发展状态。[①] 2017年、2022年颁布的普通高中和义务教育阶段各科课程标准中都明确了不同学段学生的具体学业质量标准，学业质量标准是对学生多方面发展状况的综合衡量，学业质量报告则是通过对学生的学业成就表现进行评价，反映学生学业质量状况的呈现形式。如 PISA 2018 结果报告中的"what students know and can do"即属于学业质量报告，具体包括学生在阅读、数学与科学方面的表现。

学业质量报告对促进学生全面发展、提升教师教学质量、制定教育决策等方面具有指导作用。首先，学业质量报告以促进学生全面发展为导向。学业质量报告不是对学生学习成绩的单一描述，而是对学生德、智、体、美、劳等方面发展状况的全面展现，既关注学生的知识与技能水平，也重视对学生学习的过

---

① 姚林群,郭元祥.中小学学业质量标准的理论思考[J].教育研究与实验,2012(1):30-34.

程与方法、情感态度与价值观的评价。科学合理的学业质量报告能够体现学生的个性化特征,帮助学生充分认识自我,发现自身的优势与不足,实现全面而有个性的发展。其次,学业质量报告能够影响教师的教学实践。对于教师而言,学业质量报告是他们教学效果的反馈,为其有针对性地改进教学提供重要的依据,促进教师自我反思与提升。最后,学业质量报告能够客观呈现教育过程的现状与问题。学业质量报告反映了学业质量水平的现状,有利于教育行政部门整体把握区域教育质量情况,提高决策的科学性与合理性,提升教育管理水平。

实现学业质量报告应有的作用是教育评价改革与发展的内在要求,但学业质量报告在实际应用中也存在一些问题与不足。一方面,学业质量报告更多是对学生发展现状的描述,缺少对影响学生学业质量相关因素的具体分析,这也导致学业质量报告呈现的信息不够全面。另一方面,学业质量报告多以学科测试为基础,这种对结果的检测以等级排名为主要呈现方式,较少关注学生的动态发展情况,容易忽略学生在发展中取得的进步,最终发挥的实际效用受到限制。

(二)背景调查报告

随着教育质量评价改革的推进,评价者不再局限于了解教育质量发展现状,越来越重视探究现状背后的原因,背景调查则是获取多样化信息的有效手段,是实现由"是什么"到"为什么"不断深入的重要途径。背景调查报告指通过问卷、访谈等方式收集背景信息,对教育发展中的问题、原因进行分析,揭示影响学生学业质量相关因素的一种呈现形式。

背景调查报告探究影响学生学业质量的关键因素,有助于相关主体根据影响因素采取更具针对性的改进措施,从而提升教育质量的整体水平。相较于学业质量报告,背景调查报告具有以下几个特点:首先,背景调查报告信息来源多元。背景调查报告可以通过调查问卷、访谈、现场观察等形式从学生、家长、教师、学校等多方主体收集信息资料。其次,背景调查报告内容广泛。背景调查报告可以包含学生家庭背景情况、学校课程实施情况、教师队伍情况以及区域教育资源分配情况等内容,涉及社会、文化、经济、教育等多方面因素,信息更加全面。最后,背景调查报告内容更加深入。背景调查报告不仅展现结果性信息,而且包含对信息深层次的挖掘分析,探究相关因素状况与学生发展现状之间的关联程度。

背景调查报告同样具有局限性,体现为背景调查报告的信息范围难以界定。上文提到背景调查报告具有信息来源多元、内容广泛的特点,而报告不可能涵盖所有的内容，需要根据调查目的对信息进行筛选，这是背景调查报告有效性的基础。

（三）学业质量与背景调查关联报告

学业质量报告与背景调查报告均是教育评价结果报告的重要形式，单一的学业质量报告或单一的背景调查报告无法有效发挥报告的最大价值。因此，学业质量与背景调查关联报告将背景调查与学生学业成就相结合，在更大程度上丰富对学生成就表现的解释，切实实现教育评价结果报告的功能。

学业质量与背景调查关联报告是目前教育质量评价比较常见的结果呈现形式。在我国的基础教育质量监测以及许多国际大规模监测项目中均将学科测试与问卷调查相结合，在评价学生发展状况的同时探究影响学生发展的关键因素。[①] 如我国 2018 年义务教育质量监测报告既有学生在语文、数学、科学上的学业成就表现，也包括校长、教师问卷调查的结果。再如 PISA 2018 结果报告中的"where all students can succeed"和"what school life means for student's lives"也属于学业质量与背景调查关联报告，其中包括社会经济地位、移民背景、学校环境等因素与学生学业表现之间关系的具体表现。

关联报告能够展现学生学业质量现状与影响学生发展的相关因素情况，信息可以被进一步整合与分析，有利于信息资料互相支撑，提升报告的客观性。学业质量与背景调查关联报告这一形式能够更加全面科学地整合监测结果，为评价结果得以应用奠定基础。

第二节　增强教育评价结果报告
对异质群体的有效性

教育评价结果报告的意义与价值在于最终能够用于指导实践，促进教育质量的提升，而增强教育评价结果报告对异质性群体的有效性是报告意义与价值的重要体现。本节提出增强评价结果报告有效性应遵循的基本原则、多种形式的评价结果报告，并介绍针对异质性群体的单独评价报告的撰写。

---

① 辛涛，贾瑜.国际视野与本土探索："国际学生评估项目"的作用及启示[J].教育研究，2019(12):9-16.

一、增强评价结果报告有效性的基本原则

教育评价结果报告具有明确的实践指向,为了增强评价结果的有效性,应遵循以下几方面的原则。

(一)差异性原则

差异性原则指撰写教育评价结果报告时要能够关注并体现教育评价中的差异表现,满足不同主体的需要。

一方面,坚持差异性原则表现为要关注教育评价中区域经济、地域文化、学生个体以及学生群体的差异。教育在发展中面临着经济、文化、特殊群体等多方面的差异,这些差异客观地要求教育评价关注现存的差异,教育评价结果报告要对评价中的差异情况作出具体描述与分析,从而采取有用的措施来应对差异的存在。另一方面,差异性原则强调教育评价结果报告要满足不同主体的需要。每一项教育评价活动都有其特定的评价对象和评价目的,其评价结果的解释也存在一定的范围和限度,只能够适用于特定的群体和对象。对于教育行政部门而言,评价结果报告是做出教育决策的科学依据;对于学校而言,评价结果报告是改进教学的重要支撑。教育评价结果报告遵循差异性原则,首先应明确报告的目标与受众,根据目标与受众呈现不同类型的报告,以此增强结果报告的有效性。

(二)针对性原则

针对性原则指教育评价结果报告要能够及时明确现状与问题,有针对性地撰写报告,避免流于形式。

坚持针对性原则首先要求评价结果报告能够准确反映评价对象发展现状,客观反映教育发展中的问题,并能够针对具体的问题开展进一步分析,揭示问题背后的源头所在。另外,教育评价结果报告的针对性原则体现为报告能够提出针对性的建议与对策,以促进问题的解决。教育评价结果报告要发挥帮助教育改进的作用,需要明确提出具有针对性的、可操作的改进建议,这就要求评价主体根据教育评价结果报告的应用从国家层面、区域层面、学校层面、教师层面和学生层面出发,针对每个层面做具体的分析,增强评价结果报告的适用性。如国家监测中心除了发布整体的教育质量监测报告,也会为各样本省、各样本县提供本区域的监测结果反馈报告,这便体现了针对性原则。

另外,针对地区的监测结果反馈报告更加精准反映本地区教育质量现状,为改进教育质量提供了有效的参考。

(三)理解性原则

理解性原则指教育评价结果报告要具有可读性,报告的受众能够理解报告中的内容。另外,理解性原则也意味着评价结果报告内含对评价对象整体状况与意义的思考。[①]

坚持理解性原则应注意以下几个方面:第一,报告要结构完整,逻辑清晰。为了实现对评价对象的全面把握,教育评价结果报告需要收集多样化的信息,但仅收集数据资料而不加以整理,容易造成报告内容混乱或前后矛盾,受众无法获取有用信息,因此要关注完整的评价过程,对评价内容进行梳理与总结提炼。第二,报告的语言表达应简洁明确。报告要使受众能够理解其中的内容,因此要符合受众的实际需求与阅读习惯[②],在保证报告结构完整、内容科学的前提下采用客观明了的表达方式,清晰地呈现评价内容,避免使用模棱两可或晦涩难懂的词句。第三,丰富报告的呈现形式。除了以文字为主,报告还可以采用图片与表格的形式,尤其是在数据信息较多的情况下,将文字与图表相结合能够更清晰地展现客观情况。

坚持理解性原则有利于扩大教育评价结果报告的应用范围与受众群体,切实发挥教育评价结果报告的效用。

二、多种形式的评价结果报告

评价结果报告并没有统一的呈现形式,从评价结果报告的性质来看,分为量化分析的评价结果报告和质性描述的评价结果报告。

(一)量化分析的评价结果报告

量化分析即通过量化数据,对事物进行数量分析的一种方法。量化分析的评价结果报告即通过数据分析的方式展现评价对象发展现状的报告呈现形式。

---

① 刘志军.走向理解的教学评价初探[J].教育理论与实践,2002(5):45-49.

② 李勉,张岳,张平平.国际基础教育质量监测评价结果应用的经验与启示[J].外国中小学教育,2017(5):1-7.

与以往基于主观经验的评价结果报告相比,量化分析的评价结果报告更能体现评价的全面性与客观性。一方面,量化分析的评价结果报告基于大量客观的数据,能够为评价者运用多样化的数据分析方法对某一个或多个变量进行现状分析或相关分析等提供丰富的数据信息资料,减少对教育发展现状认识的主观性。另一方面,报告能够直观呈现评价结果。量化分析的评价结果报告包含量化的数据、清晰易懂的图表以及简明的文字,能更加直观地展现教育评价对象的现状、差异情况等信息,有利于增强报告对学生、家长、学校以及社会等主体的可读性。

量化分析的评价结果报告也存在局限性。首先,报告以结果性数据为主,容易忽视过程性信息。报告呈现的等级、分数排名等指向学生发展的结果,缺少对学生发展变化的过程性描述,数据本身能够反映学生发展状况的程度有待提升。其次,报告对数据背后的意义与价值分析不够深入。当前所运用的数据分析方法较为简单,分析结果无法彰显数据应有的评价功能[①],体现在量化分析的评价结果报告多为对学生发展现状的描述,缺少对学生发展的原因与意义的推论。最后,在教育评价过程中有些评价内容无法用量化的数据呈现。例如,学生的品德发展状况、情感体验等很难用一次性的数据结果所代表,也需要其他形式的评价报告的补充。

(二)质性描述的评价结果报告

质性描述是对收集到的质性资料进行描述并作以意义解释的一种分析方法。质性描述的评价结果报告即对评价对象现状及其与相关影响因素的关系进行解释的报告呈现形式。

质性描述的评价结果报告是对量化分析的评价结果报告的有益补充,能够为教育评价活动提供更为生动的信息资料。一方面,质性描述的教育评价结果报告包含了不可用数据测量分析的内容。评价者可以通过观察、访谈以及学生的作品展示等方式收集质性资料,对学生的品德发展、情感体验等方面发展进行深入细致的分析,充分关注学生全面发展状况。另一方面,质性描述的评价结果报告能够展现学生发展的动态性内容。评价报告不仅呈现最终的结果,还需要呈现学生在知识、能力、情感等方面的成果与进步。质性描述的评价结果报告可以更好地了解学生学习与发展的过程,为学生学习与教师教学的改进提供更有针对性的指导,体现了发展性的教育评价观。

---

① 　李新.基于数据的学业质量评价的困境与超越[J].教育导刊,2017(8):49-55.

质性描述的评价结果报告具有一定的不足。首先,质性描述的评价结果报告客观性容易受到质疑。评价结果报告以质性数据为主,评价者在对质性数据进行分析处理时,除了事实描述还可能含有主观经验与价值判断,无法保证报告的客观性。此外,报告对结果的呈现不够直观。质性描述的评价结果报告同样包含大量的信息资料,而这些质性数据难以用统一的标准或可操作化的方式进行合理的分析,这也容易导致最终的评价结果缺乏一致性,未能给相关主体提供清晰直观的反馈,使报告应有的功能有所缺失。

三、针对差异群体的单独评价报告撰写

教育评价结果报告对教育发展有着重要的意义,然而以往的评价结果报告对异质性的关注不够,其功能的实现受到一定的限制。针对差异群体撰写单独的评价结果报告是增强报告有效性的重要方式。

(一)针对差异群体的评价报告的必要性

无论是量化分析的评价结果报告还是质性分析的评价结果报告,其根本目的在于发现学生成长、学校发展和教育发展过程中的问题,进而为解决问题提供证据和数据支撑,发挥评价促进发展的功能。教育质量评价是对全体学生发展质量总的反映,而在目前的大多数评价报告中差异群体常常被忽视,这导致教育评价结果报告的有效性被削弱。首先,目前的评价报告将所有学生视为同样的、无差别的群体,反映的是同质化群体的发展状况,而不能为差异化的小群体或者个体提供反映其学习质量、学习过程的针对性信息,同质性的群体反馈未能为改善个体学生的学习提供帮助。其次,评价报告忽视了不同学校、不同教师之间的差异,对于学校课程设置、教师专业发展无法提出有指导性的对策。最后,评价报告将不同经济、文化状态下的学校置于同样的层次进行比较,进而根据评价结果进行教育决策,这样的比较和教育决策显然无法观照不同地域教育的现实需要。异质性群体是教育质量评价中不可忽视的存在,关注差异、正视差异,关注全体学生的表现、关注学生的全面素质、关注学生的差异表现,应该成为我国基础教育质量评价的价值取向[①],因此,形成专门针对差异群体的评价报告具有重要的意义与价值。

---

① 陈旭远,胡洪强.审视当前初中教育质量评价的价值取向[J].华南师范大学学报(社会科学版),2015(1):89-93.

第一,针对差异群体的评价报告有利于提高教育质量评价的科学性与精确性。对于教育质量评价而言,数据的真实、全面、有效,是保证教育评价科学性与精确性的前提。在评价中,通过明确地定义总体、科学抽样,采取恰当的方式对特殊需要儿童和不同民族、不同文化背景下的学生进行有效的调适性评价,能够最大程度上真实反映学生的学业水平和发展背景,完整呈现教育质量的整体状况。

第二,针对差异群体的评价报告能够切实发挥评价促进发展的功能。在评价中,只有正视差异群体的存在并采取相应的手段,才能真正包容所有的评价对象,真正地让每一个评价对象展现最真实的水平,只有这样的评价报告才能为学校的改善、教学的改进和个体学习的提升提供最有价值的信息。

第三,针对差异群体的评价报告能够增强教育决策的针对性与实效性。针对差异群体的评价报告能够尽可能保证数据和证据的客观、真实与全面,进而为教育决策提供更加真实、有效的数据和证据,而数据和证据的真实与有效也就直接决定了基于教育质量评价的教育决策的针对性与实效性。

第四,针对差异群体的评价报告能够从评价角度深化"教育公平""教育均衡"的指导思想,全面彰显"全纳教育""融合教育"的现代教育思潮。保障差异群体参与教育评价是促进教育公平的重要体现,也是当今教育发展的必然趋势。

(二)充分分析差异的类型

教育质量评价重点关注的主体之一即学生群体,学生群体多样化是教育发展过程中的客观现实,这种多样性的差异群体是教育质量评价中不可回避的客观存在,当前大多评价报告中缺少对差异群体的关注,这也导致报告适用范围受到限制。充分认识并分析差异群体的类型是提升教育评价结果报告科学性与有效性的重要前提,在教育评价中差异群体的类型包括具有不同背景的学生群体以及具有特殊需要的学生群体。

第一,不同背景的学生群体。一方面,我国地域辽阔,不同地域的经济发展有着较大的差异,各地区教育发展水平也存在差距。由于学生处于不同的经济背景之下,学生群体之间存在较大的差别。另一方面,我国是一个多民族国家,部分少数民族地区的教育发展、学校管理、课程教学、教材资源等也有着较大的差异。在语言上,我国新疆、西藏地区的部分学校使用双语教学,双语学生在汉语使用上较之其他汉语地区学生就有着较大的差距;在文化上,不同地域文化具有多样性与差异性,不同文化背景下的学生群体对同一概念的理解会产生偏差。

第二，具有特殊需要的学生群体。融合教育背景下特殊需要学生和正常学生一起接受教育是当前基础教育发展的必然趋势，在普通学校教育中，存在部分在学习方面有着特殊需要的儿童，他们虽然不在特殊学校学习，但是存在一定的学习困难。在当前的评价过程中，有相当数量具有特殊需要的学生被排除在外，导致特殊需要学生的合法权益无法保障，这就削弱了教育评价的公平性。将特殊需要学生纳入评价体系之中是教育评价改进的重要方向。

(三)确保报告对于差异群体的可用性

评价结果报告对差异群体的可用性体现在以下几个方面：首先，评价结果报告能为差异化的小群体或者个体提供反映学习质量、学习过程的针对性信息，为改善个体的学习提供有效的指导。其次，评价结果报告关注到不同评价对象的差异，能对学校课程设置、教师专业发展提出有指导性的对策。最后，基于对差异群体可用性的评价结果报告所进行的教育决策，能够观照不同地域教育的现实需要。对于差异群体不具有可用性的评价结果报告则无法为促进学生成长、促进教师和学校发展提供实质的帮助，报告的内在功能与意义同样受到限制。

为了确保报告对于差异群体的可用性，一方面要关注到评价中的差异现象，无论是特殊需要学生还是普通学生，无论是少数民族地区学生还是汉族学生，无论是大城市学生还是偏远农村学生，都应该被纳入评价总体中。另一方面可以加强对数据的二次分析研究。对评价结果进行科学合理的解释与分析是确保报告对差异群体可用性的重要举措，评价结果报告应差异化地处理具有差异性的数据，增强评价数据处理的合理性，从而深入了解各地区的教育质量及差异。

第三节　提高评价结果报告运用的具体方法

评价结果报告在实践中的应用是结果报告的内在功能与价值体现，如何提高评价结果的运用是教育评价活动不得不关注的问题。基于对以往报告在实践运用中的问题与经验总结以及相关研究成果，本节提出了提高评价结果报告运用的具体方法：加强对典型差异现象的关注、加强数据的二次分析、注重横向分析和纵向分析的结合。

一、加强对典型差异现象的关注

差异现象在教育评价过程中客观存在,忽视差异现象必然会降低评价结果报告的全面性与科学性。通过明确差异现象、搜集辅助性评价数据,实现对差异现象的综合解释,不断增强教育评价活动对差异现象的关注。

(一)明确典型差异现象

在教育评价过程中,学生在个体能力以及家庭、文化等背景方面存在差异,从而在行为、认知以及情感上有着不同的表现,这决定了不关注学生的差异表现就无法实现评价的全面性,评价结果报告在运用中也会存在阻碍。明确评价过程中的典型差异现象意味着要认识到并充分关注学生的差异表现,能够对差异进行观照,体现评价结果的公平性。另外,注意差异现象有利于提升评价数据的丰富性,使得评价结果报告能对学生学业质量进行深入的分析。

典型差异现象具有以下几个表现:第一,学生的前提性差异。一方面由于学生处于不同的经济文化背景之下,学生内部以及学生群体之间发展层次存在差异;另一方面,在融合教育背景下,普通学校教育中还存在部分在学习方面有着特殊需要的儿童,他们虽然不在特殊学校学习,但与其他学生相比在认知能力、行为表现等方面具有差异,存在一定的学习困难。第二,学生在学习过程中的差异。学生具有个性化的学习需求,在学习活动中的动机、方式方法、学习策略、存在状态及变化存在差异。例如,同一个班级中学业测试取得相同分数的学生对知识的掌握程度、付出的努力程度可能是不同的。第三,学生的评价结果差异。在学业质量评价中用统一的方式对多样化的学生进行测量,最终的评价结果的差异并不一定能够代表学生水平上的差异,这种结果差异可能受到学生背景的影响。

(二)收集辅助性评价数据

评价结果报告要在充分分析学生学业质量相关信息资料的基础上形成。《教育部关于推进中小学教育质量综合评价改革的意见》中提到:"评价方式的改革要将定量评价与定性评价、形成性评价与终结性评价相结合,注重全面客观地收集信息,根据数据和事实进行分析判断,改变过去主要依靠经验和观察进行评价的做法。"多种评价方式下获取的评价数据是评价结果报告信息资料的重要组成部分,是提升报告科学性、有效性与公平性的必要条件。从数据的分类来看,评价报告中的数据分为量化数据与质性数据;从数据的性质来看,可以分为结果数据与过程数据。[①] 在当前的评价结果报告中,多为量化数据与结果数据,质性数据与过程数据易被忽视或难以通过有效的方式进行收集与分析,而单一的数据无法全面反映学生发展的现状,一些差异现象易被忽视,评价结果报告的内在效用被削弱。因此,评价者应重视收集辅助性评价数据,将量化数据与质性数据、结果数据与过程数据相结合。

收集辅助性评价数据能够为报告解释评价中的差异现象提供强有力的数据支撑,深入认识评价活动的相关信息资料,让报告在实践运用中能够最大程度发挥其功能与作用。首先,收集辅助性数据有利于提升报告的科学性。多样化的数据使评价结果报告能基于客观事实而不是主观经验,能呈现深入分析的结果而不是流于形式。其次,收集辅助性数据有利于提升报告的全面性。一方面,数据不再是对学生认知水平的单一展现,而是能够代表学生在德、智、体、美、劳各个方面的成就与表现;另一方面,多样的数据能够对影响学生发展的相关因素及其关系做以分析,不仅关注学生发展的状态,还探究学生发展现状背后的原因。最后,收集辅助性数据有利于提升报告的关联性。报告中若仅包含单一的数据,数据本身的合理性无法体现,收集其他数据为数据之间互相印证与支撑提供了可能,使最终的结果具有可信度。

随着评价方式多样化,数据收集的方式也在不断拓展。目前常见方式是学业测试,测试获取的更多是学生在知识层面的结果性数据资料,为了提升评价结果报告的有效性,充分发挥评价结果报告的功能,还可以通过综合运用问卷评价法、访谈评价法、观察评价法、表现性评价法等搜集辅助性评价数据。

问卷评价法一方面可以通过学生问卷、家长问卷、教师问卷以及校长问卷等进行背景调查,获取学生学业质量影响因素的信息资料;另一方面可以要求学生对反映其在学习过程中的动力状况、学习过程和过程体验的项目做出回答,从而高效地收集学生学习过程的数据。

访谈评价法则能够深入地评价某一位学生的学习过程质量,学生对自己在学习过程中的状态和主体性发展进行自我描述、自我阐释和自我解释,在深度交谈中,可以在一定程度上减少因对文本理解的差异而造成的信息偏差,由此教师不仅能够对学生的学习过程质量进行评价,而且能为学生提升学习过程质量给出有针对性的建议。

观察评价法是教师采用设计好的观察量表来记录学生在真实的学习过程

---

① 李新.基于数据的学业质量评价的困境与超越[J].教育导刊,2017(8):49-55.

中的表现。观察评价法对于评价学生的学习方式、同伴关系、师生关系有很大的优势。

表现性评价法是通过创设一定的问题情境,评价学生在解决问题过程中所表现出来的过程特征的一种综合性评价方法。在 PISA 2015 的科学测试中,新增了对"合作性问题解决能力"的测查,这就是一种典型的表现性评价。

此外,还可以用反思性日记、口头表达、作业范例的方式来收集学生学习过程质量的数据。相较学科测试,这几种方式操作性难度大,对评价者具有较高的要求,数据的获取较为困难,但这些数据是评价报告有效性的重要支撑,要求评价者能综合应用多种方法,最大程度收集相关数据,以切实促进评价结果报告在实践中的运用。

(三)综合解释典型差异现象

明确评价过程中的典型差异现象,收集辅助性评价数据最终是为了综合解释典型差异现象。运用多种数据收集方式获取的多样化数据为综合解释典型差异现象提供了强有力的支撑,评价者可以从学生背景信息、学业成绩、学生学习的过程等多个维度对出现的差异现象进行分析,以此提升评价结果报告运用的针对性与实效性。

学生群体多样性使学生在背景文化以及能力等方面具有差异,以往教育评价结果过于关注学生的成绩分数,缺少对数字背后意义的挖掘。差异现象的存在使单一的分数解释变得毫无意义,这意味着:我们除了关注学生的分数排名,还需要关注学生是如何获得这样的分数的;我们除了关注学生学得好不好,还要关注学生学得快不快乐;我们除了关注学生的学习结果,还要关注学生的学习过程。因此,可以从这两方面出发对典型差异现象进行综合解释。

首先将背景调查与学生学业成就结合起来。学生认知的发展并非孤立的,而是受多方面因素影响的,只有通过背景调查,结合学生、家庭、教师、学校等信息资料进行分数解释,才能赋予分数更多的意义。关注学生学业成就的背景信息,将背景变量调查和学生的学业成就结合起来,能够极大程度地丰富对学生成就表现的解释。

其次要结合学习过程解释学生学习结果。除了关注学生的学习结果,我们还需要关注学生的学习过程,关注学生在学习过程中的学习动机、学习方式、教学适应、自我效能、学习交流、自我认知等各个方面的信息,以学生在学习过程中的存在状态和过程体验来解释学生的学习结果。关注背景、丰富分数解释、避免单一分数的过度诠释、结合学习过程解释学习结果是综合解释典型差异现象的有效举措,同时也是对教育的过程价值与学生学习过程属性的回应,是现代教育评价的基本方向。

二、加强对数据的二次分析研究

评价数据是教育评价中重要的信息资源,通过建立教育评价数据库、实现数据的开放共享,对评价数据进行二次分析研究,能够充分发挥评价数据的内在价值。

(一)形成教育评价数据库

在信息技术与教育领域深度融合的进程中,大数据为我国教育领域的综合改革指明了方向,具备大量、多样、真实等特征的大数据能"帮助我们以前所未有的视角判断什么可行、什么不可行;展示那些以前不可能观察到的学习层面"①。教育评价过程中获取的数据符合大数据的特征,其中所蕴含的价值有待进一步挖掘。形成教育评价数据库是对数据进行整合与科学分析的有效手段,有利于满足学生、家长、教师、教育管理部门以及教育研究者等相关主体对数据应用的需求,对于了解学生学业成绩的发展情况,建构学生学习过程常量,科学、全面地评价学生的学习过程,也能够提供重要的数据支撑。运用大数据形成的教育评价数据库主要包括学生学业质量数据库和多主体的背景调查数据库。

1.学生学业质量数据库包括学生学习结果质量数据库和学习过程质量数据库

建设学生学业结果质量数据库要求以发展性思维综合收集学生历次测试的成绩数据,涉及课堂测试、期末考试以及升学考试所包含的大量数据信息,涵盖学生德、智、体、美、劳各方面的成就表现。学生学习结果数据库能够对学业成绩进行统一处理与持续追踪,增强数据之间的关联性,避免简单分析个别数据。教师通过学习结果质量数据库可以全面了解学生的发展水平,系统掌握学生在一定时间段内的发展与成就变化,关注学生发展的动态性;学生个体可以通过数据库了解自己的优势与不足,对自身的发展形成更清晰的认识。建构学生学习过程质量数据库要全方位地收集关于学生学习过程质量的海量

---

① 维克托·迈尔-舍恩伯格,肯尼斯·库克耶.与大数据同行:学习和教育的未来[M].赵中建,张燕南,译.上海:华东师范大学出版社,2015:9.

数据,从内容维度和表现维度出发建构丰富的、结构良好的数据库。例如,中国基础教育质量监测协同创新中心通过对义务教育阶段学生的整体监测建构的学生数据库中就有关于学生学习兴趣、学习方法、学习信心、学习焦虑、学习习惯等方面的海量数据。教育者可以利用数据库分析不同年段、不同地域、不同民族、不同社会经济背景的学生在学习过程中表现出来的不同特点,进而可以建构多维度、多层次的学生学习过程质量的常模。建设学生学习的过程质量数据库不仅有助于从整体上评价学生学习的过程质量,而且具体的学生个体也能从数据库中提取个体学习过程质量的数据,从而可以了解学习过程质量的变化与发展的动态过程,真正实现发展性学生评价。建设学生学习过程质量数据库,其目的在于改进学生的学习过程质量。因此,数据库建设不仅可以评价学生的学习过程质量,而且应该是提升学生学习动机、丰富学生学习方式、彰显学生主体性以及增强学生过程体验的重要手段和途径,使得学生学习过程质量评价真正成为促进学习的评价。

2.多主体的背景调查数据库

背景调查获取影响学生学业质量关键因素的相关数据信息,形成的背景调查数据库主要包括学校背景调查数据库、校长背景调查数据库和家长背景调查数据库。多主体的背景调查数据库包含学生家庭、父母、学校、教师等方面的情况,如家庭经济状况、父母受教育程度、学校的课程设置与资源配置、教师的教学方式等,数据库中的背景信息可以与学生学业质量数据库相结合,为解释学生的学业质量提供丰富的依据,在一定程度上对我国多民族文化背景下的评价效度问题、特殊需要学生的评价调适性问题、不同地域经济发展水平下的评价异质性问题等能进行有效的回应,以此作为解释学生在认知测评中的成就表现的依据。

总的来说,学业质量数据库和多主体的背景调查数据库共同形成丰富的教育评价数据库,有利于促进教育研究者等相关主体对这些数据库中的数据进行横向和纵向的深入研究,深入了解各地区的教育质量及差异,分析其教育质量的发展变化。

(二)加强数据的开放共享机制研究

教育评价数据库需要以大量数据为基础,目前各级各类基础教育质量监测机构之间及与外部机构之间存在一定壁垒[①]，不同区域、部门收集与处理评价数据的方式各不相同，部分数据处于保密状态，并不对外公开，研究者在获取数据时受到限制，数据的价值未能得到充分的挖掘，数据共享存在阻碍，这也会导致一些相同的数据被重复收集，造成资源的浪费。推动数据的开发与共享可以有效打破数据壁垒，促进更多的研究者基于教育评价数据开展多样的研究，深化数据的开发利用程度。加强数据的开放共享机制研究是完善教育质量监测体系的重要方向，也是教育评价的应然取向。

加强数据的开放共享首先要完善数据库建设，打破数据壁垒，搭建数据共享平台。目前教育质量监测部门公开的数据不能充分满足研究者进行二次分析的需求，在数据使用过程中存在不便。通过统一的数据共享平台，教育质量监测部门对于关键数据进行公开上传，具有共性的数据可以被整合归类，不同区域、部门可以补充异质性数据，提高数据资源的完整性与可得性，以供研究者及时获取。其次应制定数据开放共享的相关规章制度。数据的开放共享并不是全部数据的无序展现，也不可能为了促进开放共享而不顾隐私保护[②]，部分评价数据处于保密状态，关涉到国家机密以及学生、家长、教师等相关主体的隐私性信息，基于研究的伦理规范，在推进数据的开放共享时应对数据公开做出相应的规定，明确数据使用的要求，规范数据使用流程。例如，研究者对于一些核心数据有正当合理的使用需求时，需要提交审核，机密性数据在经过处理并确保相关主体数据信息不会外传后可以供研究者使用。最后应建立数据开放共享的反馈机制。推动数据的开放共享离不开对数据公开过程中出现问题的及时反馈与解决，例如数据使用时被曲解误用、相关主体信息被泄露等问题会对数据公开产生消极影响，因此建立相应的反馈机制可以为数据开放共享提供针对性的建议，推动数据开放共享的不断完善与发展。

（三）多视角的数据二次分析研究

评价结果报告大多从整体进行报告，而针对不同对象的详细报告较少，这意味着需要研究者基于数据库开展深入的分析研究，教育质量评价又是跨学科综合性的活动，数据分析视角是多样的，单一视角不可能解释数据分析的所

---

① 辛涛,赵茜.基础教育质量监测评价体系的取向、结构与保障[J].国家教育行政学院学报,2020(9):16-23,43.

② 田贤鹏.隐私保护与开放共享:人工智能时代的教育数据治理变革[J].电化教育研究,2020(5):33-38.

有内容,未能使数据的意义被充分挖掘。另外,教育评价数据中既有学业质量数据,又有多主体的背景调查数据,涉及学生、家庭、教师、学校等多方面的因素,这表明数据的二次分析是一个复杂的问题,需要从多个学科视角对数据进行分析,以此来深入解释评价结果,不断丰富数据二次分析的成果。多学科视角即用某一学科的理论观点对数据进行分析,基于教育质量评价的内容与特征,可以从教育学视角、经济学视角、心理学视角、社会学视角出发对数据进行二次分析。

面对教育质量评价的大量数据,不同的学科视角所关注的信息具有不同的意义。教育学视角的数据二次分析重视学生的个体发展,关注教育环境中影响学生学业质量的因素。例如,有研究者基于 PISA 2012 中国上海测试数据发现"教师课堂管理显著影响学生的数学成绩",对教师改进教学行为具有一定启示。[①] 经济学视角往往关注教育资源的分配、政策的调整等方面,对教育公平性因素进行较多的分析。例如,研究者选取 PISA 2018 中国四省市的数据进行实证分析,发现学校教师数量短缺和硕士学历教师比例均会显著影响学生学业成绩,学校高学历教师的供给对学生成绩的提升呈边际效益递减趋势,当学校硕士比例达 75% 时,其对学生学业成绩提升的边际效益最佳[②],为优化学校教师资源配置提供改进建议。心理学视角能够关注到学生非认知领域的状况,如学生的自我效能感等因素,有研究就幸福感对学生阅读、数学、科学素养的影响进行了分析,认为学生幸福感对阅读、数学和科学素养均有显著的积极影响和正向预测效应[③],对心理状况的分析有利于促进学生在情感态度价值观等方面的发展。社会学视角旨在分析各种社会因素对学生学业成就的影响,如研究者探究家庭背景对中学生学业成就的影响,发现"家庭的社会经济地位和文化资本都会对学生的学业成就产生重要的影响"[④]。

这种多视角的数据二次分析研究,能够拓展数据分析的思路,有利于研究者对影响学生学业质量的相关因素形成全面而深刻的认识,基于教育评价数

① 余蓉蓉.教师课堂教学行为、学生学习投入与数学成绩的关系:基于 PISA 上海测试[J].教育测量与评价,2019(8):29-36.

② 叶方如.教师资源供给与学生学业成绩:基于 PISA 2018 中国四省市的分析[J].教育与经济,2021(3):41-50.

③ 赵宇阳,胡娜.幸福感对青少年学业素养的影响:基于 PISA 2018 中国四省市数据的实证研究[J].教育发展研究,2021(6):74-84.

④ 杨洋.家庭文化资本对学生学业成就的影响:基于 PISA 2012 的经验分析[J].现代教育科学,2016(6):56-61.

据库形成丰富的研究成果，对提升和完善教育质量评价具有重要作用。

三、注重横向分析和纵向分析的结合

不同的分析方式对评价结果报告的应用也具有不同的影响，横向分析与纵向分析是目前对教育评价结果报告进行分析常用的两种方式，实现横向分析与纵向分析的结合是提高评价结果报告运用效用的重要方法。

（一）横向分析

横向分析指将同一时期的相关评价结果报告进行比较的分析方式。具体而言，横向分析包括两方面的内容：一方面，从掌握评价结果现状的角度来看，横向分析可以对不同地区以及不同群体的评价结果进行分析。例如，PISA结果报告会分别汇报 OECD 成员国和非 OECD 国家（地区）的学生平均表现，各国（地区）能以此为基准进行整体、部分和本土的质量比较与分析。有研究者基于 PISA 测试数据将我国四省市（京、沪、苏、浙）开展阅读状况与 OECD平均水平进行对比，其中在学生阅读乐趣这一维度上"中国四省市学生的阅读乐趣指数为 0.97，在参测国家（地区）中位列第一"[1]，通过数据横向分析对学生阅读状况进行解释说明。再如在 PISA 2012 中，我国上海地区有 61.6％的男生"担心自己在数学上取得很差的成绩"，而女生选择此选项的比例高达80.5％；在数学学习自我概念上，男生的平均指数为 0.2，女生的平均指数为0.28，男女差异相关度为 0.48，不同群体之间差异显著。[2] 另一方面，从探究影响评价结果的相关因素来看，横向分析可以从多种维度对评价结果进行解读。例如，将基于多主体的背景调查数据库所形成的背景调查报告与学业质量报告相结合进行相关分析，作为探究影响学生学业质量状况相关因素的重要方式，研究者能够从教育学、经济学、心理学、社会学多个视角对评价结果进行分析，如进行学生科学学习态度与学生科学成就的关系研究，学生的阅读兴趣与学生阅读素养的关系分析，学生的社会经济背景与学业成就的关系研究等，尽

---

① 顾理澜，李刚，常颖昊.PISA 2018 解读：中国学生阅读开展状况的分析及建议：基于中国四省市 PISA 2018 数据的分析与国际比较[J].中小学管理，2020(1)：21-24.

② Organisation for economic co-operation and development.PISA 2012 results：ready to learn，students'engagement，drive and self-beliefs：Volume Ⅲ[M].Paris：OECD publishing，2013：311.

可能通过不同的分析维度来使评价结果更加多元。

横向分析是对评价结果进行分析的重要方式，有助于了解评价对象在群体中的相对位置，能够满足整体把握教育质量的需要，也能为教育决策提供重要的参考。同时也应认识到横向分析存在一定的局限，例如缺少对教育质量动态变化情况的分析，未能充分实现评价结果的内在效用，另外横向分析的结果也易导致过度关注分数排名的现象。

(二)纵向分析

纵向分析指将评价结果在不同时期的表现进行比较的分析方式，以时间的维度对事物变化发展的状态进行描述。教育评价数据库包含对评价对象持续性追踪所获取的数据资料，为纵向分析提供了可能。学生个体的已有能力水平、在学习过程中的状态以及成就表现往往存在差异，横向分析仅仅关注最终的评价结果，学生的起点水平与过程质量表现易被忽略，而增值评价关注起点，重视过程，是纵向分析的重要体现。

与横向分析不同，增值评价不是对学生一段时间学习后的最终结果进行评价，而是关注学生在一定时间内学业表现的动态变化情况，通过对学生最终的成绩与最初成绩所作出的预测值进行比较，对学生进行纵向的发展性衡量。例如，上海市率先推出的中小学生学业质量综合评价"绿色指标"，形成了以学生水平评价为基础、结合学习经历与学习过程的综合评价方法，将跨年度进步指数纳入分析指标体系之中。[①] 在 2018 年的调查结果报告中，上海九年级学习压力较小的学生所占人数比例约为 50.1%，比 2015 年增加 3.6%，这表明学生的学业压力有所减轻。[②] 通过对历年来测试数据的纵向分析，相关主体可以掌握教学过程中的发展情况，从而切实关注到学生的身心发展与成长。也有研究者基于江苏省某市 43 所高中 3193 名学生的中考和高考成绩数据进行实证研究，采用增值评价模型评估学校的教育教学效能，对学校教育教学的改进起到了一定的引导作用。[③]

---

① 边玉芳,林志红.增值评价:一种绿色升学率理念下的学校评价模式[J].北京师范大学学报(社会科学版),2007(6):11-18.

② 汪茂华,邵骁.2018 年度上海市初中学业质量绿色指标综合评价调查结果报告[J].上海课程教学研究,2020(S1):12-18.

③ 范美琴,高柳萍.基于中考和高考成绩数据的高中学校教育教学效能增值性评价[J].中国考试,2019(10):6-13.

"增值评价的最大优势在于克服了横向比较的数据带来的缺陷。"[1]这种纵向的分析方式能够用发展的视角,对评价结果进行更加科学合理的解释,对于家长、学校以及教师等相关主体全面了解学生的学业质量有重要的意义,帮助其更加理性地看待学生的学业成绩,关注学生的持续性发展,是对横向分析过度关注终结性结果的突破与超越。

(三)实现横向分析和纵向分析的结合

横向分析与纵向分析是对评价结果报告进行分析的重要角度,单一进行横向分析缺少对评价结果变化状态的解释,仅仅运用纵向分析不能对评价结果的整体状况有清晰的认识,造成评价结果报告在运用中具有局限性。因此,为了发挥评价结果报告的最大效用,应突破单一的分析方式,实现横向分析和纵向分析的结合。例如,2018 年 PISA 报告在呈现本年度测试结果情况的同时也与之前每个周期的测评结果进行了比较,既对 2015—2018 年 PISA 评估中学生表现的短期变化进行了讨论,也对参与测试的国家学生表现的长期变化趋势进行了分析,表明学生的阅读、数学和科学素养是否以及在多大程度上得到提高。[2] 又如福建省首次发布的综合版义务教育质量监测报告不仅呈现了本年度的监测结果,同时也将监测结果进行了跨年度比较,展现中小学生在语文、数学、英语、体育与健康等学科学业水平变化态势。与 2014 年、2019 年监测结果相比,福建省 2020 年小学六年级和初中二年级学生身体机能的合格率和优秀率均有大幅度提高[3],这也可以表明将横向分析与纵向分析相结合是教育质量评价中一种必然的趋势。

实现横向分析与纵向分析相结合是为了能够从多个角度进行分析,从而使评价结果更加全面多元,提升评价结果的科学性与可信度,促进评价结果报告在实践中的应用。另外,横向分析与纵向分析的结合有利于关注到教育质量评价中的差异群体,在一定程度上能够对评价过程中的差异现象给予回应,对保证教育评价的公平性具有重要意义。

---

[1]　朱立明,宋乃庆,罗琳,等.新时代教育评价改革的思考[J].中国考试,2020(9):15-19.

[2]　20.Organisation for economic co-operation and development. PISA 2018 results：what students know and can do(Volume Ⅰ)[M].Paris：OECD publishing,2019:15.

[3]　福建省教育厅.福建省义务教育质量监测报告(综合版)首发[EB/OL].[2021-08-28].http://jyt.fujian.gov.cn/jyyw/jyt/202108/t20210828_5677286.htm.

参考文献

埃德加·莫兰.复杂性理论与教育问题[M].陈一壮,译.北京:北京大学出版社,2004.

埃德加·莫兰.复杂思想:自觉的科学[M].陈一壮,译.北京:北京大学出版社,2001.

埃德加·莫兰.复杂性思想导论[M].陈一壮,译.上海:华东师范大学出版社,2008.

埃德加·莫兰.迷失的范式:人性研究[M].陈一壮,译.北京:北京大学出版社,1999.

安超.教育鉴赏与教育批评:艾斯纳教育评价理论研究[M].北京:北京大学出版社,2010.

比尔·约翰逊.学生表现评定手册:场地设计和前景指南[M].李雁冰,等译.上海:华东师范大学出版社,2001.

彼特·布劳.不平等和异质性[M].王春光,谢圣赞,译.北京:中国社会科学出版社,1991.

蔡晓良.马克思主义理论教育评价[M].北京:社会科学文献出版社,2009.

陈玉琨.教育评价学[M].北京:人民教育出版社,1999.

陈中立,杨楹,林振义,等.思维方式与社会发展[M].北京:社会科学文献出版社,2001.

崔允漷,王少非,夏雪梅.基于标准的学生学业成就评价[M].上海:华东师范大学出版社,2008.

风笑天.社会研究方法[M].5版.北京:中国人民大学出版社,2018.

《哲学大辞典》编辑委员会.哲学大辞典[M].上海:上海辞书出版社,1992.

冯维.现代教育心理学[M].重庆:西南师范大学出版社,2007.

冯忠良,伍新春,姚梅林,等.教育心理学[M].2版.北京:人民教育出版社,2010.

王璐.英国教育督导与评价：制度,理念与发展[M].北京：高等教育出版社,2010.

顾明远.教育大辞典[M].上海：上海教育出版社,1998.

郭月争.论平衡和不平衡[M].合肥：安徽人民出版社,1959.

哈贝马斯.交往与社会进化[M].张博树,译.重庆：重庆出版社,1989.

何华.认知心理学理论和实践[M].上海：上海交通大学出版社,2017.

黛安·荷克丝.差异教学：帮助每个学生获得成功[M].杨希洁,译.北京：中国轻工业出版社,2004.

阿尔弗雷德·诺思·怀特海.过程与实在[M].杨富斌,译.北京：中国城市出版社,2003.

黄光扬.多学科视野下教育考试与评价制度改革研究[M].哈尔滨：哈尔滨工程大学出版社,2010.

黄家泉,等.教育区域化发展研究：地区经济发展不平衡对教育的影响[M].太原：山西人民出版社,2002.

加达默尔.哲学解释学[M].夏镇平,宋建平,译.上海：上海译文出版社,2004.

加达默尔.真理与方法：哲学诠释学的基本特征[M].洪汉鼎,译.北京：商务印书馆,2017.

李小融,唐安奎.多元化学校教育评价[M].杭州：浙江教育出版社,2009.

李毅,等.管理研究方法[M].北京：经济日报出版社,2020.

李志宏,郭元祥.主体性教育的理论与实践[M].长沙：湖南教育出版社,2000.

联合国教科文组织.全纳教育共享手册[M].陈云英,等译.北京：华夏出版社,2004.

刘建平.抽样技术与应用[M].北京：北京大学出版社,2021.

海德格尔.存在与时间[M].陈嘉映,王庆节,译.北京：生活·读书·新知三联书店,2006.

罗伯特·M.桑代克,特雷西·桑代克-克莱斯特.教育评价：教育和心理学中的测量与评估（第8版）[M].方群,吴瑞芬,陈志新,译.北京：商务印书馆,2018.

钮文英.拥抱个别差异的新典范：融合教育[M].新北：心理出版社股份有限公司,2008.

潘于旭.从"物化"到"异质性":西方马克思主义哲学逻辑转向的历史分析[M].杭州:浙江大学出版社,2009.

金其先.差异化教育[M].厦门:厦门大学出版社,2015.

靳希斌.教育经济学[M].4版.北京:人民教育出版社,2009.

经济合作与发展组织.为了更好的学习:教育评价的国际新视野[M].窦卫霖,等译.上海:上海教育出版社,2019.

雷新勇.大规模教育考试命题:理论、方法和实例[M].上海:同济大学出版社,2021.

雷新勇.基于标准的教育考试:命题、标准设置和学业评价[M].上海:上海科学技术出版社,2011.

彭聃龄,张必隐.认知心理学[M].杭州:浙江教育出版社,2004.

荣开明,赖传祥,李明华,等.现代思维方式探略[M].武汉:华中理工大学出版社,1989.

盛永进.特殊教育学基础[M].北京:教育科学出版社,2011.

陶德清.学习态度的理论与研究[M].广州:广东人民出版社,2001.

王道俊,郭文安.教育学[M].7版.北京:人民教育出版社,2016.

王慧霞,张斌.现代教育评价的理论与实践[M].天津:天津社会科学院出版社,2010.

王少非.课堂评价[M].上海:华东师范大学出版社,2013.

王孝玲.教育测量[M].修订版.上海:华东师范大学出版社,2005.

维克托·迈尔-舍恩伯格,肯尼斯·库克耶.与大数据同行:学习和教育的未来[M].赵中建,张燕南,译.上海:华东师范大学出版社,2015.

雅斯贝尔斯.什么是教育[M].邹进,译.北京:生活·读书·新知三联书店,1991.

严平.走向解释学的真理[M].北京:东方出版社,1998.

杨明,赵凌,李舜静.北仑机制:区域基础教育质量评价研究[M].杭州:浙江大学出版社,2013.

杨涛,李曙光,姜宇.国际基础教育质量监测实践与经验[M].北京:北京师范大学出版社,2015.

约翰·杜威.学校与社会·明日之学校[M].赵祥麟,等译.北京:人民教育出版社,2005.

臧铁军.教育考试与评价[M].北京:中国青年出版社,2020.

张丹慧,张生,刘红云.基础教育质量监测:抽样设计与数据分析[M].北京：北京师范大学出版社,2019.

张天宝.主体性教育[M].北京：教育科学出版社,1999.

张咏梅.大规模学业成就调查的开发：理论、方法与应用[M].北京：北京师范大学出版社,2015.

张玉田,等.学校教育评价[M].北京：中央民族学院出版社,1987.

张远增.教育评价质量控制论[M].长春：东北师范大学出版社,2013.

张志勇.中国教育的拐点[M].北京：教育科学出版社,2010.

赵荣昌,张济正.外国教育论著选[M].南京：江苏教育出版社,1990.

小威廉·E.多尔,M.杰恩·弗利纳,唐娜·楚伊特,等.混沌、复杂性、课程与文化：一场对话[M].余洁,译.北京：教育科学出版社,2014.

张向众.中国基础教育评价的积弊与更新[M].北京：教育科学出版社,2009.

郑金洲.教育文化学[M].北京：人民教育出版社,2000.

钟启泉,崔允漷.新课程的理念与创新：师范生读本[M].北京：高等教育出版社,2003.

EGAN K. Individual development and the curriculum[M]. London：Routledge,2014.

SIMON M，ERCIKAN K，ROUSSEAU M.Improving large-scale assessment in education：theory，issues，and practice[M].New York：Routledge,2013.

Organisation for economic co-operation and development. PISA 2012 technical report[M]. Pairs：OECD publishing,2014.

Organisation for economic co-operation and development. PISA 2015 technical report[M]. Pairs：OECD publishing,2017.

Organisation for economic co-operation and development. PISA 2012 results：ready to learn，students' engagement，drive and self-beliefs（Volume Ⅲ）[M].Paris：OECD publishing,2013.

Organisation for economic co-operation and development. PISA 2018 results：what students know and can do(Volume Ⅰ)[M].Paris：OECD publishing,2019.

TORSTEN H. International study of achievement in mathematics：a comparison of twelve countries[M].New York：John wiley & sons,1967.

RUTKOWSKI L，VON DAVIER M，RUTKOWSKI D. Handbook of international large-scale assessment：background，technical issues，and methods of data analysis[M].New York：CRC press,2013.

教育部基础教育质量监测中心.2019年国家义务教育质量监测:语文学习质量监测结果报告[R].教育部基础教育质量监测中心,2020.

胡咏梅.学校资源配置与学生学业成绩关系研究[D].北京:北京师范大学,2007.

李敏.武汉市基础教育学生评价的问题及其对策研究[D].武汉:华中师范大学,2014.

李怡明.基础教育均衡视域下异质化教学建构[D].上海:华东师范大学,2012.

梁艳.藏族中学生成就目标与学业自我效能感、学习投入的关系研究[D].北京:中央民族大学,2019.

鲁鸣.美国障碍学生学业评价适应性调整研究[D].上海:华东师范大学,2012.

莫辉.高中生物理学习个体差异及教学策略研究[D].武汉:华中师范大学,2014.

伍远岳.知识获得及其标准研究[D].武汉:华中师范大学,2015.

边玉芳,林志红.增值评价:一种绿色升学率理念下的学校评价模式[J].北京师范大学学报(社会科学版),2007(6).

编辑部.教育评价:测量工具的开发和完善[J].北京大学教育评论,2013(1).

蔡敏.论教育评价的主体多元化[J].教育研究与实验,2003(1).

曾茂林.机体哲学视野中合力生成的教育过程本质[J].东北师大学报(哲学社会科学版),2020(1).

陈晨.基础教育质量监测中的公平性问题:美国NAEP的政策与实践[J].外国中小学教育,2011(2).

陈惠英.协商对话式外部评价的内涵与实施[J].中国教育学刊,2015(4).

陈剑琦."国际学生评价项目"引发德国教改[J].比较教育研究,2004(11).

陈婷.论地域文化的教育价值[J].西北师大学报(社会科学版),2013(6).

陈旭远,胡洪强.审视当前初中教育质量评价的价值取向[J].华南师范大学学报(社会科学版),2015(1).

陈佑清.交往学习论[J].高等教育研究,2005(2).

程天君.谁来评价、评价什么与如何评价:深化教育评价改革的三个基本问题[J].中国电化教育,2021(7).

崔允漷,夏雪梅.试论基于课程标准的学生学业成就评价[J].课程·教材·

教法,2007(1).

　　崔允漷.试论建立国家义务教育质量监测体系的价值[J].教育发展研究,2006(3).

　　邓银城.论教育过程公平与学生的差异性[J].湖南师范大学教育科学学报,2010(6).

　　丁慧明.PISA抽样方法简介与PISA 2015中国抽样实践[J].中国考试,2015(10).

　　范美琴,高柳萍.基于中考和高考成绩数据的高中学校教育教学效能增值性评价[J].中国考试,2019(10).

　　方展画.发展性、动态性、多样性：对教育的重新理解[J].教育研究,2002(10).

　　冯建军.工具性教育及其反思[J].江苏高教,1999(2).

　　冯建军.论教育质量及教育质量均衡[J].教育研究与实验,2011(6).

　　顾明远.试论教育现代化的基本特征[J].教育研究,2012(9).

　　郭元祥.论教育的过程属性和过程价值：生成性思维视域中的教育过程观[J].教育研究,2005(9).

　　贺来.辩证法与过程哲学的对话：科布教授访谈录[J].哲学动态,2005(9).

　　胡发稳,李丽菊.哈尼族中学生文化适应及与学校生活满意度的关系[J].中国心理卫生杂志,2010(2).

　　胡咏梅,杨素红.学生学业成绩与教育期望关系研究：基于西部五省区农村小学的实证分析[J].天中学刊,2010(6).

　　胡咏梅,元静.学校投入与家庭投入哪个更重要?：回应由《科尔曼报告》引起的关于学校与家庭作用之争[J].华东师范大学学报(教育科学版),2021(1).

　　姜晶花."交互主体性"教学理念与模式[J].国家教育行政学院学报,2016(10).

　　蒋平.哲学解释学对话理论对高校思想政治教育发展的启示[J].湖北社会科学,2012(3).

　　蒋士会.教育公平结构论[J].学术研究,2004(4).

　　金双华,杨艺.普通高中教育资源配置效率研究[J].现代教育管理,2021(1).

　　孔企平."学生投入"的概念内涵与结构[J].外国教育资料,2000(2).

　　雷浩.打开"黑箱"：从近15万张学生课程表看国家课程实施现状与走向[J].教育研究,2020(5).

黎红雷."和谐观"中西合论[J].中国哲学史,1999(4).

李刚,辛涛,赵茜.从四省市 PISA 2018 结果看我国基础教育发展的经验与挑战[J].中国教育学刊,2020(1).

李刚,辛涛.大型教育质量监测项目对特殊教育需要学生的关注及其启示:以 PISA、NAEP、NAPLAN 为例[J].中国特殊教育,2019(2).

李玲,袁圣兰.家庭教育中家长主体参与和子女学业成绩之间的关系探究:基于链式中介效应分析[J].中国电化教育,2019(7).

李勉,张岳,张平平.国际基础教育质量监测评价结果应用的经验与启示[J].外国中小学教育,2017(5).

李祥云,张建顺.公共教育投入对学校教育结果的影响:基于湖北省 70 所小学数据的实证研究[J].中南财经政法大学学报,2018(6).

梁承碧.略论布哈林"通向社会主义之路"及其理论特色[J].湖南师范大学社会科学学报,1999(3).

廖伯琴,李晓岩,黄建毅,等.我国民族地区理科教学质量监测体系建构探索[J].全球教育展望,2016(5).

刘程,廖桂村.家庭教养方式的阶层分化及其后果:国外研究进展与反思[J].外国教育研究,2019(11).

刘凡丰.简论作为过程量的教育质量[J].教育评论,2001(6).

刘风华,刘欣.主体性教育思想的价值走向及其意义[J].教学与管理,2013(6).

刘学智,马云鹏.美国"SEC"一致性分析范式的诠释与启示:基础教育中评价与课程标准一致性的视角[J].比较教育研究,2007(5).

刘学智.论评价与课程标准一致性的建构:美国的经验[J].全球教育展望,2006(9).

刘要悟,柴楠.从主体性、主体间性到他者性:教学交往的范式转型[J].教育研究,2015(2).

刘玥,游森.教育质量监测工具的公平性研究[J].中国教育学刊,2019(8).

刘志军.课堂教学质量评价标准的探讨[J].中国教育学刊,2000(2).

鲁洁.教育的返本归真:德育之根基所在[J].华东师范大学学报(教育科学版),2001(4).

吕鹏,朱德全.未来教育视域下教育评价的人文向度[J].现代远程教育研究,2019(1).

孟亮.蒙古族、汉族学生学业成就的跨文化比较研究[J].黑龙江民族丛刊,2008(4).

宁波.校长的教育领导对于学校科学成绩的影响:基于 PISA 2015 中国四省市数据的实证研究[J].教育发展研究,2019(22).

庞维国.论学习方式[J].课程·教材·教法,2010(5).

秦冬梅.加拿大安大略省学生学业成就评价模式述评[J].全球教育展望,2008(6).

邱耕田.差异性原理与科学发展[J].中国社会科学,2013(7).

尚伟伟,陆莎,李廷洲.我国义务教育发展的"中部塌陷":问题表征、影响因素与政策思路[J].北京大学教育评论,2020(2).

石中英.回归教育本体:当前我国教育评价体系改革刍议[J].教育研究,2020(9).

史亚娟,华国栋.论差异教学与教育公平[J].教育研究,2007(1).

苏启敏.学生评价的民主意蕴[J].教育研究,2010(2).

孙绵涛.教育体制理论的新诠释[J].教育研究,2004(12).

孙小坚,宋乃庆,辛涛.PISA 测试中多阶段自适应测验的实施及启示[J].现代教育技术,2021(6).

檀慧玲,刘艳.国家义务教育质量监测:实现有质量的教育公平的有效途径[J].中国教育学刊,2016(1).

田莉,吴刚平.生存论视野下的学生发展性评价[J].中国教育学刊,2008(9).

田霖,韦小满.我国残疾人参加普通高考的问题与对策[J].中国特殊教育,2015(11).

田贤鹏.隐私保护与开放共享:人工智能时代的教育数据治理变革[J].电化教育研究,2020(5).

王秉琦,邱必震.教育结果公平:大学提高教育质量的应然追求[J].国家教育行政学院学报,2013(8).

王海涛,董玉雪,于晓丹,等.教育质量评价标准的价值建构[J].湖南师范大学教育科学学报,2017(1).

王凯,杨小微.反思我国教学研究中的简单思维[J].课程·教材·教法,2005(12).

王蕾,景安磊,佟威.PISA 中国独立研究实践对构建中国特色教育质量评价体系的启示:基于 PISA 2009 中国独立研究[J].教育研究,2017(1).

王庭照,王潇.以教育信息化推动构建特殊教育新生态[J].现代特殊教育,2021(11).

王彦明.基础教育质量之惑[J].教育理论与实践,2013(16).

王烨晖,张缨斌,杨涛,等.国际大型测评项目中等值技术的应用与启示[J].中国考试,2017(8).

王玥,赵丽娟.PISA测量技术在我国区域教育质量监测与评价中的应用:以"北京市义务教育阶段学生学习生活状况调查项目"为例[J].中国考试,2021(9).

魏寿洪,米韬,申仁洪.融合教育背景下美国特殊学生的学业评估及启示[J].中国特殊教育,2019(9).

吴琼,姚伟."理解"的失落与彰显:哲学解释学视角下教师评价的反思[J].教育科学,2010(6).

伍远岳,郭元祥.中学生科学学习的性别差异与课程应对:基于PISA 2015中国四省市的数据分析[J].华东师范大学学报(教育科学版),2019(5).

伍远岳,周妍.必要与可能:中小学生学习过程质量监测:来自国际大规模教育评价的启示[J].教育科学研究,2018(11).

巺丽萍.教育同质化现象论[J].教育研究与实验,2009(5).

夏正江.简析文化回应性教学:兼评文化与教学的关系[J].全球教育展望,2007(3).

肖军.PISA如何影响德国教育改革:以"休克主义"为视角[J].比较教育研究,2020(7).

辛涛,贾瑜.国际视野与本土探索:"国际学生评估项目"的作用及启示[J].教育研究,2019(12).

辛涛,赵茜.基础教育质量监测评价体系的取向、结构与保障[J].国家教育行政学院学报,2020(9).

熊杨敬.教育评价多元主体的共同建构:基于对话哲学的视域[J].教育研究与实验,2018(5).

杨富斌.怀特海过程哲学思想述评[J].国外社会科学,2003(4).

杨煌.布哈林的平衡论及其对构建社会主义和谐社会的启示[J].当代世界与社会主义,2011(6).

杨小微.在评价过程中重建对话机制:以全日制义务教育学科课程标准(实验稿)的评价研究为例[J].课程·教材·教法,2004(5).

杨晓宏,党建宁.翻转课堂教学模式本土化策略研究:基于中美教育文化差异比较的视角[J].中国电化教育,2014(11).

杨晓江.教育评估的科学性与科学的教育评估[J].教育研究,2000(8).

杨志成,柏维春.教育价值分类研究[J].教育研究,2013(10).

姚林群,郭元祥.中小学学业质量标准的理论思考[J].教育研究与实验,2012(1).

叶方如.教师资源供给与学生学业成绩:基于 PISA 2018 中国四省市的分析[J].教育与经济,2021(3).

于素红.上海市普通学校随班就读工作现状的调查研究[J].中国特殊教育,2011(4).

余蓉蓉.教师课堂教学行为、学生学习投入与数学成绩的关系:基于 PISA 上海测试[J].教育测量与评价,2019(8).

余以恒.从"同一性自我"到"异质性他者":谈教师学生观的跃迁[J].教育学术月刊,2011(4).

俞桂林.英国地方教育管理机构[J].外国教育资料,1999(3).

俞吾金.从思维与存在的同质性到思维与存在的异质性:马克思哲学思想演化中的一个关节点[J].哲学研究,2005(12).

喻云涛.文化、民族文化概念解析[J].学术探索,2001(2).

张凤琦."地域文化"概念及其研究路径探析[J].浙江社会科学,2008(4).

张曙光.过程性评价的哲学诠释[J].齐鲁学刊,2012(4).

张向众.教育思维方式的变革及其趋向[J].云南师范大学学报(哲学社会科学版),2006(5).

张晓峰.对传统教育评价的变革:基于多元智能理论的教育评价[J].教育科学研究,2002(4).

张晓芒,郑立群.如何对待中国古代逻辑思想研究[J].湖北大学学报(哲学社会科学版),2011(1).

张兴华.义务教育均衡发展误区及其矫正[J].中国教育学刊,2003(2).

张咏梅,田一,李美娟.学校背景因素和学生个体因素对学业成绩影响的研究:基于大规模测验数据的多层线性模型分析[J].教育科学研究,2012(4).

张幼文,薛安伟.要素流动对世界经济增长的影响机理[J].世界经济研究,2013(2):

张幼文.要素流动与全球经济失衡的历史影响[J].国际经济评论,2006(2).

赵宇阳,胡娜.幸福感对青少年学业素养的影响:基于 PISA 2018 中国四省市数据的实证研究[J].教育发展研究,2021(6).

赵中建,黄丹凤.教育改革浪潮中的"指南针":美国 TIMSS 研究的特点和影响分析[J].比较教育研究,2008(2).

郑娅.差异与误解:多元文化理解教育视域下的民族高校弱势学生[J].湖北社会科学,2014(2).

中国经济增长与宏观稳定课题组.资本化扩张与赶超型经济的技术进步[J].经济研究,2010(5).

周兴国.反思"转变学习方式"说[J].课程·教材·教法,2006(7).

朱立明,宋乃庆,罗琳,等.新时代教育评价改革的思考[J].中国考试,2020(9).

朱丽.从"选拔为先"到"素养为重":中国教学评价改革 40 年[J].全球教育展望,2018(8).

朱丽.教育评估结果的公信力探析[J].上海教育评估研究,2020(2).

宗秋荣."过程思维与学校教育创新"国际学术研讨会纪要[J].教育研究,2008(5).

BOLT S E,THURLOW M L. Five of the most frequently allowed testing accommodations in state policy[J].Remedial and special education,2004,25(3).

BYRNE B M, VAN DE VIJVER F J R. Testing for measurement and structural equivalence in large-scale cross-cultural studies:addressing the issue of nonequivalence[J].International journal of testing,2010,10(2).

CHEUNGG W, RENSVOLD R B.Evaluating goodness-of-fit indexes for testing measurement invariance[J].Structural equation modeling, 2002,9(2).

CLOTFELTER C T,LADD H F,VIGDOR J L.Teacher-student matching and the assessment of teacher effectiveness[J].Journal of human resource,2006,41(4).

FERGUSON T J,ANYON R,LADD E J.Repatriation at the Pueblo of Zuni:diverse solutions to complex problems[J].American Indian quarterly,1996,20(2).

GRISAY A.Translation procedures in OECD/PISA 2000 international assessment[J]. Language testing,2003,20(2).

HORVATH L S, KAMPFER-BOHACH S, KEARNS J F. The use of accommodations among students with deafblindness in large-scale assessment systems[J].Journal of disability policy studies,2005,16(3).

JOHNSON E, KIMBALL K, BROWN S O. American sign language as an accommodation during standards-based assessments[J].Assessment for effective intervention,2001(2).

KAMENS D H, MCNEELY C L. Globalization and the growth of international educational testing and national assessment [J].Comparative education review, 2010,54(1).

KORETZ D, HAMILTON L. Assessment of students with disabilities in Kentucky: inclusion, student performance, and validity[J].Educational evaluation and policy analysis,2000,22(3).

LEROY B W,SAMUEL P,DELUCA M,EVANS P. Students with special educational needs with in PISA[J].Assessment in education: principles, policy and practice,2018,26(6).

MESSICK S. Large-scale educational assessment as policy research: aspirations and limitations[J].European journal of psychology of education, 1987,11(2).

MILLSAP R E, TEIN J Y. Assessing factorial invariance in ordered-categorical measures[J]. Multivariate behavioral research, 2004,39(3).

NEVO D. The conceptualization of educational evaluation: an analytical review of the literature[J]. New directions in educational evaluation, 1983, 53(1).

PIETARINEN J, SOINI T, PYHALTO K. Students' emotional and cognitive engagement as the determinants of well-being and achievement in school[J].International journal of educational research,2014,67(5).

RUTCHICK A M, SMYTH J M, LOPOO L M, et al. Great expectations: the biasing effects of reported child behavior problems on educational expectancies and subsequent academic achievement [J]. Journal of social and clinical psychology,2009,28(3).

RUTKOWSKI D, PRUSINSKI E.The limits and possibilities of international large-scale assessment[J].Education policy brief,2011,9(2).

RUTKOWSKI D, RUTKOWSKI L, PLUCKER J A.Should individual U.S. schools participate in PISA? [J].Phi delta kappan,2014,96(4).

RUTKOWSKI D, RUTKOWSKI L. Measuring socioeconomic background in PISA: one size might not fit all[J].Research in comparative and international education,2013(3).

RUTKOWSKI L, RUTKOWSKI D. Getting it "better": the importance of improving background questionnaires in international large-scale assessment [J]. Journal of curriculum studies, 2010,42(3).

RUTKOWSKI L, RUTKOWSKI D. A call for a more measured approach to reporting and interpreting PISA results[J].Educational researcher,2016,45(4).

RUTKOWSKI L, SVETINA D. Measurement invariance in international surveys: categorical indicators and fit measure performance [J]. Applied measurement in education, 2017,30(1).

RUTKOWSKI L, GONZALEZ E, JONCAL M, et al. International large-scale assessment data: issues in secondary analysis and reporting[J]. Educational researcher, 2010,39(2).

SCHAUFELI W B,MARTINEZ I M,PINTO A M,SALANOVA M,et al. Burnout and engagement in university students: a cross-national study [J].Journal of cross-cultural psychology,2002,33(5).